农村社会养老保险制度优化研究

——基于养老金与财政动态契合的视角

孙雅娜　王成鑫　边恕◎著

RESEARCH ON THE OPTIMIZATION OF RURAL SOCIAL ENDOWMENT INSURANCE SYSTEM

–BASED ON THE DYNAMIC CORRESPONDENCE OF PENSION AND FINANCE

经济管理出版社
ECONOMY & MANAGEMENT PUBLISHING HOUSE

图书在版编目（CIP）数据

农村社会养老保险制度优化研究：基于养老金与财政动态契合的视角/孙雅娜，王成鑫，边恕著．—北京：经济管理出版社，2017.2
ISBN 978－7－5096－4933－6

Ⅰ.①农… Ⅱ.①孙… ②王… ③边… Ⅲ.①农村—社会养老保险—养老保险制度—研究—中国 Ⅳ.①F842.612

中国版本图书馆 CIP 数据核字(2017)第 025209 号

组稿编辑：张永美
责任编辑：赵亚荣
责任印制：黄章平
责任校对：赵天宇

出版发行：经济管理出版社
（北京市海淀区北蜂窝 8 号中雅大厦 A 座 11 层 100038）
网　　址：www. E－mp. com. cn
电　　话：（010）51915602
印　　刷：北京九州迅驰传媒文化有限公司
经　　销：新华书店
开　　本：720mm×1000mm/16
印　　张：19.5
字　　数：329 千字
版　　次：2017 年 3 月第 1 版　　2017 年 3 月第 1 次印刷
书　　号：ISBN 978－7－5096－4933－6
定　　价：59.00 元

本书出版受到以下基金资助：

国家自然科学基金“农村社会养老保险制度优化：基于养老金给付与财政动态契合视角”（71303101）；

教育部人文社科重点研究基地重大项目“养老保险城乡统筹政策优化研究——基于养老金与财政动态契合的视角”（14JJD630012）；

辽宁省“百千万人才工程”项目“辽宁省人口老龄化、社会保障与财政补贴的动态契合机制研究”（辽百千万立项〔2015〕37号）

序　言

一个国家只有建立起包括农村居民在内的养老保险制度，才能认为基本实现了全民保险。由于发展中国家城镇与农村普遍存在着经济、文化乃至福利待遇上的差异，因此实现对农村居民的保障对于发展中国家而言显得尤为重要。农村养老保险制度是我国养老保险制度体系中的重要组成部分。从历史经验看，缺少对农村居民的保障制度，不仅直接剥夺了农村居民的福利权益，导致社会不公，而且更不利于打造城乡一体化的经济与社会结构，从长期看将会对国民经济的稳定与可持续发展带来负面影响。我国长期存在城乡二元社会经济结构，农村养老保险制度建立较晚。直到21世纪前10年，我国才真正设计出具有社会保障性质的农村养老保险制度，2009年9月出台的《关于开展新型农村社会养老保险试点的指导意见》正是这一制度建立的标志。在此制度出台之前，我国曾于20世纪80年代中期进行了建立农村社会养老保险制度的尝试，当时只是对少数地区进行试点。1992年民政部总结了前期工作的经验和教训，出台了《县级农村社会养老保险基本方案（试行）》，标志着我国正式从制度角度试行农村社会养老保险。但由于在保险性质、管理规范、计息和给付标准方面存在问题，到1999年该制度就被叫停。从时间段看，这是农村养老保险制度的早期建设时期，因此也被称为“老农保”。相对于这一制度，2009年的新制度就被称为“新农保”。

我国各地区也曾结合当地特点对农村社会养老保险制度模式进行了有益的探索，比较典型的有苏南模式、东莞模式、山东模式、北京模式。这些模式具有一些共同点，例如普遍加大了财政对养老保险制度的补助力度，实现了个人账户与社会统筹的初步结合，对参保人员缴费进行补贴等。这些政策在“新农保”制度设计时得到了采用，具体反映在出台的制度框架中。“新农保”制度设计主要遵循了“保基本、广覆盖、有弹性、可持续”等原则。在筹资结构上，基金收入来自个人缴费、集体补助和地方政府补助；基金支出方面则借鉴了城镇职工基本养老保险统账结合的做法，实行了基础养老金与个人账户养老金相结合的基本模式。尤为重要的是，“新农保”制度具有福利性：农村60岁及以上的老年人在只有年龄限制而无缴费限制的条件下可以领取财政给付的养老金，这一点与城镇职工基本养老保险制度相比，体现了国家对农村居民利益的整体返还，使“新农保”制度的福利性大大增强，也体现了更大的公平性。可以看出，“新农保”制度由于加强了财政的存在感，从而使该制度优于“老农保”制度。“新农保”制度的扩面速度很快，充分反映了广大农村居民对这一惠及自身利益的制度的认可和接纳。

在“新农保”制度运行当中，需要考虑一些影响因素，如人口结构、经济发展水平、制度替代率、缴费比例、政府补贴系数等。对这些因素当中的可控部分进行调整，将促进该制度的顺利运行。在制度设计上，中央财政对基础养老金的补贴是制度的亮点之一。结合三大经济地区的划分，中央财政对我国东、中、西部地区给予了差异化的资金补贴：对东部地区实施半额补贴，对中、西部则给予全额补助。这种有差别的补助形式是基于各地区经济发展总体差异而定的，但是没有对地区内部存在的个体差异做出更细的划分，可能有“一刀切”之嫌。尽管如此，财政资金介入养老金给付，特别是具有普惠性质的基础养老金的绝大部分来自于中央财政资金，确实是养老保险制度发展历程中的一个里程碑。地方财政对农民个人缴费也给予补助，尽管从制度规定以及各地实践看，补助金额不多，却体现了政府介入农村居民养老的意志和决心。在具体实践过程中，从总体看，农村居民的基础养老金以及获得的补助对财政的当期压力并不大，这主要是由于养老金给付水平不高以及并没有设立养老金指数调整机制。从农村居民的养老需求看，当期的基础养老金并不能对养老水平产生明显影响，这也从一个侧面反映了未来有必要依据经济参数来调整养老金给付水平。

财政资金补助一方面受制于财政收入的多少，另一方面也受到日益严重的人口老龄化影响，因此需要对财政的合理负担水平和分担结构做出设计。如果改变目前的中央财政资金补贴措施，要求其对东、中、西部三大地区采取无差别的补助，则不仅能充分体现来自政府的无差别关怀，而且也是明确划分中央与地方财政职责的重要保证。因此，针对中央财政对基础养老金的补贴，笔者提出以下四个方面的改革思路。

第一，坚持中央财政普惠给付的宗旨——导向性与保障基本生存水平。农村居民基础养老金给付的原则之一是：继续坚持中央财政资金的导向性功能。中央财政作为中央政府可使用的资金，从本质上决定了要面对全国的需求或应对全局情况，面临问题的复杂程度高，这直接导致了中央财政支出方向与水平的有限性，即不可能由中央财政去逐一解决各地区面临的不同问题。中央政府的首要任务是进行制度设计，其次是为保证制度的有效运行，动用中央财政资金做出方向性的示范，来引领所设计的制度走上正轨。所谓基本生存水平，是指所参考的消费品是维持人们生存的主要食品，从而给付额较低的一种水平。当然，这种给付水平在适当的时机下也要逐步扩充消费品参照种类，从而逐渐提高给付水平。

第二，调整财政支出思路，由投资性支出为主转为以民生投入为主。从我国经济整体发展水平以及财政收入总量看，国家完全有能力对民生领域投入更多的资金。但从现实中的基础养老金给付上可以看出，制度设计的初始目的只是保证居民生存最低限度的食品支出。但从刺激消费需求的角度看，社会保障制度无疑是促进经济增长的一个重要选项。养老金给付水平的调整仍然应该以满足居民的基本生活水平为限，这一点要符合我国社会养老保险制度的政策原则，但同时也应该在财政资金支出结构的转换中，有效使用财政盈余资金，逐步分阶段地提高农村养老保险的基础养老金水平。

第三，建立独立于其他项目的中央财政普惠性给付的专项资金。真正威胁到财政民生支出可持续性的是没有相应的制度设计。如果中央财政支出项目中没有独立的普惠性给付项目，则一旦外部的经济社会形势发生变化，将会增加民生项目资金被挤占或挪用的风险。中央财政建立普惠性给付项目时，不应产生对刚性支出的担忧，这一方面是由于基础养老金的给付水平低，受益人口数量稳定，其总量水平容易控制；另一方面，中央财政的作用是为地方财政做出示范，以少量的资金起到“四两拨千斤”的作用，主要目的是推动地方政府重视当地民生制度建设，鼓励地方财政切实提高居民养老水平。如果政府建立了财政支出中的专项普惠给付项目，将会给国民一个稳定的预期；尽管中央财政的给付水平不会很高，但将提高民众对政府相关政策的认可度，减少对出台政策的误解和抵触心理，有利于相关政策的顺利推行。

第四，充分学习国际经验，进一步发挥中央财政普惠给付的正向效应。国际经验表明，发展中国家的老年人在得到普惠性养老金给付后出现了明显的正向效应：一是老年人满足度和幸福感得到了提升；二是青年人对未来产生了稳定的预期；三是老年人将部分普惠性收入投入到第三代儿童的教育方面，有利于未来劳动者人力资本水平的提高。国际上的普惠性给付占 GDP 的比例相对较高，且支付较为稳定，其正外部效应持续时间长。我国的农村养老保险基础养老金还有很大提升空间，特别是对农村地区的老年人，普惠性给付的心理效用会非常高，同时也有利于留守儿童教育问题的解决。因此，应该在肯定并巩固基础养老金普惠给付制度的基础上，进一步完善该制度，以充分发挥其拥有的正向效应。

在农村养老保险制度的改革和实践过程中，还有许多问题具有进一步探讨的价值。例如，对农民缴费档次进行优化，这需要依据全国农民平均可支配收入、收入增长速度、未来的养老金替代水平等参数来综合设计。此外，地方财政对农民个人账户的补助水平也需要进行调整，目前的补贴水平过低且对不同缴费档次的补助没有拉开，不利于调动农民参加高缴费档次的积极性，所以要结合当地人口老龄化水平及地方财政的财力对农民个人账户的补贴额做出更科学的调整。

农村社会养老保险制度的建立充分体现了党和政府对农村民生问题的高度关注，是破除城乡二元结构的重大举措。在实践中，该制度也在不断完善，并且在 2014 年 4 月与城镇居民社会养老保险制度实现了统一，形成了城乡居民基本养老保险制度。制度的统一实现了城乡居民在基础养老领域待遇的一致，为制度的长期和可持续发展创造了条件，也必将为未来制度的运行带来更大活力。

目　录

第一章 绪论

第一节 选题背景

受经济快速发展、人口结构变迁、医疗条件改善、生活水平提高等多种因素影响，当前我国老龄化进程明显加快。国家统计局公布的数据表明，2010 年我国 60 岁以上老人占全部人口的比例达到 13.26%，65 岁以上老人占全部人口的比例已经达到 8.87%，分别比 2005 年提高了 2.93 和 1.91 个百分点。相对于经济社会发展水平而言，我国呈现出“未富先老”的特征。与之相伴的，就是对社会养老的需求日益强烈，包括养老的经济支持模式和具体实现方式。我国是人口大国，也是农业大国。农村人口多是基本国情，土地非农化、家庭小型化、人口老龄化使土地养老、家庭养老的功能弱化是基本现状。这样大的农村居民群体没有良好的社会养老保障制度安排，根本就谈不上实现全面建成小康社会的奋斗目标。老有所养和学有所教、劳有所得、病有所医、住有所居一起，被中共十七大确定为民生建设的五大重点领域。中共十七大明确提出要在 2020 年基本建立覆盖城乡居民的社会保障体系，实现人人享有基本生活保障的目标。广大农村居民能否实现“老有所养”，已经成为检验民生建设工作成效高低的重要指标。

“十二五”时期是全面建设小康社会的关键阶段，一个重要发展趋势就是城镇化、工业化、市场化步伐会大大加快，劳动力跨城乡、跨区域流动会大大增多。人力资源这一重要生产要素的自由流动和优化配置，客观上要求尽快改变地区分割、城乡分割的社会养老保障体系的制度壁垒，当务之急就是抓紧弥补农村社会养老保险制度缺失这个短板。在我国经济社会持续快速发展的基础上，在统筹城乡发展战略思想的指引下，当前我国已经具备了城市支持农村、工业反哺农业的条件和能力。中共十七大以来，我国先后采取了取消农业税、建立农村最低生活保障制度、建立新型农村合作医疗制度等一系列惠农、支农的政策措施，促进农村居民提高收入，健全农村社会保障体系。随着我国总体经济实力增强尤其是公共财政向民生领域、中国农村地区的不断倾斜，加快农村社会养老保障体系建设的时机已经成熟。

根据中共十七大和十七届三中全会的部署，国务院于 2009 年 9 月印发了《关于开展新型农村养老保险试点的指导意见》（国发〔2009〕32 号），决定开展新型农村养老保险试点（以下简称“新农保”）工作，并确定 2009 年试点覆盖面为全国 10% 的县（市、区、旗），要求 2020 年之前基本实现对农村适龄人口的全覆盖。新型农村社会养老保险试点，标志着我国农村社会养老保险制度建设进入了一个新阶段。在制度推进过程中，不少地方在国务院文件确定的现行模式框架内进行了探索，这些实践对新农保现行模式及其相关政策措施提出一些新课题。这相应地就提出了总结现行制度经验、进行理论探索的重要任务。

第二节　研究意义

新农保的资金来源无外乎政府、个人和集体。从社会保障基本属性和农村居民收入与消费的现实条件看，在新农保制度建设中政府责任是非常突出的，财政投入将占所需资金很大比重。因此，财政负担水平（即新农保财政补贴分别占同级财政收入和同级财政支出的比例）已经成为新农保制度建设的核心问题。决定和影响新农保财政负担水平的因素很多，首先取决于新农保的制度模式，包括筹资结构和筹资水平、给付结构与待遇水平、财政负担项目与各级财政对补贴的分担机制、不同地区的财政承受能力和农村居民缴费意愿与能力等。根据目前新农保现行模式的规定，基础养老金由中央与地方各级财政之间按照一定的比例进行分担（如辽宁省财政的分担比例，按中央、省、市、县四级划分为5:3:1:1），同时地方财政还要通过缴费补贴的方式调动农村居民的参保积极性。从新农保现行模式看，许多事关制度完善和持续发展的关键因素和约束条件没有涉及，包括按照“保基本”目标要求的新农保待遇适度水平的测定，财政在新农保制度中负担的项目类别和水平，人口结构中老年人口比重、老年抚养比等关键参数的动态变化对财政负担水平的影响，农村居民的参保意愿和缴费能力达到合理程度等。在新农保制度运行和进一步完善过程中，如何实现制度模式更加优化、财政总负担水平是否合理、中央与地方财政如何分担比较合适等问题的研究和解决，将直接关系到满足基本生活需求、激励农村居民自愿参加、适合财政承受能力、对接城乡保险制度的新农保体系的构建，也将直接关系到新农保制度的合理性、有效性和可持续性。

因此，认真分析新农保现行模式，系统研究新农保优化模式，分析相应的财政负担水平、中央与地方财政合理分担机制，提出新农保建设中政府应履行的责任尤其是财政责任的对策建议非常重要和必要。一是理论意义。通过对新农保制度建设理论框架的研究，从理论上解决中国新农保制度的价值目标、功能定位及其具体的制度模式，以便规划和指导新农保体系的推进、优化完善、制度定型的全过程。二是实践意义。通过对现行模式下各级财政负担情况的评估，对优化模式下适度待遇水平的测定和财政负担项目的确定，以及对不同经济类型地区（即按经济成分划分的东部、中部、西部）的区域差异的研究，为综合制定一个新农保制度的可行性方案提供理论依据和政策借鉴。

第三节 国内外研究综述

一、国内文献研究综述

1. 关于农村养老保险制度发展思路和目标的研究

早些时期，学者们对建立农村社会养老保险制度，尤其在全国范围内持否定意见的较多。如杨翠迎、庹国柱（1998）通过一系列的条件假设，采用精算原理，认为在当时建立全国范围的农村社会养老保险在经济上是不可行的，只有部分发达省份才具备开展这项工作的条件。高和荣（2003）从经济社会学角度认为，中国农村养老保障制度的构建忽视了当前中国农民养老的心态、文化背景以及法律习俗等社会学因素。而随着国民经济实力的快速提升和农村人口老龄化的加速到来，认为应建立由政府主导的新型农村社会养老保险制度的呼声越来越高。卢海元（2003）参照国外农村社会养老保障制度的经验，如丹麦、瑞典、葡萄牙、西班牙、希腊等在类似中国20世纪90年代初或更低的经济发展阶段即已建立农村社会养老保障制度，认为中国早就应该建立农村社会养老保障制度。陈志国（2005）认为，应当根据不同的人群，分层次、分类别建立农村养老保险制度。卢华东（2006）主张，农村养老保险应在经济发达的农村地区积极推进，把有相对稳定收入来源的农村居民群体作为农村社会养老保险制度的基础和骨干服务对象，经济欠发达地区纯农业人口不宜推行养老保险。杨团（2006）把中国农村社会保障定义为对农村居民生产生活的全面保护或农村居民的可持续性生计，不同于工业社会保障的是，它是从社会保护的政策视角去推进农村发展。它既要改变农村发展的单纯经济政策导向，又要改变单纯社会救助政策导向，以促进农村社会整体发展为主导，探索一条新路。邓大松（2007）主张建立和完善农村养老保险制度，解决制度缺失并实现城乡社会保障体系的统筹和协调。郑功成（2008）认为，建立农村居民基本养老保险的思路是统账结合、现收现付、循序渐进、全国统一，并提出城乡社会保障“两免除一解除”。何平（2008）在分析农村养老保险制度五种模式的基础上，提出了建立统一模式，并逐步实现城乡统筹的发展路径。梁鸿（2008）认为，中国农村居民至少可以分解为既有区别又相互联系的四个群体，即纯留地的职业农村居民、城市流动人口、被征地农村居民以及乡镇企业农村居民职工，进而比较和讨论了当时针对上述不同群体设计和实施的农村社会养老保障体系，并揭示出这种渐进式、试验性的发展模式正面临着严峻的挑战与困境。董克用（2008）认为，根据东部、中部和西部农村居民生活支出水平来确定待遇标准，为65岁以上的农村居民建立普惠制养老金制度应是我国现阶段农村养老保险制度改革的新尝试。陈丽艳（2008）将失地农村居民分为农村老年人和其他农村居民，对农村老年人实行农村老年人退休制度，选择适当年龄发放养老金，收回其承包的土地，由村民委员会统一管理土地，将土地转包给其他农村居民，适当收取承包费作为养老金的储备金。米红和杨翠迎

（2009）构建了农村社会保障模式精算模型和方法技术体系，借鉴国际经验和结合地方案例，对农村养老保险制度建立的具体设想以及未来发展方向进行了深入研究。田雨（2009）认为，农村居民的个人特征（年龄、学历）、家庭特征（人均纯收入）、生产特征（承包土地面积）等群体特征的差异，对农村养老保险制度的设计及实施影响显著，应列入制度改革的考量范畴。

2. 关于农村社会养老保险制度的资金筹集和给付模式及水平的研究

有关农村社会养老保障制度资金筹集是采用现收现付制、基金积累制还是混合模式的问题，是学术界在农村社会养老保障问题上争论的焦点之一。

学者们持现收现付制观点的主要原因在于基金积累制的初始成本较大，以及制度目前的统筹层次较低。封进（2004）从福利经济学框架出发，认为当收入差距较大时，采用现收现付制有益于整体社会福利的改善，并得出应将现收现付制作为中国养老保险体系的最佳选择。刘万（2007）运用精算平衡原理，得出按现收现付制启动农村社会养老保险制度，在现阶段面临的经济压力较小，而按照基金积累制，初始投入将会很大，很可能会使得该模式对决策者吸引力不强。刘昌平、殷宝明（2010）通过构建现收现付制养老金财务平衡测算模型，来对比研究待遇补贴方式下的年度平衡模式和阶段式平衡模式，以及缴费补贴方式下的阶段式平衡模式三种方案下的财政补贴规模和趋势，认为中国应建立财政提供缴费补贴的阶段式现收现付制平衡模式作为新农保下的财政补贴机制。邵挺（2010）认为，如果各地财政能力相差过大，基金制会进一步拉大各地养老基金运行效率的差距，必须提高统筹层次，而目前处于省级统筹层次的中国养老保险体系尚不具备从现收现付制向基金制转变的条件。

持基金积累制观点的学者主要考虑人口老龄化趋势将会给现收现付制带来威胁，基金积累制才是制度持续发展的最佳选择。王贞琼（2004）认为，农村社会养老保险制度应坚持个人账户积累模式，资金全部进入个人账户；卢海元（2006）认为，中国农村社会养老保险制度应建立“个人账户与调剂金账户相结合”的模式。李强等（2007）提出只建立基金积累制个人账户模式，并计算了10 年固定年金的保险费率。刘昌平、谢婷（2009）认为，中国新型农村社会养老保险制度应采取基金积累制个人账户模式作为主导模式。目前正在实行的新型农村社会养老保险采取的正是个人账户基金积累制模式。

也有学者提出可以采用混合模式。窦尔翔等（2006）认为，应结合各类保障项目的特点和要求，实行现收现付、完全积累和部分积累三种筹资模式相结合的多层次复式筹资制度，对失地农民、农民工采用部分积累制，而对留守农村的农民采用完全积累制。华迎放（2007）认为，农村社会养老保险应建立社会统筹与个人账户相结合的制度模式，以个人账户为主，实行小统筹大账户。郑功成（2008）主张，筹资模式是个人缴费加上财政补贴，给付模式是待遇确定和财政兜底，管理体制是集中统一管理。刘昌平（2008）基于“乡—城”人口迁移预测，模拟分析了现收现付制和基金积累制模式应用于新农保制度的可行性，据此提出了“最低养老金 + 个人账户养老金”的制度模式，并对具体政策方案、财政保障能力与基金管理模式进行了全面评估与设计。汪敏（2009）认为，鉴于中国各区域经济水平差异较大，对于经济欠发达地区，宜采用现收现付制，实行基本养老保险制，由社会统筹养老保险金；而对于经济发达地区，宜采取部分积累制，实行社会统筹与个人账户相结合的方式进行筹资。何文炯（2009）主张，农村社会养老保险制度应建立“老年津贴 + 个人账户”的基本模式。王梦奎等（2009）主张“基础养老金 + 个人账户”模式。

基于农民养老保险的公共产品性质和商业保险的营利性，如果将农民养老保险交给市场来运作的话，必然存在市场失灵。目前我国农村经济发展水平仍然较低，部分地区甚至存在入不敷出的现象，单纯实行个人账户制就会变成实际意义上的个人强制储蓄，加上人们短视行为的存在，其收效甚微且不可持续。现收现付制的筹资模式灵活且运营成本低，但随着人口老龄化推进，其筹资成本会逐渐提高，支付难度逐渐加大，缺少基金积累制的可持续性。但是，基金积累制的筹资模式必须考虑基金的保值增值问题。

社会保障问题的关键是资金来源，资金筹集是社会保障制度的核心内容和首要环节，农村社会保障也不例外。农村养老保障资金到底由谁出，学者们对这个问题有不同见解，主要分为以下三种。

（1）主要由农民自己出。民政部于 1992 年出台以“坚持资金个人缴纳为主，集体补助为辅，国家予以政策扶持”为筹资原则的《县级农村社会养老保险基本方案（试行）》，反映了主要乃至完全由农民自己出资的“农村社会保障”模式。有学者也提出相同观点。唐晓群（1998）、刘书鹤（2001）认为，只要“国家通过立法”的保障就是社会保障，并认定现行“农村社会养老保险”就是地地道道的社会保障。中国社科院《农村社会保障制度研究》课题组（2000），在分析了“农村社会养老保险”是“大部分地区农民参加养老保险，缺乏集体补助”，且“政府并没有投入资金”，“实行完全的个人积累制”的特点后，对这种筹资原则未提出异议。《人口研究》杂志的专家（1999）也认为，社会养老和家庭养老的主要区别绝对不在“一个是由政府出钱，一个是由亲属出钱”上，“所谓‘国家的钱’，最终还是来自于个人的腰包。”这些观点在当年比较流行，也影响了此后的一些学者。例如施晓琳（2004）认为，社会保障基金应坚持以个人缴纳为主，集体补助为辅，国家适当支持的原则。原因是政府不可能拿出大量资金来发展农村社会保障事业，农民如果不尽义务，其权利也就无法保证。

（2）主要由政府出。随着城乡收入差距的逐渐加大和国家经济实力的不断增强，无论是学界还是政界在农村养老保障资金来源上的观点都在逐渐变化，认为如果要实现农村社会养老保障的可持续发展，政府就必须担当起筹资的主要责任。刘书鹤（2000）认为，就世界有据可查的 131 个包括发达国家和发展中国家在内的国家城乡社会养老保险金的筹资模式来看，至少有 129 个国家城乡社会养老保障资金的基本来源均是全部由政府拨款或由政府和雇主承担主要部分、受保人支付次要部分，即社会保障金主要不由受保人个人缴纳。其原因是，社会保障金本身不含在个人收入中，它已在总产品中做了专门的扣除。朱俊生、葛蔓、庹国柱（2002）等通过对北京市大兴区的农村社会养老保险试点的调研，认为政府是否愿意参与并提供补贴是建立农村社会保障制度（包括社会养老保险制度）的主要因素。尚长风（2004）通过列举广东省东莞市及浙江省的农村养老保险制度实践证明：政府为参加养老保险的农民提供一部分费用，既可以在相当程度上解决缴费困难问题，又对鼓励农民参加养老保险是一个巨大的激励，可以激发农民参加养老保险的积极性。申策和 John Williamson（2006）基于当时占中国人口70%的农村居民基本上没有老年社会保障的现状，提出了建立一个覆盖全国农村的最低社会养老金制度的构想，该构想不要求受益人付费，开始时养老金额要低，并考虑到地区之间收入水平的差别。其他的一些研究中，学者们（“农民养老保险研究课题组”，2010；王文素，2010；龙梦洁，2009）更多地将农村社保放在公共财政视角中来分析。

（3）多渠道筹集农村社保资金。持这种观点的学者目前占主要部分。资金来源是社会保障的核心内容和中心环节，解决这一问题，需要尽可能多地开辟筹集农村社会保障基金的渠道。早在 1987 年，熊学刚就提出我国农村社会保障基金应从三个不同性质的来源产生：①通过国民收入分配渠道产生，以国家财政拨款形式，按照按需分配的原则实行的国家资助，属于社会消费范畴；②从集体利润中提留的税前列支部分，主要作为按劳分配的补充形式实现的部分集体消费；③超出收入领域的个人收入提成，隶属于个人生活消费性支出。从地区布局上看，贫困地区社会保障基金主要由政府提供，富裕地区的社会保障基金则以后两项资金来源为主，只有少量的乡级财政提留补充进出，基本属民办性质。后来的学者也认为，农村社保基金不能光靠个人缴费，集体经济组织或农民个人所在的乡镇企业必须承担相应的缴费责任，政府要加大财政投入力度。郑秉文（2001）和杨东乐（2005）建议实行以个人缴费为主、集体为辅、政府补充以及缴费确定制。穆怀中（2005）主张从“劳动公平”与“生存公平”角度建立城镇和农村养老保险给付模式并确定适度给付水平，社会统筹的给付水平较低，给付时间持续终身，体现了社会统筹保障生存公平的功能，而个人账户则应更多地表现为“劳动公平”。陈志国（2005）提出按照经济发展水平差异建立不同的模式：在经济发达农村地区，农村居民养老保险制度可实施与城镇养老保险制度接近的制度形式；在中等收入农村地区，建立农村养老保险制度必须依靠政府提供一定程度的非缴费型养老金支持，农村居民个人账户部分可通过购买商业保险养老金产品实现。潘怀明（2006）和廖煜娟（2006）提出建立全国统一的多层次的养老保险体系，非缴费型的基础养老金制度（国民年金）+个人自愿缴费型基本养老金制度+个人储蓄型或者商业保险，在充分考虑了财政支持力度和农民收入水平的基础上，认为政府应该承担起适度的财政责任，并对财政支持可行性进行分析（华迎放、孙莹，2005；樊小刚、陈薇，2008；刘金苹，2010；庹国柱等，2009）。邓大松、薛惠元（2010）运用保险精算的方法，对新农保现行制度下的替代率进行测算，认为替代率较低的主要原因是个人账户养老金替代率较低，而加大基金运营，提高个人账户养老金收益率是最有效的解决办法。

学者们认为，国家、地方和个人三位一体的筹资结构比较合理，但要明确三方的合理出资比例。第一，调整各级财政的支出结构，提高社保支出在财政支出中的比例（张左已，2000）。第二，通过“以土地换保障”，把对农民转让土地和征用土地的补偿直接转换为社会保障基金，从而形成农村社会保障体系建设的制度化的资金来源渠道（陈熙，2000；姜长云，2003；致公党中央，2003）。第三，从计划生育的角度投入相应的资金，主要是通过建立社会保障特别是社会养老制度，以促使群众的生育意愿符合生育政策，自觉自愿地实行计划生育。第四，开辟新税源，解决农村社会保障资金缺乏的问题（段庆林，2000；刘书鹤等，2000；致公党中央，2003）。第五，农民个人年收入达到一定水平，可按适当比例缴纳保险金。第六，从农村机构改革和反腐、减员中要资金（刘书鹤等，2000）。但是，在农村社保基金的筹集上，还要分层次进行考虑，坚持“量力而行”的原则（曹应梅，2004；张启良、曾纪发，2006）。

3. 关于农村社会养老保险制度的政府责任和财政分担的研究

在政府在农村社会养老保障中是否应起主导作用这一问题上，学者们基本持肯定意见，这也与农村社会养老保障的公共产品属性有重要关系。金培选（1992）从国家立法角度论述了政府在农村社会养老制度建设中的立法责任。徐广荣等（1994）从政府行政职能的角度出发，认为政府应从筹划组织实施、沟通协调服务、运营监督管理等方面加强行政职能。张建国（1995）认为，政府应把农村社会养老保险作为振兴农村经济的配套工程，逐步推行农村社会养老保险的规范化管理。乔晓春（1998）认为，国家应进一步加强对农村社会养老保险工作在政策上的倾斜，并在农村社会养老保险事业经费上提供一定的投入。这些文献的时间大致从1992年到1998年。这一时期的研究背景是，政府推出农村社会养老保险方案，农村社会养老保险工作由试点逐步进入推广阶段。因此，这一时期对于政府角色的研究主要偏重于政府在制度推广中的行政职能的分析。

1998年政府机构改革后，各地农村社会养老保险工作处于停顿状态。直到2004年之后，农村养老保险工作又出现了转机，这方面的研究也逐渐增加。穆怀中（2007）认为，从政府责任角度看，应确定政府负担国民最低层次保障的责任，重点解决在低梯度指标下的收入不均等问题，消除低水平下的贫困和收入差距。周德胜（2007）认为，政府应承担起引导农民转变观念的责任、健全政府的监督管理职能的责任及协调相关责任主体利益关系的责任。刘昌平（2008）认为，政府缴费责任的缺失使得传统农村社会养老保险制度不具备社会保险的基本性质，成为自存自用的个人储蓄，同时导致对农村居民缺乏吸引力。徐通（2008）认为，农村养老保险制度作为一种公共产品或者准公共产品，在市场经济条件下，市场无法充分有效提供，必须通过政府对国民收入的分配与再分配，以“税收—转移支付”的方式提供。柳清瑞（2008）认为，加快覆盖城乡居民的社会保障体系，需要建立一定周期（50年或100年）的经济、人口等因素的预测机制和财政预算制度，同时要进行财政体制、税收体制等配套制度改革，增加政府财政收入的可持续性和稳定性，提高制度的有效供给。米红、项洁雯（2008）则从技术层面，运用人口数理学、保险精算学等方法对未来农村人口以及财政补贴能力做出预测，对我国“有限财政责任”条件下的农村养老保险制度进行政策仿真和预测分析。孟芳、刘和平（2008），陈娟（2009）分别对苏北农村和镇江市新型农村社会养老保险试点情况进行了调查研究，指出需要从政府角色定位、农村经济发展、执行机构完善和监督体系完善等方面增强新型农村社会养老保险政策执行的有效性。2009 年，新型农村社会养老保险试点开始，公共财政的参与，使得农村养老保险工作发生了质的转变，财政投入程度成为了学者们研究的重点。郑功成（2009）则认为，如果基本养老保险制度实现全国统筹并不断扩大覆盖面，则 30 年内不会出现收不抵支的现象，但需要对政府和地方财政责任进行合理划分。朱俊生（2009）根据测算认为，财政完全有能力在全国建立农村社会养老保险制度，但为保证贫困地区制度的建立，需要重构中央政府与地方政府之间的财政关系，中央财政按照各地经济和社会发展水平的不同对养老保险的保费补贴予以分担。胡晓义（2009）认为，财政补贴是新农保制度的核心内容，主要供款方是政府，政府给予老年人基础养老金，同时对中青年的缴费也予以补助。吕凯波等（2009）运用简单动态模型中的成本收益分析法得出最有财政支持力度的公式，以此构建政府行为的最优选择模型，认为中国农村社会养老保障模式必须有政府财政的介入，仅仅依靠农民缴费来维持制度的正常运转是不可能的。刘颖、何春玲等（2010）认为，随着新农保试点覆盖面的扩大和农村老年人口的快速增长，公共财政尤其是中央财政支持是新农保实现可持续的关键。至于政府在农村社会养老保险中应当担任什么角色，学者们的观点大同小异。孙维群（2009）认为，政府在现阶段社会保障制度建设中的角色定位主要有以下几个方面：法律制度制定者、财政责任的最终承担者、基金责任人和监管者、差异政策的平衡者以及信用体系的标杆和建设者。邸晓星（2010）认为，政府在农村社会养老保障制度推行中应承担立法责任、财政支持责任、制度设计责任、组织实施责任和监督管理责任，其中财政支持责任最为关键。刘金苹（2010）从城乡一体化和社会公平和谐的角度入手，认为中央政府应当在农村社会养老保障制度建设中发挥重要作用，包括提供有利的政治环境、财政支持、管理监督等。

在政府应该承担的保障水平以及理论依据方面，多数学者认为现行农村社会养老保险保障水平过低，但在政府应该承担多大责任，以及是否有能力承担方面存在较大分歧。

（1）肯定观点。有学者从农保水平较低考虑，认为财政投入力度远远不足，而且中国财政也有能力提高到更高支持水平。据尚长风（2001）的推算，如果按照分批、分期、逐步推进的做法，只要以财政收入总额的1%左右就基本上能够解决农村养老保险对资金的需求。卢海元（2003）认为，只要对现行农村发展政策进行调整，政府就能既承担起建立农村社会养老保险制度的财政责任，又收到增加农民收入、启动农村市场、实现经济良性循环等多重政策效果。华黎等（2010）认为，新农保下公共财政补贴水平依然较低，尤其是中央财政补贴存在较大不足。有的学者从农民收入低、农民的缴费能力不足、农村商业保险市场失效、增强农保经济环境条件等方面，认为国家应该加大对农村社会养老保险的财政投入（陆解芬，2004；李放、韩艳翠，2005；曹信邦，2005；刘海燕，2006；林国建，2006）。也有部分学者针对农村出现的特殊群体，如被征地农民、独生子女父母等，提出财政应承担相应责任的设想（穆光宗，2002；赵殿国，2005；李郁、尧晖，2005）。贾海彦等（2009）认为，农村养老保障体系中公共财政职能主要包括两大方面：一是基本养老保险职能，主要有筹资和转移支付职能、监督管理职能、基本养老保险金的保值增值职能；二是过渡性养老保险职能，包括提供公共产品和服务、具备合理化解农村养老金财务风险的机制以及对社会私人主体的财政激励和引导。

（2）否定观点。早期学者主要鉴于国家经济和财政实力考虑，认为加大财政对农民养老保险的补贴尚不合时宜。马利敏（1999）认为，目前我国政府无论在经济实力还是实际操作上都不可能为农村社会养老保险制度提供足够的财政支持。陈平（2002）认为，中国农业人口比例高和其养老与医疗卫生均由家庭和个人负担，导致其为迅速成长中的各类私营、民营和三资企业提供了大量的低成本的劳动后备军。如果建立和扩大社会保障制度，在中国投资的许多劳动力密集产业会立即向没有社会保障的国家转移。杨翠迎、庹国柱（1997）认为，如果我国经济确以所预测的年均9%的速度增长，全国性的、真正的农民年金保险制度要到15~20年后才能顺利地建立。有学者提出了有限财政的思想。郑功成（1997）从工业化国家社会保险财务危机出发，提出我国应该把社会保险财政与国家财政区别开来，采取不同的管理方式与政策，避免重蹈福利国家覆辙，其中蕴含了一定的有限财政支持思想。曹信邦（2005）从国家财政有限和社会保障的复杂性角度提出国家应该负有限的社会保障责任思想。

4. 关于农村养老保险财政负担国际比较的研究

崔红志（2004）详细介绍了国外建立农村居民社会养老保险制度的经验，包括建立农村居民社会养老保险制度的原因、条件以及政府负担状况。沈洁（2006）在日本农村居民养老年金制度的基础上，分析了中国农村养老保险制度建立所面临的问题，并提出了政府财政负担和社会保障个人负担的制度模式。林义等（2007）对农村社会保障制度进行了国际比较研究，其比较对象包括发达国家、经济转轨国家和发展中国家，对我国农村养老保险发展以及保持合理财政负担提出了有价值的政策建议。穆怀中（2008）对发展中国家农村养老保险制度进行了研究，探讨了中国农村养老保险财政负担的约束条件和发展路径。米红（2009）对世界三种不同模式国家的农村养老保险制度进行了研究，分析了其建立的经济和人口条件，并探讨了这些国家农村养老保险财政负担的发展趋势，为中国农村养老保险制度建设提供了理论基础和经验借鉴。

二、国外文献研究综述

就世界范围来看，在以现代社会养老保险方式为主导的养老保险制度建立之初，多数国家的社会养老保险主要是向政府雇员及企业职工提供，不包括农民。直到20世纪50年代，一些发达国家才相继为农民建立了社会养老保险计划。由于西方发达国家大多走的是城乡经济一体化道路，不存在像中国一样的二元经济，城乡和工农差别较小，因此国外对农民养老保险制度的研究基本上是纳入整个社会养老保险体系考虑的。

1. 关于社会保障理论与政府责任的研究

西方国家对社会养老保险的研究主要包括政治经济学和新古典福利经济学两个派别。政治经济学着重研究社会养老保险制度的变迁，强调非经济因素在变迁过程中的作用；而新古典福利经济学研究的重点是各种养老金制度的经济绩效，重点放在不同养老金制度对于其他经济变量的影响上。

可以说，直到20世纪五六十年代，新古典经济学都没有适当理论用以研究养老问题，那时研究养老金经济学的主要是政治经济学派，他们强调一次分配的不公平应由二次分配进行补缺，国家参与制度实施的保障工作。而新古典福利经济学在凯恩斯之前基本上没有考虑跨时消费问题。凯恩斯认为，消费者只是一个受即期预算约束的，以即期效用最大化为目标的消费者，主要考虑如何在当前消费中分配自己的收入，使得当前效用最大化。真正把跨时消费引入新古典福利经济学并奠定理论基础的是莫迪利亚尼的生命周期理论。他将个人终生收入与生命周期相结合，讨论影响现期储蓄行为的各种因素，建立了一套生命周期理论。其理论基础是，一个理性的消费者将追求一生效用的最大化。由于消费者收入与其预期的消费不完全对等，因此就导致了其生命周期内任何一个时期都有正或负的储蓄，那么老年期的消费就要靠工作期的储蓄实现，这就为养老金计划、国民储蓄以及公共财政参与养老保险奠定了微观理论基础。而新古典福利经济学的阿莱（1947）、萨缪尔森（1958）和戴蒙德（1965）等创立的交叠世代模型，为养老精算奠定了理论基础。庇古（1912）的收入均等理论认为，国民收入大小和国民收入在社会成员中的分配情况是影响经济福利的最重要因素。国民收入增加会提高一国总福利，个人实际收入增加会增大个人效用，降低国民收入分配不均程度同样会提高一国总福利。将富人的收入转移给穷人，总的福利水平会提高。因此，庇古主张通过国家税收政策把富人的钱以转移支付、举办养老院、发展福利事业等方式转移给穷人，以增加社会福利。此外，还有贝弗里奇（1942）的社会保障理论、巴尔（1993）的福利国家理论、阿特金森与斯蒂格利茨（1980）的公共经济理论、布坎南（1962）的公共选择理论等。关于社会保障和收入再分配理论的研究，罗尔斯（1971）和森（1982）的公平理论认为，社会成员能力上的差异并不能说明不公平分配是合理的，再分配政策就应该调节收入以满足个人的需要。虽然社会保障制度改革应首先坚持公平的价值取向，但也要兼顾效率。斯蒂格利茨（1989）认为，影响收入分配的渠道有很多，而再分配目标往往是不明确的，这就要求政府尽可能地明确经济政策对分配的影响，并选择对效率的扭曲效应最小的再分配性措施。关于社会保障与财政支出关系的研究，开始于费尔德斯坦（1974）的社保对储蓄产生“挤出效应”和传统赤字财政的关系，他认为社保资金的不足会导致政府以负债的形式加以解决，从而形成财政赤字，他对美国的养老保险体系进行实证研究后发现，财富替代效应占据主要地位，导致国民储蓄减少大概 2/3，因此他认为社会保险并不是以收入分配为特定目的，不应纳入政府联合预算中。然而戴蒙德等（1999，2004）认为，养老保险作为社会保障中一种有正外部效应的准公共产品，其可持续发展需要政府公共财政的支持，社会保障收支不应扭曲政府预算财务体系，应该放在联合预算管理中。也有学者如安德尔森（1990）从社会合作主义及社会福利政策方面认为社会保障需要国家和社会因素的重合，需要依赖政府的转移支出。

2. 关于各国强化政府责任推进农村社会保障体系发展的研究

目前世界上已建立社会养老保障制度的国家有 170 多个，其中有 70 多个国家已覆盖农村人口。从各国农村养老保险社保实践历程看，通行的模式主要可分为三类：①社会保险型。该模式也称俾斯麦型社会保障模式，是最早出现的社会保障模式。该模式以为劳动者提供各类社会保险保障为中心，以其他救助和福利性政策为补充。保障费用由雇员、雇主和国家三方负担，社会保障的给付与雇员的收入和社会保险缴费相联系。这种保险模式在欧洲和其他一些经济较为发达的国家盛行，如德国、美国、加拿大和日本等国。受德国历史学派和德国社会政策协会“国家干预主义”及凯恩斯“有效需求”理论的影响，该模式强调养老主要应以自保为主，国家资助为辅。②福利国家型。该模式起源于英国，后为北欧、西欧等的发达国家仿效。一般采取此保障类型的国家，劳动生产率水平高于国际平均水平。受庇古福利经济理论的影响，该模式强调通过财政经济政策的调节作用，以社会福利刺激需求，保障老年人晚年生活并推动经济发展。福利型过分强调普遍性和全民福利型，即所谓“从摇篮到坟墓”的全程保障，这种保障政策使养老保险支出占国民生产总值的数值庞大并呈刚性上升趋势，成了国家的负担。③社会救助型。这种模式主要存在于经济不发达、拥有众多农村人口的发展中国家，如巴西、南非、斯里兰卡等国。运用这种模式的国家经济发展相对落后，农民收入水平低，政府财力不足，所以只能通过实施特殊群体救助制度，来满足农村老人最低程度的生活需求，保障水平较低。

威尔姆（2001）、欣内肯（2003）等倡导实施将社会保障覆盖到所有社会成员的全球行动纲领，鼓励发展中国家扩大政府财政支出，深化农村养老保障改革。约翰逊和威廉姆斯（2006）指出，由于人口老龄化和家庭养老力度的减弱，发展中国家对农村养老保障的需求迅速增加，通过建立模型，对城乡一体化的、不用居民缴费的养老保险体系进行研究，并分析了增加政府财政支出补贴农村养老的可能性以及所面临的各种问题。

3. 关于中国农村养老保险制度建设的研究

豪森（1994）对中国社会保障制度改革进行了研究，认为在改革城镇养老保险制度的同时要发展农村养老保险。约翰逊（1999）对中国农村老年人口社会保障问题进行了调查研究，在家庭调查的基础上指出了农村养老保险制度改革的方向和目标。国际劳工组织认为，中国扩大养老保险覆盖面应具备八个前提条件并应建立多元化的养老保障制度（Edward Tamagno and Rudiger Knop，2004），农村社会养老保险制度应加快建立。戴蒙德（2006）对扩大社会保险覆盖面、构建农村社会养老保险制度等做了系统分析，提出了建立社会化养老模式、加大政府投入等有较强现实针对性的政策建议。鲁斯来和豪森（2007）等完成的亚洲发展银行《关于中国农村养老保险改革》研究报告，在对中国农村养老保险改革的现状、问题进行分析的基础上提出了政府主导统一农村养老保险制度建设的若干政策建议。

三、对国内外研究的评价

自传统农村社会养老保险制度被停止实施，理论界和实际工作部门都把农村养老保险这一领域作为重要研究方向。在理论研究方面，主要有社会保障公平与效率关系理论、城乡社会保障统筹与协调发展理论、农村养老保障模式理论、基于有限财政的农村养老保障理论等。在应用研究方面，主要有关于农村养老保险制度发展思路和目标的研究、关于城乡社会保障一体化及农村养老保险制度的宏观研究、关于农村养老保险制度模式及可行性研究等。在研究方法方面，运用多学科和跨学科的定性和定量模型研究农村养老保险问题，形成了我国农村社会保险的精算方法和创新型的技术路线等。

由前人的研究结论来看，认为政府应该承担起农村社会养老保障主导责任的学者居多，无论从国际经验、现实国情，还是农村社会养老保障的公共产品属性来说，这一点毋庸置疑；处于工业化中后期的国家，基本上都面临产业结构调整的难题，农业的滞后、城乡二元差距的存在必然影响经济的快速持续发展，在农村老龄化日趋严重，传统的养老方式逐渐失灵的情况下，实施新型农村社会养老保险制度就显得较迫切。而随着国民经济实力的快速增长，中国已经跃升为世界第二大经济体，日益增加的国民财富使得国家有实力来加速推进农村社会养老保险制度，这一点学者们基本持相同意见。在制度实施的资金保障措施上，学者们的观点仍然未能达成一致，但倾向于个人、中央和地方共同出资的较多。中国农村十几年的社会养老保障实践历程也证明，没有政府公共财政的参与，农村的社会养老保障制度就难以持续，这一点无论从农村社保的公共产品的社会属性，以及经济学的激励效应上，还是从中国农民自身客观条件上来说，都有一定的道理。有关中央和地方政府对农村社会养老保险的责任分工问题，可借鉴的理论研究依然极少，仅有的研究也只是定性分析，有理有据的量化分析基本上没有。另外，在政府参与农村社会养老保险制度的激励作用方面，主要按照大的区域来进行划分，区域内部各地区之间依然存在较大差距，没有细化到位，激励作用达不到相应的效果。关于农民养老实际需求水平的研究，基本是从访谈问卷出发，得出的结果带有较多农民主观期望因素，对现实国情下农民理论需求水平研究的甚少。

国外对农民养老保险制度的研究，主要有以下几个方面：①在制度建设上，许多研究表明，农民养老保险制度建设普遍比城市滞后，一般滞后 50 ~ 70 年。例如，德国 1889 年就颁布了《残废和老年保险法》，并建立了职工养老保险制度，但直到 1957 年才扩展到农民，其间经历了约 70 年时间。日本在 1941 年建立了厚生年金保险制度，1971 年建立了农村养老保险制度，间隔 30 年。美国相差 55 年，加拿大相差 63 年。②在社会公平性上，部分学者认为农民应同城市职工享有同等福利待遇，主张将农民纳入国民基本养老保险制度。目前，许多国家确实没有专门针对农民建立的基本养老保险制度，而是把农民直接纳入全民保障制度之中，这样的国家一般农业人口较少，经济发达。③在制度建立条件上，多数学者认为农民养老保险制度建立与国家总体经济发展水平密切相关。从国外经验看，各国建立农民养老保险制度时人均 GDP 大都在 2000 美元以上（除少数欧洲国家外）。研究表明，丹麦于 1891 年通过立法在农村建立养老保险制度，当时其人均 GDP 相当于中国 1999 年可比值水平的 79.3%。斯里兰卡与波兰农民养老保险制度建立时基本也在这个水平（Wijeratne and Abcysekara，1992；Lopato，1987）。④在实践上，农民和城镇职工养老模式基本相同，不管二者是在统一制度框架下还是在两种制度框架下，政府都不同程度地给予财政补贴，个人承担比例较小。

国外的实践探索与理论研究表明：①农民养老保障与经济发展是同步的，一般出现在工业化中后期，保障的规模和水平与一国经济实力相关；②无论是城市还是农村，养老保障已经不单纯是个人的事情，政府应该担负起一定的责任，尤其是经济责任；③农民养老保障制度必须建立在客观条件之上，不能过多地受一国政治因素的影响，保障模式的设计必须符合经济发展的内在要求。

上述研究成果提出了许多富有思想内涵和应用价值的研究结论和政策建议，为进一步研究新农保制度提供了很好的理论基础、实践案例和方法借鉴，同时也应当看到：第一，多数研究成果产生于全国新农保制度实施之前或初步运行时，许多观点、理论需要通过实践来检验和完善。第二，大量研究集中于对农村社会养老保险的定性分析，且以必要性和可行性居多。从定量角度分析农村社会养老保险的成果相对较少，特别是在财政负担水平及其分担机制方面。第三，新农保制度已启动六七年，需要对制度模式的可行性和合意性做出判断和评估，并在此基础上提出今后发展的对策性建议，目前的这些研究还处于理论分析阶段，尚缺乏实证研究和对策研究。

第四节 研究内容与框架

本书从新农保制度的相关理论入手，探讨了农村养老保障补偿、社会保障与经济发展协调、养老保障“生存公平”与“劳动公平”、政府责任与财政分担在新型农村养老保险制度架构中的理论应用。在对中国农村居民各类养老方式归纳分析的基础上，得出了构建和完善农村养老保险制度是历史必然的结论。并从目标定位和主要原则、筹资结构和给付结构、待遇计发和领取条件、基金管理和经办服务等方面，全面解析了新农保现行模式，并对现行模式的财政负担特征做了阐述。针对新农保制度特点，探讨了影响新农保政府财政投入的因素，从中央财政和不同经济类型地区（东部、中部、西部）地方财政两个方面，预测了财政收入与支出水平，并测算了中央财政对新农保基础养老金负担水平和地方财政对个人账户补贴的财政负担水平，分析了相应的承受能力。根据影响新农保制度完善优化的各种因素，从给付标准的动态调整机制、消除城乡社会保障“福利差”的期限、地区间养老保险待遇平等、建立“三账户”制度模式、养老保险待遇适度水平、农村居民缴费能力六个关键因素出发，对当前新农保制度模式进行修正，进而提出新农保优化模式，并在该模式下分别基于农村居民养老金适度需求水平下限和上限来测算40年间的中央财政负担水平、地方财政负担水平。最后综合前述思想和分析，提出了农村养老保险制度完善和持续发展的主要思路和政府履行相应财政投入责任的对策与建议。

具体研究思路是：第一，从构建农村养老保险财政负担与分担理论框架入手开展研究，奠定理论基础；第二，从对农村养老保险制度模式的评估出发深化财政负担水平的研究；第三，从国外现实经验入手，得出典型国家养老保险制度历程与特点对中国构建相应制度的启示；第四，以财政负担与分担水平模型优化对财政负担水平的分析；第五，概括出农村养老保险优化模式并分析财政负担水平；第六，从优化模式及其财政负担分析中，提出农村养老保险制度创新的设想及财政支付水平；第七，探讨养老金调整情况下的中央与地方财政分担结构；第八，在“保基本”的前提下，分析全国及辽宁省城乡居民养老保险统筹方案；第九，具有现实性和可操作性的对策与建议，反过来充实农村养老保险财政负担与分担理论。本书的核心研究思路如图1－1所示。

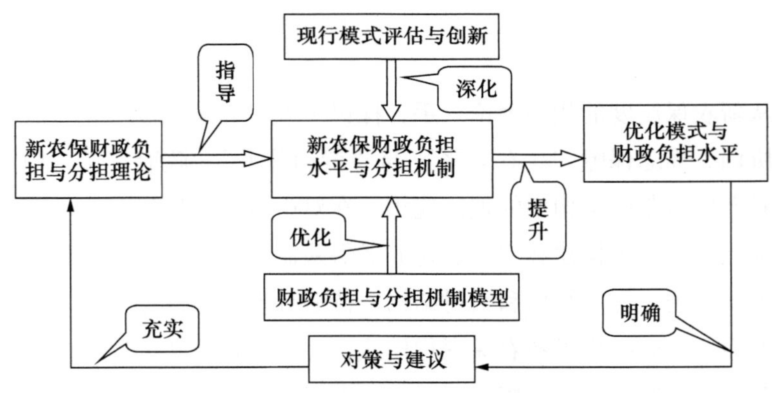

图1－1　农村养老保险制度优化的核心研究思路

本书以农村养老保险制度财政负担特征、现行模式下的财政负担水平、基于现行模式运行评价的优化模式构建、优化模式下的财政负担水平为逻辑中心，除绪论外，共分十章展开研究。

第一章是构建新型农村养老保险制度的理论框架。结合罗尔斯分配正义论、经济“剪刀差”补偿理论等提出农村养老保障补偿原理，并提出养老保障的“生存公平”与“劳动公平”理论和政府责任与财政分担理论，为本书理论思想确立基准。

第二章是分析国家社会保障形成历史及农村养老保险制度建设经验。中世纪欧洲落后的农业经济阻碍了社会保障制度的建立，直到产业革命发生后，人口由农村大量涌入城市，才推动了包括养老保险在内的社会保障制度的形成。在这一过程中，发达国家构建起农村养老保险制度，其中财政资金对制度的支持功不可没。

第三章是分析农村养老保险现行模式及其财政负担特征。首先，对中国农村现存的养老方式进行归纳并加以分析，由此引出建立完善农村养老保险制度的必要性和紧迫性。其次，通过解析农村养老保险现行模式制度框架，探讨农村养老保险现行模式的优势与特点。最后，评估现行模式下的财政负担特征，包括负担结构、分担机制和影响因素分析。

第四章是基于农村养老保险现行模式测算财政负担水平。首先，对农村人口结构和人口老龄化问题进行分析，为分析测算养老金需求水平打下基础。其次，对中央财政收支情况进行为期 40 年的预测，并对现行模式下中央财政负担水平进行测算。再次，鉴于全国经济发展不平衡的现实，按照东部、中部、西部划分“经济成分”，依据缴费财政补贴由地方政府承担的规定，对三种经济类型地区地方财政收支状况进行为期 40 年的预测，并对现行模式下地方财政负担水平进行测算。最后，对测算的现行模式下中央财政和地方财政负担水平进行分析。

第五章是在对农村养老保险现行模式财政运行情况进行评价的基础上，研究探讨现行模式制度创新涉及的关键问题，构建并阐述优化模式的“三账户”架构及其特征，并着重分析第二账户地方激励养老金的功能、运行机理和提高农村居民缴费档次的可行性，进一步充实农村养老保险优化模式的内涵。

第六章是基于优化模式养老金适度水平测算财政负担水平。首先，分析恩格尔系数、物价指数联动下的农村养老保险优化模式基础养老金适度水平下限。其次，利用修正的扩展性消费支出模型测算得到农村养老保险养老金适度水平上限。最后，分别根据两种情况，按照农村养老保险优化模式的财政负担结构和分担机制，测算达到适度水平下限的中央财政负担水平和达到适度水平上限的三种经济类型地区的地方财政负担水平，并分别与现行模式的财政负担水平进行比较分析。

第七章是养老金调整背景下的中央与地方财政分担结构。农村养老金给付水平随物价和收入的变动而动态调整，会对中央和地方财政产生不同的支付压力。以预期替代率为条件，通过设计财政资金分担系数，测算不同政策目标下的中央与地方财政资金分担比例。

第八章是在“保基本”前提下，对城乡居民养老保险统筹方案进行研究。首先，根据目前城乡居民养老保险制度已经合并的现实，对城乡居民基本养老需求进行测算，设计两种基础养老金给付方案，其一是城乡养老金适度线；其二是城乡养老金适度区间。其次，对两种方案下的物价与收入混合调整指数进行探讨。

第九章以辽宁省为研究对象，探讨其财政负担与城乡养老保险制度统筹的效果。辽宁省是养老保险制度改革的困难地区，不仅老工业基地的养老历史负担沉重，而且近年来经济增速下滑，财政支付能力下降。出于解决具体地区现实问题的目的，本章对辽宁省的城乡养老保险制度进行了优化设计，并对财政负担能力进行了测算和可行性分析。

第十章提出了农村养老保险制度完善和持续发展的主要思路和政府履行财政投入责任的对策建议。

第五节　创新与不足之处

农村养老保险制度运行的时间不长，围绕农村养老保险现行模式开展财政负担水平研究的还比较少，因此本书在理论研究、实证分析等方面有一定创新。

（1）理论创新。从罗尔斯分配正义论、经济“剪刀差”补偿理论等提出农村养老保障补偿原理；从保基本生活和提高生活质量的角度提出养老保障的“生存公平”与“劳动公平”理论；从社会保障的政府主导责任、财政能力合理分担、政府引导与个人自愿相结合联动的角度提出政府责任与财政分担理论。

（2）制度设计创新。农村养老保险现行模式具有静态合理性，长远来看还需要进一步完善和优化。特别是随着经济、社会、人口、需求等前提条件的不断变化，具有静态合理性的现行模式将逐步失去其运行的可持续能力，设计动态调整的农村养老保险制度模式是题中应有之义。本书设计了以农村居民养老金适度水平为基准的具有动态调整机制的农村养老保险优化模式，这一优化制度模式包括：变基础养老金与个人账户养老金相结合的“两账户”制度模式为国家基础养老金、个人账户养老金、地方激励养老金构成的“三账户”模式；给付水平的动态调整机制；2050 年完全消除养老保险待遇的城乡差别；东部、中部、西部地区农村老人在养老金待遇水平上完全相等。其中，“三账户”给付结构是农村养老保险优化模式的核心架构，它明晰了中央财政、省级财政和省级以下财政的责任，在从适度水平下限确定国家基础养老金替代率和从农村居民缴费能力出发确定个人账户养老金替代率的前提下，地方激励养老金的替代率水平直接决定了农村养老保险总的待遇水平。地方激励养老金的提出，兼顾了不同地区经济社会发展水平的差异，有利于形成对农村居民多缴费、长缴费的有效激励机制，也构成了农村养老保险实现省级统筹管理和跨统筹范围转移的制度基础。

（3）实证测算角度创新。利用自回归模型对现行模式和优化模式下跨越 40 年的农村养老保险中央财政负担水平、三种经济类型地区地方财政负担水平进行测算，探究了农村居民的基础养老金适度需求水平及农村居民的动态缴费能力，同时对城乡居民养老保险制度的统筹方案进行了测算，克服了理论界在研究农村养老保险财政负担方面长期注重定性分析的不足，实现了测算过程中定性与定量、理论与实践的有机结合。

当然，面对农村养老保险这样一个重大的课题，受到制度运行时间短等局限，对于一些问题的研究还有待于不断深入和完善。①对构成农村养老保险制度模式的要素考虑得还不够全面。本书设计优化模式的前提条件包括：2050 年基本消除养老保险待遇的城乡差别；东部、中部、西部地区农村老人在养老金待遇水平上完全相等；农村养老保险的“两账户”制度模式转变为“三账户”模式；对给付水平进行动态调整。这些在很大程度上完善了现行模式。但是在对地方财政所需补贴的养老金需求差额进行测算时，所使用的基准是国际公认的养老金水平要达到个人人均纯收入 60% 的标准。这个标准虽然符合消除城乡社会保障“福利差”的内在需要，符合满足老年人口实际生活需求的客观现实，但还比较粗略，需要进一步细化。②对如何平衡三种经济类型地区对农村养老保险财政负担压力没有过多论及。本书在测算东部、中部、西部地区财政补贴水平时，主要是基于使各地农村老人获得同等养老待遇水平这一出发点的。这无疑对消除地区差异乃至城乡差异具有积极意义。但在现实中，由于经济发展水平的不平衡，各地区财政承受能力差异明显，比较而言，中部、西部地区压力巨大。如何使东部、中部、西部地区承受的财政支持压力相对平衡，保证农村养老保险制度运行顺利和可持续发展，是一个非常重要的问题，需要作为一个课题在今后的研究中深入探讨。

第二章 农村养老保险制度的相关理论

第一节 农村养老保障补偿理论

一、罗尔斯分配正义理论

社会保障是收入再分配的重要手段，也是社会成员分享发展成果、获得社会福利的重要方式。在社会利益分配和社会保障制度建设方面，公平正义是首要选择。在西方的分配正义理论中，罗尔斯的平等主义取向的分配正义论是典型代表。借鉴罗尔斯关于社会公正理论的合理内核，对于形成完善新农保制度应当坚持的正确理念和原则，具有重要意义。

罗尔斯的分配正义论主要体现在其经典著作《正义论》之中。罗尔斯把正义看作是社会制度的首要价值，强调每个人都拥有基于正义的不可侵犯性的权利，而且认为这种不可侵犯性以社会整体之名也不能逾越。概括起来，罗尔斯的分配正义论有两大原则：第一是平等自由绝对优先原则。即每个人生来就有与其他人相同的平等的基本自由权利，公民的政治权利和义务的平等原则优先于公民社会经济利益的分配原则。第二是经济平等原则。它确定在什么条件下的社会利益分配不平等是可以接受的：首先要保证最少受惠者得到最大的利益。其次是在机会平等的前提下，将各种机会向所有人开放，消除竞争起点的不平等。也就是说，结果的不平等要保持在合理的限度内，而这个限度就是要保证每个公民都不打破彼此社会合作的长期契约，保证每个公民都不成为社会合作的绝对受害者，保证整个社会体系和谐稳定。之所以如此，完全是因为社会是由相对独立自主的个人组成，任何人都不会同意为了别人的利益或者社会整体利益而牺牲自己的利益。

罗尔斯分配正义论的显著特点或者最大贡献，就是从最少受惠者的角度来看待社会的不平等，社会分配要向最少受惠者倾斜，不能为了社会效用最大化而牺牲个人的权利，不能在利益和代价的分配上缺乏公平的立场。所以，罗尔斯构建的社会福利函数，一般也被称为最大的最小化福利函数：

$$W = \min(u_i) \qquad i = 1, 2, 3, \cdots, n$$

如果举例来说明罗尔斯思想，就是假设由甲、乙两个人组成共同体，如果甲的效用为100，而乙的效用为80，则社会福利就只能等于乙的效用水平。当甲的效用从100上升到120，而乙的效用仍然保持80不变时，社会福利水平仍然为80，因为社会福利是以境况最差的个人效用定义的。显然，罗尔斯社会福利函数表明：只有最小效用提高，该社会的福利才会提高，即如果境况最差的个人效用没有变化，那么其他人的效用增加并不能使社会福利增加。

如果以罗尔斯的正义优先观点来考量我国经济社会发展历程特别是社会保障体系建设问题，很自然地会得出这样一个结论：建立和完善农村社会保险制度，破解城乡社会保障二元结构，势在必行。第一，从价值判断角度分析可以看出，社会主义国家应该具有比资本主义国家更多的公平性，应该保证全体国民都能及时平等地享受到社会经济发展的成果。否则，如果一部分社会成员在为社会发展做出贡献和履行义务之后，却得不到经济社会发展的利益，社会主义的优越性就难以得到体现。可以认为，我国农村地区社会保障制度长期缺失，一定程度上就是价值取向或价值判断上的偏差。第二，从提高全社会福利水平角度分析可以看出，在城乡社会保障制度长期处于二元结构状态、农村社会保障制度缺失的情况下，农村居民就是罗尔斯关注的“最少受惠者”。如果占全国人口一半以上的农村居民没有被纳入社会保障体系之中，要提高整个社会的总福利水平是不可能的，而这一点直接关系到全面建成小康社会目标的实现。第三，从维护农村居民权利角度分析可以看出，农村居民不仅应当按照《宪法》规定享受社会保障的基本权利，而且应当享受到与农村经济社会发展水平相适应的社会保障待遇水平。具体到农村养老保险而言，就是不要求享有与城镇居民同等的绝对标准的社会保障待遇水平，但是理论上的相对标准要一致，即社会保障制度设计时的目标替代率要接近。这样讲与农村养老保险建设的低水平起步并不矛盾，因为起步水平低并不代表今后城乡社会保障的相对标准永远不一致，也不代表放弃缩小乃至消除城乡社会保障“福利差”的目标。

二、城乡二元经济“剪刀差”的社会保障补偿理论

二元经济结构理论是区域经济学的奠基性理论之一，是由英国经济学家刘易斯首先提出的。他有两个前提假设，分别是发展中国家存在两个部门和劳动力的无限供给。两个部门以农业部门和工业部门为代表，由于发展中国家农业中存在着边际生产率为零的剩余劳动力，因此农业剩余劳动力从农业部门转移到工业部门能够促使二元经济结构逐步消减。此后费景汉、拉尼斯修正了刘易斯模型中的假设，在考虑工业、农业两个部门平衡增长的基础上，完善了农业剩余劳动力转移的二元经济发展思想。刘易斯、费景汉和拉尼斯在理论建立时，显然犯了一个错误，那就是对农业发展重视程度不够。在这一点上，美国科学家舒尔茨在其二元经济转变理论中阐述得较为明确。他认为，传统农业贫穷的根本原因在于，传统农业中对原有生产要素增加投资的收益率低，对农民储蓄和投资缺乏足够的经济刺激。这样，传统农民就没有改变传统生产要素的动力。因此他主张采取市场方式，给予农民经济刺激，调动农民的生产积极性。

福利损失补偿理论，是指为了经济发展的需要，在某一时期以牺牲某一团体利益为代价来推动经济的整体快速发展，当经济发展水平达到一定程度之后，再根据国家发展战略，及时对该部分团体损失的利益做出补偿。发达国家的经验表明，在工业化发展初期，农业通常在国民经济中居主导地位，为了支持工业快速发展，迅速提高国民经济发展效率和人民生活水平，各国通常会采取以农助工的策略；而当工业化、城市化进程发展到一定程度之后，一般为工业化中后期，此时工、农差距会逐渐拉大，而二三产业的发展促使国家拥有足够财富积累，这个时候再根据情况及时实施工业反哺农业、城镇反哺乡村的政策，以促进国民经济健康协调发展，顺利推进工业化和城镇化。反之，就会导致农业过度萎缩，工、农产业结构和就业结构不协调，工、农收入差距悬殊，社会矛盾加剧，经济运行效率加速下滑的现象出现，不利于经济和社会的协调可持续发展。

“剪刀差”的提法源于苏联 20 世纪 20 年代实施的“超额税”，主要是由于

农产品价格和工业品价格呈现出一低一高的剪刀状形态而得名。中国自第一个国民经济“五年计划”（1953~1957 年）以来，通过统购统销制度吸取农业剩余为工业化提供资本积累。1985 年统购统销政策正式取消，国家不再对农村下达指令性收购计划，而是采用合同定购的方式来收购国家需要的粮食，价格“双轨制”保留相当大部分的非商品属性和非等价交换（许经勇，2009）。1978 年政府陆续提高粮食、油料、棉花等 18 种农副产品收购价格以探索农村经济体制改革。到 1993 年，全国范围内取消了实行 40 年的口粮定量办法，价格随行就市。但 1994 年开始价格双轨制短暂回归，直到 1998 年国务院颁布《国务院关于进一步深化粮食流通体制改革的决定》（国发〔1998〕15 号）确定了“四分开、一完善”的改革原则，建立了社会主义市场经济粮食流通体制，标志着价格双轨制的正式取消。

我国城乡间的经济“剪刀差”中时间最长、影响最久的就是工农业产品价格“剪刀差”。新中国成立之后，中国仿照苏联工业化阶段的成功经验，力图超越轻工业发展阶段而一跃进入重工业阶段，以期在最短时间内实现经济实力的飞跃。中国拥有大量的劳动力资源，这意味着工业化的发展不会受到劳动力因素约束，但资本缺乏构成了快速实现工业化的严重制约。为实现工业化，中国只能选择暂时牺牲农业部门利益并把农业剩余产品通过行政手段转移到工业部门的途径。同时，中国在工业化初期阶段还实行了高度集中的计划经济体制，通过低消费、高积累以及压低农产品价格、人为抬高工业产品价格，使工、农业产品之间出现“剪刀差”，来加速工业化发展进程。而且实行严格的城乡户籍制度，将农村居民束缚在农村并使其只能从事农业生产。这样工业发展就获得了比较充裕的资本和廉价的原材料，为工业部门走向成熟确立了先决条件。

改革开放以来城乡之间的经济“剪刀差”又有了新发展，主要体现为大量农村土地被转为工业用地、商业用地、住宅用地、基础设施建设用地而形成的土地价格“剪刀差”和大量农村富余劳动力进城务工或从事非农产业的过程中低工资而形成的劳动力价格“剪刀差”。近 10 多年来，我国各级政府通过无偿划拨和低价征、高价卖等办法，用占用农村土地的方式，满足工业化、城市化高速发展对土地需求的急剧增长，与此同时形成了巨额“剪刀差”和大量的被征地农村居民。城乡分离的户籍制度导致了劳动力市场的分割，农民工虽然是城市建设的主力军，但在城市劳动力市场上却受到歧视，不仅工资水平远远低于相同工种城市劳动者，而且微薄的工资还时常被拖欠。这就导致了农村迁移劳动力和城市本地劳动力价格“剪刀差”的出现。

从历史的角度回顾，通过工农业产品价格、土地价格、劳动力价格等方面的经济“剪刀差”吸取大量的农业剩余是为了实现工业化、城镇化战略，是特定阶段的必然之举，这种发展模式在当时具有合理性。同时也必须看到，这种城乡间的经济“剪刀差”的存在，确实牺牲了农村居民的切实利益，减少了农业发展和农村建设的自我积累，形成了对农村、农业和农村居民的隐性负债，实际上产生了城乡二元社会保障的“福利差”。据有关学者估算，计划经济时代通过工农业产品价格“剪刀差”吸纳的农业剩余就达9000亿元，近年来地价的“剪刀差”导致农村居民损失了2万亿元。

在二元经济体制下，农业部门劳动力创造的现实产值份额，要低于其实际产值份额，而二三产业劳动力创造的现实产值份额，要高于其实际产值份额。也就是说，二元经济体制下经济结构和就业结构存在不协调，而这种不协调又会传导至投资和消费领域，在等价值付出情形下，农业部门从业人员所得收入要低于工业部门从业人员，而收入是消费的前提，这就变相传导至消费领域[①]（见图2-1）。也就是说，在等价值量付出情形下，与工业部门从业人员相比，农业部门从业人员未享受到其应得的全部福利。那么，在工业化中后期，工业反哺农业具备相应条件之后，政府理应考虑如何将这部分工农二元下的农民福利损失补偿给农民。在一次分配领域所形成的二元差，可以通过二次分配的方式进行补偿，而农民养老保障制度中中央财政补贴就是一种可行方式。

根据计划经济时期粮食收购的价格剪刀特征，将工农二元下农民福利损失分为两个口径：工农剪刀福利差（1953~1997年）和工农福利差（1953~2050年）[②]。其中，工农剪刀福利差是指农民生产被征购农副产品时所损失的福利；工农福利差是指农民生产所有农副产品时所损失的福利，工农剪刀福利差是工农福利差的一部分。

---

① 如图2-1所示，二元差到工农福利差的逻辑路径中包含收入和消费两个因素的共同作用。在统计工农福利差时，这里仅选择农民的务农收入损失和城乡消费价格差异因素，因为农民的财产、工资、转移收入不归属于农业部门的农产品生产活动，农民与城市居民的消费量差则存在“相倚问题”，即消费量与收入水平关联度大，不具有指标独立性，而消费价格差能准确衡量农民与城市居民的生活成本差异。

② 工农福利差将一直持续到工农二元差消失为止，这里假定到2050年工农二元差消失。

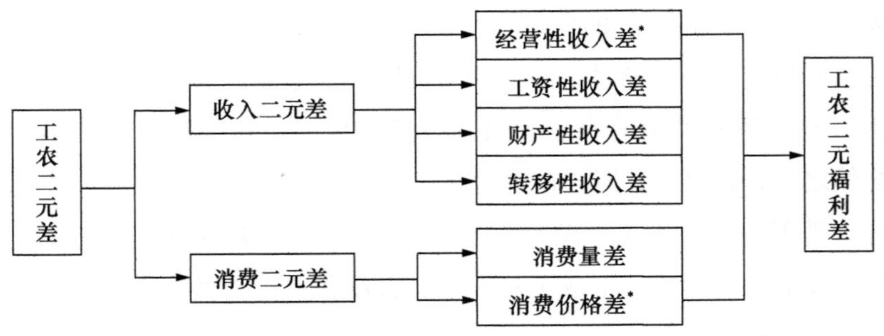

图2-1　工农二元福利差逻辑传递图

注："＊"代表所选用的指标。

1. 工农二元下农民福利损失测算

（1）测算思路。

比较劳动生产率是客观反映部门之间当年劳动生产率高低的主要指标，是二元结构三个主要测度指标之一。[①] 在产业经济结构和就业结构完全协调均衡的情况下，第一产业比较劳动生产率和二三产业比较劳动生产率都应该等于1。通常情况下，农业比较劳动生产率要小于1，而二三产业比较劳动生产率要大于1，二者差距越大，则说明经济的二元性越显著。实际测得的比较劳动生产率与1的差值，即可以看成二元经济体制下该部门所创造价值被低估额。因此，可以采用农业比较劳动率来测算第一产业从业人员所创造的价值（即经营性收入）被低估额度。[②] 在此基础上，扣除当时国家财政对农业补贴支出部分，即为农业创造价值应得未得额度。农业部门从业人员所创造的价值，是在土地、资本、人力和技术等共同作用下实现的，人力部分贡献所得体现在劳动报酬上。因此，农业创造价值被低估额度与农业从业人员劳动报酬分配系数的乘积，才是归属于人力部分的价值差。农民只有将其所取得的劳动报酬进行消费，才能享受到真正意义上的福利。而在不同时期，由于城乡消费物价水平不同，即居民消费价格指数不同，城乡居民购买力也存在差异。因此，归属于人力部分的价值差通过城乡购买

① 比较劳动生产率、二元对比系数和二元反差指数是二元经济结构三个主要测度指标。

② 这里的农业指包括农林牧渔业全体的广义农业，工业是指二三产业全体（即非农产业）。

力平价指数进行转换，得出的结果即归属于农业从业人员劳动报酬二元差下的福利损失。①

工农福利差的测算公式为：

$$AW=\frac{\Delta GDP_R-F_R}{L_R}\times\frac{H}{\sigma} \quad (2-1)$$

其中，AW 代表人均农民福利损失，ΔGDP_R 代表农业比较劳动生产率为 1 时的“理想状态”与“现实状态”的农业 GDP 分配差额，F_R 代表国家财政用于农业的支出，L_R 代表农林牧渔业劳动力人数，H 代表农业生产劳动报酬分配系数，σ 代表城乡购买力平价指数。

工农剪刀福利差测算公式为：

$$AW_S=\frac{\Delta GDP_R-F_R}{L_R}\times\frac{H}{\sigma}\times\frac{C}{GDP_R} \quad (2-2)$$

其中，AW_S 代表人均工农剪刀福利差，C 代表农副产品收购总额，GDP_R 代表农业 GDP（农林牧渔业增加值），其余同上。

现实状态的 GDP_R 是农林牧渔业增加值。“理想状态”的农业 GDP 是农业比较劳动生产率为 1 时，现实的农业劳动力占全部劳动力的比重乘以现实的全部 GDP 计算而得，它代表着按照产业结构与就业结构相协调的原则，重新分配给农业劳动者的 GDP 份额。测算公式如下：

$$\Delta GDP_R=\frac{L_R}{L}\times GDP-GDP_R \quad (2-3)$$

其中，L_R 代表农林牧渔业劳动力人数，L 为总的从业人员数。

农业劳动报酬分配系数 H 是指农业劳动人员家庭经营性收入占农业 GDP 比重，代表农业从业人员劳动报酬份额。公式如下：

$$H=\frac{I_R}{GDP_R}=\frac{I_{PR}\times L_R}{GDP_R} \quad (2-4)$$

其中，I_R代表农林牧渔从业人员家庭经营性收入总额，I_{PR}代表农林牧渔从业人员人均家庭经营性收入。

城乡购买力平价指数 σ 是城市居民消费价格指数与农村居民消费价格指数比值，其代表农村每单位购买力在城市可购买的物品量，反映了城乡消费物价水平

---

① 城乡购买力平价指数 =（城市 CPI/农村 CPI）×100%。

的差异。公式如下：

$$\sigma = \frac{CPI_C}{CPI_R} \times 100\% \tag{2-5}$$

其中，CPI_C 为城市居民消费价格指数，CPI_R 为农村居民消费价格指数。

（2）工农二元下农民福利损失测算。

按照上述思路，对 1953～2009 年数据进行测算，求出各年工农福利差（1953～2009 年）和工农剪刀福利差（1953～1997 年），如表 2－1 所示。[①]

由表 2－1 测算结果可知，农业比较劳动生产率与工农二元下农民福利损失均呈先降后升形态，1953～1959 年为新中国成立初期，工农业生产基础薄弱，恰逢 1958～1960 年大跃进时期和 1959～1961 年三年自然灾害，工农业差距较小，比较劳动生产率下农民福利损失也较少。随着经济建设逐渐步入正轨，在国家高速发展战略的推动下，重工业成为我国经济发展的重中之重，工农业全要素生产率差距不断拉大，农业比较劳动生产率呈不断下降趋势，这一时期我国经济建设呈现出显著的投资驱动特征。1955～1982 年，农民劳动报酬分配系数较低，这与 1953～1984 年农副产品统购统销存在较大关联。1985 年之后，统购统销逐渐转变为价格双轨制，人力要素价值报酬系数也随之提高，但仍然低于其内在价值。在不考虑通货膨胀因素影响的情况下，工农二元下农民福利损失总体上呈逐渐上升趋势。按当年价计算，1953～2009 年各年农民福利损失总体上呈逐渐上升态势；而按现价计算，2005 年以来各年农民福利损失基本处于平稳状态。

表 2－1　工农二元下农民福利损失测算结果（按当年价）　　单位：亿元

年份	工农福利差	工农剪刀福利差	年份	工农福利差	工农剪刀福利差
1953	66.43	29.05	1957	36.97	18.54
1954	68.72	33.19	1958	19.71	10.07
1955	44.79	20.58	1959	45.91	33.10
1956	21.86	9.38	1960	68.74	43.99

① 因可查数据起始年限为 1952 年，且 1953 年为统购统销起始年，因此这里将 1953 年作为初始年。

续表

年份	工农福利差	工农剪刀福利差	年份	工农福利差	工农剪刀福利差
1961	59.37	27.35	1986	952.00	679.34
1962	73.04	33.71	1987	1036.59	759.62
1963	65.56	31.11	1988	1282.27	994.54
1964	73.71	35.42	1989	1553.93	1233.41
1965	70.22	32.82	1990	1294.75	949.20
1966	76.85	37.52	1991	1656.01	1290.13
1967	68.60	32.83	1992	2079.32	1563.76
1968	64.18	29.62	1993	2710.20	975.30
1969	78.40	34.20	1994	3234.34	843.33
1970	89.36	38.83	1995	3953.99	945.02
1971	91.28	40.40	1996	4712.42	997.10
1972	92.74	41.89	1997	5826.83	534.63
1973	89.02	42.41	1998	5947.38	—
1974	84.19	39.36	1999	6571.33	—
1975	88.02	43.00	2000	7184.04	—
1976	79.89	38.47	2001	7491.72	—
1977	117.25	61.01	2002	7815.63	—
1978	130.83	71.03	2003	8434.60	—
1979	135.82	76.31	2004	8390.98	—
1980	211.47	129.85	2005	9747.91	—
1981	271.12	166.03	2006	10858.18	—
1982	293.77	179.00	2007	11959.28	—
1983	654.24	398.49	2008	12863.29	—
1984	752.30	467.74	2009	12903.30	—
1985	868.76	569.15			

注：①表中数据均按当年价格水平衡量；②国家财政对农林牧渔业支农支出 1978～2005 年数据来自《中国财政统计年鉴》（2006），2006～2008 年数据来自《中国农村统计年鉴》（2009），2009 年数据来自《中国统计年鉴》（2010）；③农副产品收购总额数据来自《中国农村经济统计大全》（1949～1986）和《中国统计年鉴》（1993），1993～1997 年数据来自《中国统计年鉴》（1994～1998）批发零售贸易业（不包括个体）农副产品购进额；④表中运算过程统计方法参见上文。

资料来源：《中国国内生产总值核算历史资料》（1952～2004）、《中国农村经济统计大全》（1949～1986）、历年《中国统计年鉴》、历年《中国财政统计年鉴》、历年《中国农村统计年鉴》、《中国人口统计年鉴》（2010）、《新中国农业 60 年统计资料》。

2. 工农二元下农民福利损失补偿额测算

依据生命周期理论，农民的养老周期计划是建立在工作期和老年期的货币储蓄和消费平滑基础上的，即在工作期获取收入并积累用于老年期消费的养老金(见图2-2)。而由于工农二元差的存在，农民在工作期（16~59岁）积累的养老金以福利差的形式转移给了城镇工业。因此，可以认为个人将这部分福利损失暂时存入银行，国家用此部分资金支持工业建设。在农民养老社会需求不断增长，工业反哺农业时机日渐成熟之际，国家应将这部分福利损失返还给农民。

从个人生命周期角度来看，属于农民的这部分福利损失累积随时间不断增大，但从生命队列的劳动年龄群角度来看，处于劳动期的农民福利损失累积随时间在不断缩小。例如，按60岁退休年龄计，1953年为工作起始期的劳动年龄群队列到1997年累积了共计44年福利差，而1997年的劳动年龄群队列仅累积了1年的福利差。依生命周期理论，劳动期收入的减少将影响老年期的消费，农民不同年龄段群的福利差累积对其老年期消费的影响是在退休期才开始显现的，即一单位劳动期的福利差便相当于一单位老年期的养老金消费。

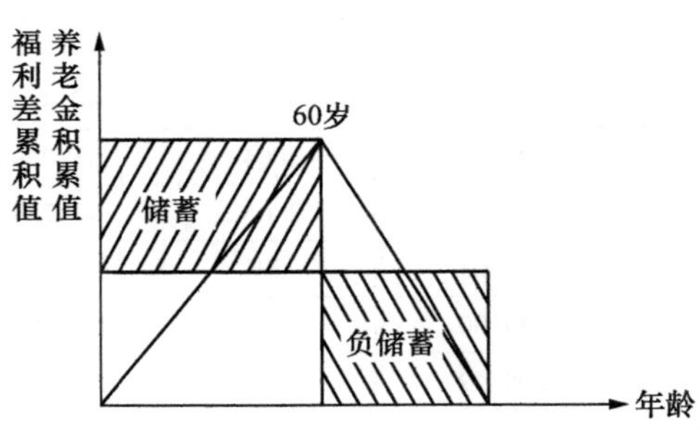

图2-2 农民个人养老生命周期示意图

财政对农民补偿的时点受国家经济发展水平和发展阶段的影响。根据李薇等（1993）的研究，工农福利差的数量和时间存在一定的限度，在工业化过程中，农业为工业提供资本积累的期限是客观存在的，美国农业提供剩余持续时间是80年左右，日本是40年左右，中国台湾地区是13年左右。在农业为工业提供资本积累的期限满足之后，各国将根据本国经济发展的需要采取工业反哺农业、城市反哺农村的发展战略。而从理论界基本认同的建立农村社会保障体系的客观条件来看，中国在2008年已初步具备建立农村社会养老保险制度的基本条件。[①] 但是，农村社会保障政策的实施还要有必要的现实背景，并需要对原有政策进行过渡。从2009年开始，中国尝试建立起新型农村社会保险制度。

依据生命周期理论，福利补偿的时点应满足 $N_1 = N_0 + (\gamma - P)$，其中 N_1 代表补偿的时点，N_0 代表福利差起始年份，γ 代表农民退休年龄（60岁），P代表农民劳动起始年龄（16岁）。依据前文研究，工农福利差起点年份为1953年，那么，工农福利差的补偿时点应为1997年。但是，按照“工业反哺农业”的阶段性要求，工农福利差的补偿时点应在2009年[②]。

根据上述分析，可依据生命周期理论，以农民工作期（16～59岁）的人均福利差绝对额（折现到2009年）为标准，补偿到该农民退休（60岁）之后的养老金中。考虑到政策操作连续性问题，取各年人均福利差的平均值。各年人均福利补偿额测算公式如下：

$$PWL_{PR} = \frac{WL_R}{L_R} \times i \tag{2-6}$$

其中，PWL_{PR} 为人均福利损失现值（折现到2009年），WL_R 为各年福利损失额，L_R 为各年农业从业人员数额，i为折现率。

工农剪刀福利差累积时间为1953～1997年，考虑当时情况，年均利率整体水平比较高，这里分别按6%、7%和8%的折现率进行测算；工农福利差累积时间为1953～2009年，由于1997年之后利率水平波动性下调，年均利率整体水平比较低，这里分别按3%、4%和5%的折现率进行测算。结果如表2－2所示。

结果可见，工农剪刀福利差月均补偿额最高为58.9元，这个额度与新农保基础养老金补贴标准每人每月55元较接近。换句话说，新农保基础养老金是对工农二元下从农村取得的工农剪刀福利差的一种补偿，这个结果从某一方面也为新农保基础养老金标准提供了政策依据。而工农剪刀福利差月均补偿额

① 一个国家或地区进行工业反哺农业，至少要满足以下基本经济条件：第一，农业在国民生产总值中的份额在15%以下，农业劳动力结构份额在20%以下；第二，农业人口在总人口中所占比率降至50%以下，且处于老龄人口高峰期；第三，经济发展水平较高，人均GDP在2000美元之上。

② 2009年中国建立了由国家财政补贴与个人缴费相结合的新农保制度，工农福利差补偿的时点定在2009年是符合现实情况的。对于1997年进入老年期的生命队列，可以在2009年开始增发金额等于1997～2008年工农福利差的高龄津贴，高龄津贴的给付起始年龄宜定为70周岁。本书主要研究农村社会养老保险基本制度筹资模式，故对此不做深入分析。

最低为90.4元，这个标准要高于基础养老金标准。工农二元差是与二元经济体制相伴而生的，在二元经济体制没有消失之前，这种二元差将一直存在。因此，目前尚不能以此作为补贴标准，但是可以当作基础养老金补贴标准制定的一种参考。

表2－2　工农二元下人均福利补偿额测算结果（2009年）　　单位：元

年利率	工农剪刀福利差			工农福利差		
	i＝6%	i＝7%	i＝8%	i＝3%	i＝4%	i＝5%
人均福利损失补偿额（按年度）	409.6	534.5	707.2	1084.3	1201.5	1346.2
人均福利损失补偿额（按月度）	34.1	44.5	58.9	90.4	100.1	112.2

注：①“i”代表利率水平。②小口径福利差的累积时间是1953～1997年，考虑当时情况，年均利率整体水平比较高。大口径福利差的累积时间是1953～2009年，因为1997年之后利率水平波动性下调，年均利率整体水平比较低。

钱纳里工业化阶段模式理论认为，如以1982年美元计算，当一国人均收入达到2912～5460美元时，为工业化后期阶段；当人均收入达到5460～8736美元时，为发达经济初级阶段。由于钱纳里时期与目前的美元购买力基准是不同的，因此当2015年中国人均GDP达到7600美元时，相当于钱纳里对工业化进程划分的工业化后期阶段，同时正在向发达经济初级阶段迈进。在这一阶段，加速推进工业化，必须要解决好农村、农业和农村居民问题，实现城乡协调发展。所以，要实施工业反哺农业、城市支持农村的发展方针。这既是今后促进城乡、区域、群体之间协调发展的客观需要，更是对农村居民尤其是农村老龄人口历史贡献的补偿。其重要意义在于：第一，有利于缓和各阶层的利益冲突。目前中国面临的主要经济社会问题就是城乡收入差距的不断扩大。由于社会财富分配不均导致低收入者缺少发展机会和发展潜力，进而造成收入差距的进一步拉大。对收入分配格局中的弱势阶层——农村居民进行补偿，是使农村居民获得正当公民权益、缓解社会阶层间利益冲突的需要。第二，能够实现公平与效率的和谐统一。经济“剪刀差”是对农村居民利益的侵害，也是经济不公平的典型表现。经济领域的不公平会导致农村居民生产积极性的降低，劳动生产效率被抑制，从而导致恶性循环。对农村居民的利益进行补偿是对公平的维护，同时能够提高农村居民的生产积极性，有利于改善经济社会发展效率。第三，有利于农村人力资本投资。目前劳动力资源丰富的广大农村整体文化素质不高，难以适应产业结构升级的需要。如果从解决经济“剪刀差”的角度对农村居民进行补偿，就提高了农村居民收入，使农村居民有了教育资金，对提高农村人力资本是大有裨益的。

对经济“剪刀差”进行补偿，有三个方面值得关注：第一，补偿必须由各级政府有计划地实施。在市场经济条件下，市场主体在交易过程中出现的损失会通过对受益者的诉求得到一定补偿，而当由于政府制定发展战略等行为导致市场运行机制失灵时，也只有政府能够代表受益者进行利益的补偿，这样受损者的利益才能得到补偿。从这个角度来看，农村居民的利益补偿也必须通过政府行为才能实现。第二，补偿必须兼顾历史、现实和未来。既要立足于补偿经济“剪刀差”，关注当时牺牲利益的“老人”，又要着眼于城乡统筹发展的大局，把“中人”和“新人”的利益诉求考虑进来。这就要求采取多种形式进行补偿，比如发展农村教育、建设农村基础设施、对农业生产经营实施补贴、开展扶贫开发等。第三，加强农村社会保障体系建设是最重要的补偿方式。社会保障是解除社会成员后顾之忧的制度安排，是当前农村居民最盼望、最缺乏的社会福利。而且社会保障的优点首先在于人人有份的普惠制，能够保证补偿的全覆盖；其次在于可以平衡代际间的公平，对为工业化、城镇化牺牲利益的“老人”提供更多的补偿。所以，在建立新农保制度时，必须确立老年参保农村居民“零缴费”和适龄参保农村居民“有补贴”的思想。

三、社保与经济发展协调理论

社会保障与经济发展相协调，是指在一定时期内社会保障政策的制定应与经济发展水平相适应，社会保障负担水平应该保持在一个合理的区间，并且社会保障规模的增速应同步或略低于经济增长的速度。从政治的角度看，社会保障是各经济利益团体相互博弈的产物；从经济的角度看，社会保障是经济效率进一步提升和优化的需要。

在世界经济彼此融合的今天，各国经济增长主要靠“三驾马车”来拉动：投资、消费和净出口。但从根本上说，经济增长最终源于消费能力的不断提高，而消费能力又决定于收入分配。国民收入分配的合理与否不仅决定于市场原则，也取决于社会公平原则，这就要求公共政策的干预。收入分配分为一次分配和二次分配，一次分配注重效率，而二次分配应注重公平，社会保障正是二次分配政策的主题。社会保障的提高会增加人们即期消费的意愿和能力，从而推动经济的增长；同时经济的增长又会促进二次分配力度的增强，实现帕累托效率的提高。

长期以来，出于政治和经济发展考虑，我国政府一直是重工轻农、重城轻乡，在社会保障制度上亦是如此。中国农村居民收入能力的不足严重制约了其即期消费能力的提高，从而成为制约经济增长的瓶颈。加强农村社会保障制度建设，既是实现社会公平的需要，也是经济建设的需要。随着农村人口老龄化的加剧和城镇化的推进，农村养老保障制度已经成为制约我国经济发展的一个突出瓶颈，必须加以解决。因此，政府应突破现有城乡分割的格局，突破重城市轻农村观念的束缚，树立城乡统筹的观念，以保障公民基本生活为目标。近期以建立适应农民基本养老保障需求和我国经济发展速度的农村社会养老保障制度为主，远期以建立统筹城乡的全民社会养老保障体系为目标。在制度的设计上，既要注重公平和效率相结合，又要注重稳健性、灵活性以及可持续性。具体地说，应该注重以下两方面问题：

第一，注重保障水平与经济发展水平相适应。世界各国的社保经验证明，在工业化初期，由于农村人口居多且经济发展水平较低，这时发展农村社会保障国力难以支撑，显然是不现实的；而在工业化中后期，随着国家财力的增多和农村青壮年人口逐渐向城镇迁移，保障农村老年人养老需求就成了现实而又迫切的问题。在保障水平上，保障水平过低，满足不了农民养老的基本需求，保障水平过高，超出财政和个人承载能力。因此，应以农民养老保障的基本保障性需求和财政及个人缴费能力的合理支撑为临界点，在此范围内制定切实可行的保障政策。

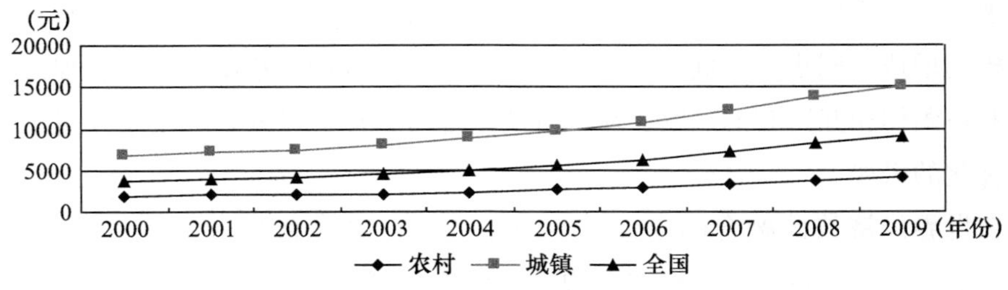

图 2－3　2000～2009 年城乡居民人均消费水平对比

第二，注重城乡和地区间社会保障的协调发展。长期以来，由于城乡二元结构的制约和各地区经济发展基础不同，我国城乡和地区居民生活水平存在着较大的差异。如图2－3所示，城镇居民的消费水平远远高于农村，而且这种趋势还在不断放大。因此，在社会保障体系的建立上，应根据城乡实际情况制定适宜的发展战略，政策上逐渐向农村倾斜。在城市，应在现有社会保障体系的基础上，进一步完善社会保障体系，落实社会保险制度，提高居民福利水平；在农村，应以建立健全农村社会保障体系为导向，在完善最低生活保障制度的基础上，积极推进农村社会养老保险制度，加大财政投入力度，保障居民生活无忧，保障水平逐渐向城镇靠拢。如图2－4所示，由于东部沿海地区经济发达，农村居民人均消费水平远远高于其他地区，因此在政策的制定上，东部地区农村居民个人给付水平绝对额可以适当高于其他地区，地方财政支出比例相对高一些，中央财政更多地投入到相对贫困的中西部地区。

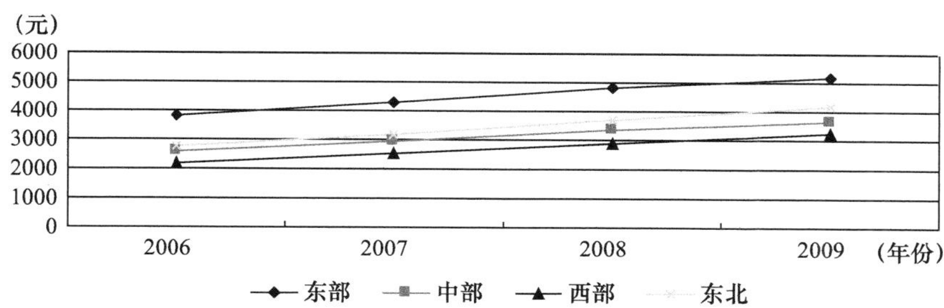

图2－4　2006～2009年分区域农村居民人均消费水平对比

1. 农民养老保险公共财政补贴是弥补工农二元农民福利损失的重要途径

国内较多学者认为，中国的二元经济结构是引起工农和城乡在国内收入分配不公的深层次原因，统购统销和价格双轨制期间形成的工农价格剪刀差正是形成于二元经济结构之上。[①] 二元经济结构是发展中国家国民经济体系的共有特征，中国的二元经济结构特征更为突出，主要是因为中国的二元经济结构受计划经济时期“三驾马车”（统购统销制度、人民公社制度、户籍制度）影响，二元经济

① 中国的二元经济结构分为工农二元和城乡二元。考虑研究主题，本书涉及的二元经济结构均代表工农业部门的二元经济结构。

结构得以固化和加强。二元经济结构的一个显著标志是劳动力在农业中的收入没有在城市非农产业中的收入高。这一现象背后的根源是工农业之间国民收入分配格局的异常，是城乡劳动力配置与GDP分配不对称。计划经济时期，我国对农产品实行统购统销，通过工农产品价格“剪刀差”的“暗税”方式为工业发展吸取了大量剩余。通过对工农业产品交换的价格管制使农民在收入分配中处于极其不利的地位，导致了农民和农村的贫困，农民务农劳动收入出现了一定程度的减损①。我国在进入社会主义市场经济体制之后，农副产品的价格“剪刀差”消失，但由于工农业发展的不平衡，工农二元经济并没有得以缓解，表现为产业结构与就业结构仍不协调，农民的实际务农收入增加缓慢。按照莫迪利安尼（Franco Modigliani，1986）的生命周期模型，农民工作期收入及福利的缺失将直接影响工作期的储蓄，进而影响老年期的消费。根据宋建军（2004）的研究，我国多数从事农业的农民获得很少货币收入，而且中国农民的存款只是用来减缓自己消费支出波动的一个工具，还不足以进行积累。这种情况下，农民选择改变代内消费平滑的养老生命周期计划，而依靠多生子女的人力储蓄模式养老。然而，随着人口老龄化的加剧和孩子抚养成本的上升，传统的家庭养老保障功能正不断弱化，农民在安排养老生命周期时陷入了代内和代际养老选择的进退两难境地。既然在工业化初期，以农助工推进了重工业的迅速发展，那么在工业化中后期，在工业具备反哺农业的能力的时候，对这种二元差距下农民福利损失部分进行补偿也就合情合理。政府是政策的制定者和执行者，在一次分配领域所形成的二元差，可以通过二次分配的方式将这笔福利损失补偿给农民，农民养老保障中央财政补贴就是一种可行方式。

2. 农民养老保险公共财政补贴是缩小城乡贫富差距的现实需要

首次分配注重效率，二次分配注重公平。市场虽然能够自由配置资源，但是在资源分配的公平性上却存在天然的不足。西方国家长期市场经济的经验证明，单纯依靠市场来配置资源将会导致资源的过度集中，引致贫富差距的不断扩大，而这种生产领域的差距又会传导至消费领域，进而影响经济的进一步发展，使得整个社会陷入一种危机的状态。因此，无论从穷人还是从富人的利益来考虑，缩

① 在逐步解除价格管制的过程中，为了保护工人和城市居民的福利，财政给予其粮棉油和肉食品价格补贴。价格补贴的出现意味着工农业产品价格“剪刀差”中，农产品被压低的价格部分开始显现出来。

小贫富差距趋势都是利大于弊的。那么如何来缩小这种一次收入分配差距呢？这就需要政府通过税收和转移支付等方式来实现收入的二次分配，将高收入者一部分收入转移给需要帮助的低收入者，从而使社会全体成员保持一个稳定的生活水平，实现社会的稳定和经济的可持续发展。

基尼系数是意大利经济学家基尼于1922年根据洛伦兹曲线提出的，是国际上用来综合考察居民收入分配差异状况的一个重要指标。根据经验数据，人们通常认为0.4是基尼系数的警戒线，一旦超过0.4，表明国民财富已高度集中于少数群体，到0.5以上则意味着高度不平均。如图2－5所示，我国基尼系数从改革开放之初的0.31上升到2009年的0.49。而同期农村基尼系数相比城市要高，说明收入差距比城市更大，这是社会利益共享机制发生严重断裂的显著信号。根据北京师范大学收入分配与贫困研究中心主任李实教授的研究数据，我国收入最高的10%人群和收入最低的10%人群收入差距在不断拉大，从1988年的7.3倍上升到2007年的23倍。收入差距过大将会引起社会不稳定，严重时甚至导致社会动荡，影响经济健康运行发展。因此，政府亟须采取措施，通过收入再分配政策来平衡各阶层的利益，以维护经济社会的健康稳定发展，而社会保障政策正是收入再分配的主要形式，通过对农民养老保障进行财政补贴可以适度缩小城乡贫富差距。

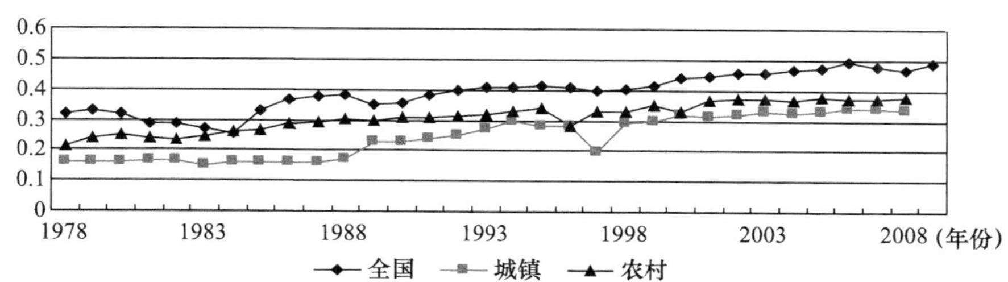

图2－5 1978～2009年全国及城乡人均收入基尼系数

资料来源：世界银行WDI数据库和2009年3月世界银行出版的《中国贫困和不平等问题评估》报告，数据已根据地区生活成本的差异进行调整。

3. 农民养老保险公共财政补贴是财政支出结构调整的侧重方向

在市场经济发展的不同阶段，财政支出会有不同的侧重点及结构组合，美国经济史学者罗斯托在其“经济成长阶段理论”中，提出了财政支出增长的发展模式。这一理论认为，在经济发展的早期，财政支出在社会投资总额中所占比例较高，政府需要提供基础设施、卫生系统、司法保障，以及投资于人力资本等，此时，财政投资是促进经济起飞的必备条件；在经济发展的中期阶段，财政仍需继续投资，但这已是对私人投资增长的补充；当经济进入成熟阶段，财政支出的侧重点将从对基础设施的投入转向不断增长的教育、保健和社保福利等方面；在大量消费阶段，旨在维持收入和推行收入再分配的项目将在财政支出中占较大比重。

社会保障支出属于政府财政重点支持的范畴。现阶段，我国的养老保障体系，尤其是农民养老保障体系的建设，没有政府财政的支持肯定是不可持续的，十几年的农民养老保障制度建设经验已经切实证明了这点。而且中国农村和农民为我国经济建设做出了不可磨灭的贡献，理应与城镇居民同等享有经济发展的成果。改革开放以来，中国经济快速发展，目前已经成为世界第二大经济体，部分地区已经进入成熟阶段。在连续多年的经济建设中，各地都把固定资产投资作为推动经济发展的一大法宝。目前，各地基础设施建设基本成形，在固定资产投入力度上也有所下降。因此，在财政支出结构上也亟须进行调整，在资金支出上做到有保有压。对属于经济过热的，直接涉及一般性竞争的“越位”投入要压下来，而对属于公共财政范畴的，涉及财政“缺位或不到位”的薄弱环节要加大投入和支持力度。

就现阶段政府对农民养老保险的财政供给责任来说，主要包括以下几个方面：第一，加大财政对农村社会养老保障的现期投入。由于历史原因，国家政策长期以来一直是重工轻农，重城市轻农村，通过“剪刀差”的形式来支持城市和工业发展，致使城乡二元差距越拉越大。在中国经济快速发展的今天，社会结构也在悄悄发生变革，中国政府有责任也有能力补缴对农民的历史欠账。政府应该改变以往重工轻农的财政政策，调整财政支出结构，加大对农村尤其是欠发达地区的社会保障财政支出比重，以不断缩小城乡二元差距。考虑到社会保障支出的刚性，这种增加应该根据国情逐渐提高。第二，加大社会保障储备基金财政投入。在社会保障入不敷出时，政府财政应该承担最后的兜底责任。各级财政应结合本地经济发展水平和社会保险的需要，建立社会保险基金储备机制。政府每年从年度预算中安排一定比例的资金来建立储备金，以为将来社会保险基础养老金的支付高峰做准备。第三，拓展资金筹集渠道。鉴于中国老龄化问题日趋突出，尤以农村老龄化更甚，社保基金供求矛盾会不断加大，政府应逐步拓展新的筹资渠道。可以探索征收社会保障税、缩小行政开支、增发福利彩票、变现部分国有资产、发行国债等方式，多方筹集资金，来解决社保资金供求上的矛盾。

在政府财政对农民养老保障支出的程度上，本书认为现阶段应该追求公平与效率相统一，注重公平。在国家财力日益增强的今天，政府有实力提高中低收入者的生存状态，这也是社会发展的客观需要。当然，这种公平不是无限增加农民养老保障的财政支出，而是与经济发展水平相适应的财政支出，其下限是满足农民晚年养老的基本生活需要，上限是政府财政和个人可支配收入负担能力，而且这种支出应该是循序渐进的，不可一蹴而就。保障水平低于下限就失去了养老保障的实际意义，高于上限就会引起财政入不敷出，影响国家经济发展的正常运行，降低经济效率。

第二节　养老保障“生存公平”与“劳动公平”理论

一、以保基本为目标的“生存公平”理论

任何社会成员都有从生存需求、发展需求到政治需求的不同层次的需求结构，这是不以任何人主观意志为转移的基本点。其中，生存是社会人的最基本需求，也是每个公民必须享有的最基本权利。公民的生存权是一个国家应该予以重视并大力加以解决的重要问题，这是因为人的生存基础就是要满足基本生活需要，而国家应尽的义务就是保障社会成员的基本生活需要。生存公平权利是基于人生存的本能而确立的，是维持人类生存的先决条件，而且其在本质上是一种自然权利，即随人的出生而自然产生、随人的死亡而自然消亡。生存权是以解决最贫困者生存问题为思想开端的，“二战”以来特别是随着社会保障制度的建立和完善，生存公平的概念已经被世界各国普遍接受。比如，德国的《魏玛宪法》不仅规定社会保险制度是维护国民生存权利的基本保障，而且还赋予生存公平的

具体内涵，是全民的必要生活保障。日本的宪法则将生存公平界定为公平地享有最低水平健康和文化的权利。《世界人权宣言》等国际条约也都赋予公民无差别的正常生活权利。我国宪法明确规定，生存公平权利是指全体公民都能够从国家和社会得到物质上的帮助，这种帮助一般是指基本的生活需要。应当说，农村居民对基本生存权利公平的渴求决定着加快发展农村社会保障制度的基本方向，而维护农村居民的生存发展是农村社会保障制度的基本目标和优先目标。在当代中国，就是要通过法律手段来推进社会保障制度的建立和完善，解决好社会成员在现实生活中待遇的差异和不公，努力把城乡之间社会保障"福利差"缩小到经济差距特别是收入差距范围之内，赋予低收入阶层和其他社会成员获得基本生存保障的权利，彻底扭转我国农村居民无保障制度或者低保障水平的被动局面。

如果将生存公平权利引申到农村养老保险制度建设上，首先，就是要求在保障水平的设定上，一定要基于基本生存保障原则，即一方面是保障水平至少要满足农村老年人口的最低限度生活保障需要，另一方面是按照经济社会发展的客观条件来满足日益提高的农村老年人口的基本生活保障需求；其次，就是要求在保障制度设计时，一定要坚持广覆盖的基本理念，即应该最广泛地把农村居民纳入其中，尤其是要通过财政扶持和引导，帮助经济条件较差的农村居民达到制度要求的最低门槛条件。中共十七大把实现老年人口"老有所养"列为民生建设的重大任务，这也是各级政府落实最大限度地保障公民人权的宪法宗旨的必然要求。

目前来看，新农保试点的基础养老金水平在土地养老功能、家庭养老功能弱化的情况下，还不能满足农村居民基本生活需要，而且这个保障水平还会因为物价上涨而大为抵消。20 世纪 90 年代实施的传统农村社会保险制度难以为继的原因很多，其中最重要的一点就是保障水平在制度设计时就设定得相当低，根本起不到保障的作用，对农村居民的吸引力不大。所以，新农保制度设计的待遇水平要有最低养老金水平，而且这个最低养老金水平要有随物价指数调整的动态调整机制。由此可见，从保基本的目标出发，着眼于维护"生存公平"，应当成为构建新农保制度的重要指导思想。只有这样，才能使农村居民感受到经济上的安全感，才能有效地解除农村居民的后顾之忧，促进社会的平等公正。

二、旨在提高生活质量的“劳动公平”理论

劳动是人类社会与生俱来的活动，也是社会得以存续的物质精神财富的来源。马克思的劳动价值理论认为社会财富都是自然物质和劳动两种要素结合而产生的，强调每一个有劳动能力的人都要参加社会劳动，指出社会公平的程度取决于劳动成果在劳动者之间的分配情况。也就是说，人类社会不仅要追求物质利益的平均分配，而且要追求社会整体的公平，包括社会成员公平地支配自然资源、公平地参与劳动、公平地对劳动成果进行交换、公平地享有自由活动和参与社会活动的空间。其中，劳动公平是实现社会整体公平的基础条件，因为只有实现了劳动公平，才能有机会获得物质利益上的公平，才有可能公平地分配和支配时间、空间，社会全部成员才有可能获得全面发展的机会。

劳动也是劳动者的一项基本权利。每个劳动者通过劳动，在为社会提供产品和服务的同时也能从社会获得利益，以实现个人的进一步发展。一个有劳动能力的人，劳动对于他而言应该是第一需要。劳动公平是有劳动能力公民的基本要求，包含了两方面内容：劳动资格的公平和劳动能力衡量尺度的公平。如果劳动公平问题解决得不好，就会影响到社会生产的发展和社会的稳定。劳动的公平权利是在市场经济平等就业竞争机制的基础上，对公民生存权利在劳动法律上的反映。劳动者作为自身劳动能力的所有者，通过市场竞争和自主择业的机制，获得令自身满足的职业并获得相应的报酬。尊重公民的公平劳动权利也是与实现社会的正义紧密相关的。每个公民的劳动都应得到尊重，对劳动的尊重不仅是尊重创造出来的劳动成果，而且也是尊重公民的劳动权利，实现劳动者按照付出的劳动量得到公平报酬的愿望。任何蔑视和侵害别人劳动成果或劳动权利的行为都是违背最基本道德理念的。虽然就每个人而言其生命的权利是生而平等的，但是由于个人劳动能力有高低之分，对社会经济发展的贡献程度也存在差异。能力强的劳动者就有可能在社会劳动中获得较多的利益，这种利益从劳动公平的角度出发是应该得到保障的。由此可见，以提高生活质量为目标的劳动公平理论就是要体现出报酬要与其贡献相对应的内涵。

公平不仅体现为劳动权利上的公平，而且劳动作为公民必须履行的义务也是公平的。劳动是每一个有劳动能力公民的天职，人应该在自己能力范围之内，为世界和他人做些有益的工作。由于公民在劳动义务上也是公平的，因此劳动公平

也要求劳动者权利和义务要相互一致。劳动公平要求权利和义务的结合符合三方面原则：其一是贡献原则，即每个人的权利要与其贡献成正比，同时要与其义务对等；其二是平等原则，即每个人应完全平等地享有基本劳动权利和履行基本劳动义务；其三是不平等原则，由于每个人的贡献不相等，因此给予的绝对报酬数额也就不相等。

按照劳动公平理论来构建农村社会养老保障制度，需要从几个维度上来考量：第一，要充分考虑对农村居民参加社会养老保障制度的激励机制问题，高缴费档次要与高待遇水平相挂钩，实现多缴多得、长缴多得的利益引导；第二，要从地区经济社会发展水平出发来设定有差别的保障水平，使之与劳动者通过劳动创造的社会财富相匹配，与劳动者不断增长的物质文化生活需求相适应；第三，要用历史的眼光来看待现在的参保者，把他们过去的劳动贡献体现出来，成为设定缴费义务和确定待遇水平时的重要参照因素。

三、“生存公平”和“劳动公平”统一的适度保障水平理论

改革开放以来，中国经济社会获得了前所未有的高速发展，取得了令世人瞩目的巨大成就，中国社会开始进入成熟与完善的新发展阶段。但是良好的宏观环境也存在着一些不和谐的因素，包括城乡二元经济结构尚未完全克服、收入分配差距继续扩大、劳动与资本之间的矛盾日益尖锐等。在这些问题中，与社会保障制度密切相关的养老、医疗、失业、贫困等问题最为突出。这些问题不抓紧解决，必将对构建和谐社会造成严重影响。

社会主义和谐社会的本质特征是民主法治、公平正义、诚信友爱、充满活力、安定有序、人与自然和谐相处。概括起来，这六个特征最终可以归结为两个方面，即人与人之间的和谐和人与自然之间的和谐。必须看到，民主法治和公平正义最终要通过正确处理社会各方面经济利益关系来实现，而经济利益关系的协调是诚信友爱、充满活力、安定有序的前提，也是人与自然和谐相处的基础。社会保障制度是调整社会不同阶层、不同群体、不同区域经济利益关系的重要制度之一，其作用在于通过生存公平和劳动公平的统一，科学有效地实现财富的二次再分配和社会性转移，缩小社会不同阶层、不同群体、不同区域之间的收入差距，熨平社会中的经济利益冲突。比如，通过养老保险制度实现制度上的转移支付，缓解乃至消除代际间利益冲突；通过医疗、工伤保险等制度利用风险共担、

资金互济的手段来满足劳动者医疗需求，同时保证劳动力的再生产；通过福利和救济方式，既解决特殊社会群体的基本生活需求又不断改善劳动者的物质精神生活质量，使其享受到经济发展的成果。

建设和谐社会需要解决的核心问题就是妥善处理好公平和效率之间的关系。而所谓的公平与效率问题可以理解为生存公平与劳动公平之间的问题。生存公平与劳动公平是任何社会都必须加以重视并着力解决的问题。两者是对立统一的关系。一方面，劳动公平需要一个平等的社会环境。市场经济条件下劳动公平如能真正发挥作用，必须是建立在稳定的社会环境、均衡的需求与供给、高素质的劳动力、和谐的人际关系等前提下的。如果这些条件得不到满足，劳动公平是无法实现的。而市场经济在实现劳动公平的同时，如果超过了环境所能承受的“度”，则必然会对外部环境产生负面影响。另一方面，生存公平的实现也要在一定程度上依靠劳动公平，没有物质基础作为保证的生存公平是没有意义的。社会主义社会不需要“共同贫穷”意义上的平等，而是要在共同富裕目标上实现平等。这就提出一个重要课题，就是要正确地确定生存公平与劳动公平的最优结合点，实现整个社会的福利最大化。回到社会保障制度建设上来，就是要研究适度保障水平问题。适度保障水平本身的责任就是协调生存公平与劳动公平的关系，在处理生存与劳动之间的矛盾中发挥自身的作用。

适度社会保障水平可以从以下几个方面来协调生存公平与劳动公平的关系：第一，选择不同的标准和口径来实现生存公平与劳动公平的有效结合。在选择标准上，以工资为基准的适度保障水平和以物价为基准的适度保障水平，要根据不同的经济发展阶段与发展目标的实际情况来选择，可以促进生存公平与劳动公平的相互促进。在口径选择上，通过广义口径（全面福利）或狭义口径（集团福利）在实现生存公平的同时，兼顾劳动公平的实现。第二，通过选择不同的基金筹集模式来实现生存公平与劳动公平的有效结合。例如，现收现付制的筹资模式与社会统筹资金的使用，充分体现着保障制度的同舟共济和风险转移分散的功能，出于权利与义务对等的原则，可以最大限度地实现生存公平的目标；而基金积累制度通过个人账户的资金筹集形式，实现了劳动权利与劳动义务对等原则，最大限度地达到劳动公平的目的。前一筹资模式强调生存公平，而后一筹资模式更多地体现劳动公平，两者的有机结合可以有效地实现生存公平与劳动公平的协调。第三，生存公平与劳动公平的有效结合也可以通过选择不同的税制设计来实现。不同的税制体现了在生存与劳动上不同的公平程度，包括累进税、累退税以及单一比例税等税制设计。此外，还可以对税基进行最高限和最低限的设计，来体现生存与劳动的公平原则。在社会保障给付方面，给付项目的多寡、给付水平是否适度、给付方式的确定、给付条件的宽严、给付时期的长短等不同设计，都会对生存公平与劳动公平产生不同影响。通过对社会保障适度水平的设计来不断调整生存公平与劳动公平的关系，是完善社会保障制度、实现和谐社会目标的重要途径。

生存公平和劳动公平相统一的适度保障水平理论对构建新农保制度意义重大。在农村推行养老保险制度将会促进农村居民生活质量和文化素质的提高，但是如果农村养老保险待遇水平过高，又会给我国经济社会发展带来一些不利影响。由于我国农村地区还存在着诸如五保供养制度、最低生活保障制度、计划生育家庭老年津贴等多种保障制度，因此如果养老保险给付水平过高，就会使部分农户劳动外收入出现非合理性的增加，这样一方面会降低农户通过劳动增加收入的积极性，另一方面会导致农户间的公平受损。

社会保障水平是质与量的统一体。社会保障水平的“质”是指它要与国民经济发展相适应，既要保障公民的基本生活，又要激励公民去积极劳动，推动经济社会健康、持续发展。社会保障水平的“量”是指社会保障费用支出占国内生产总值的比重。借此引申开来，农村养老保险水平的“度”，就是指保持农村养老保险水平的“质”和“量”的限度、幅度，即农村养老保险水平在多大限度内既能保证农村居民的基本生活又能激励农村居民积极劳动，进而推动经济和社会的健康、持续发展，超过了这个限度就会对公民的劳动积极性和经济社会健康发展产生不利影响。农村养老保险给付水平存在着上限，如果超出了这个上限，农村养老保险就会制约经济社会的健康发展。从劳动公平与生存公平统一的角度来看，应建立农村养老保险给付模式并确定适度给付水平，社会统筹的给付水平适当、给付时间持续终身，体现了社会统筹保障生存公平的功能，而个人账户则应更多地表现为劳动公平。农村养老保险制度既是一种社会手段，又是一种经济手段；既是实现公平的一种社会稳定机制，又是发展生产力的一种经济动力机制，二者相辅相成。所以新农保制度既要考虑对经济的外部推动效应，又要考虑制度本身的可持续发展。这本身就是效率和公平目标的抉择，既要讲求效率，又要向农村居民提供最基本的生活保障，以体现公平原则。

第三节　政府责任与财政分担理论

一、社会保障政府主导理论

社会保障的公共产品属性决定了政府必须主导社会保障体系的建设。公共产品是指现实中不只为某个人提供利益的产品或服务，即可以被联合消费。1919年产生的林达尔均衡是公共产品理论最早的成果之一，林达尔最早提出了公共产品的概念，但真正解决公共产品理论核心问题并赋予其定义的则是美国经济学家保罗·萨缪尔森。1954年在《公共支出的纯粹理论》一书中，他这样定义公共产品或劳务：每个人消费这种物品或劳务不会导致别人对该种产品或劳务消费的减少。与公共产品相对的是私人产品，它是由个别消费者所占有和享用，具有竞争性、排他性和可分割性的产品，而公共产品则是用于满足社会需要，既不具有排他性也不具有竞争性的产品，在效用上具有不可分割性。根据不同的划分标准，公共产品可以划分为不同的类型。如果按照非竞争性和非排他性的二重维度，公共产品可以划分为纯公共产品和准公共产品。其中纯公共产品是指不能通过市场交易得到的，因此一般要由政府供给，如司法和国防；准公共产品具有一定程度的非竞争性或非排他性，可以部分地由政府提供、部分地由市场和私人提供，在日常生活中大量存在的公共产品是准公共产品，如公园、学校、社会保险项目等，在农村准公共产品主要包括农村的义务教育制度、农村社会保障、农业科技成果推广等。新型农村社会养老保险制度作为农村社会保障体系中的一个重要支柱，也是一种农村准公共产品。

第一，新农保制度具有效用的不可分割性。私人产品可以被分割成许多可以买卖的单位，为不同的人所占有消费。公共产品则是为全体社会成员提供的，它的效用为整个社会的成员所共享，是不可分割的。新农保制度效用具有不可分割性，是因为它可以解决农村居民的养老保障问题，保障农民的基本生活水平。从社会效应上说，解决了农民的后顾之忧，有利于全社会的和谐和稳定；从经济意义上说，可以促进城乡二元经济结构的转变，实现劳动力的合理流动和优化配置，最终带动城市化进程和国民经济的全面发展。这些经济社会效应是不可分割的，由全社会共同享有，所以农村社会养老保险具有准公共产品的这一特征。

第二，新农保制度具有局部的非竞争性。之所以说该制度具有消费的局部非竞争性，是因为以下两个方面：一方面，在国民财政支持和养老保险基金的运行下，符合条件的农村老年人按月领取养老金，他对制度的消费不会影响其他老年人进行同样的消费，因此，新农保制度具有消费的非竞争性；而另一方面，它又具有一定程度上的竞争性。国家对新农保的财政支持，由农村老年人口数和农村基本生活水平两方面主要决定。虽然我国的经济总量已经位居世界第二，是全球第二大经济体，但是人均指标在世界上依然落后，仍然是全球最大的发展中国家。所以国家对于新农保的财政支持也是有限的，在我国现阶段农村老龄化现象严重、农村老年人口数较多的现实国情下，增加一个农民领取养老金，在相对程度上就会减少其他农民领取养老金的金额，也会增加国家的财政负担。

第三，新农保制度具有局部的非排他性。新农保在支付结构上分为两部分，即基础养老金和个人账户养老金，基础养老金由国家财政全部保证支付，对于60岁以后的农民都将享受到国家普惠式的养老金。2009年，国家确定基础养老金的给付标准为每月55元。基础养老金的设置，可以使农民在没有缴费的情况下，年满60岁时也可领取，体现了社会公平，决定了该制度的非排他性。而对于个人账户，则体现了一定的排他性。如果年轻农民没有缴费，那么他就不能参加新农保，老年后将不能获得国家提供的缴费补贴，同样也没有个人账户的积累部分。但是，国家对于特别贫困的群体也出台了优惠政策，给予他们缴费补贴，保证他们能够参加新农保。所以，新农保制度总体上的排他性是比较小的。

表2-3　产品按性质分类

	竞争性	非竞争性
排他性	纯私人产品	准公共产品
非排他性	公共资源	纯公共产品

资料来源：根据高鸿业《西方经济学》对产品性质的描述整理得到。

公共产品的供给理论是国家进行公共支出的理论基础，虽然在现实生活中该理论的很多假设存在一定的问题，但是其中隐含的思想却具有重大的意义，可以说为我国实施新农保的财政补偿政策奠定了重要的理论基础。下面就从需求和供给的角度对公共产品的最优供给进行分析。

第一，公共产品的有效需求。公共产品的有效需求，可以分为纯粹私人产品的需求和纯粹公共产品的需求。对纯粹私人产品的需求分析是对公共产品需求分析的基础。根据私人产品的特性，对某种纯粹的私人产品的市场需求，可以通过对某一时间内市场上所有单个消费者，在各种价格水平上对该种私人产品的需求量的加总而得出。如果可以计算出消费者的数量，并且知道单个消费者在一定的时间内，对于各种可能的价格水平上愿意并且能够购买的某种纯粹的私人产品的数量，就可以计算出对该种私人产品的市场需求。

对于某种纯粹的公共产品，所有的消费者必须同时消费同样数量的该种产品。纯粹的公共产品消费者，没有能力调整他们的消费量，所以他们的消费量是相同的。纯粹的公共产品的消费者，不能将其消费的物品数量调整到该种公共产品的价格恰好等于其边际效益的水平上。并且由于受益的非排他性的存在，纯粹的公共产品是不能定价的。在私人产品的情况下，每个消费者都是既定价格的接受者，他所能调整的只是其消费的数量。而在公共产品的情况下，每个消费者所面对的是同样数量的公共产品，但他所愿支付的价格，也就是其边际效益是不一样的。

第二，公共产品的最优供给。公共产品的最优供给是指产品的供需达到平衡。任何一种产品的市场均衡产量和价格，都是由产品的供给曲线和需求曲线的交点决定的。需求曲线应与该产品消费方的边际效用曲线相一致，供给曲线应与边际成本曲线一致。这样，社会边际收益等于社会边际成本，帕累托最优得以实现。

福利经济学之父庇古，采用基数效用论，假定人们可以在消费公共产品时获得效用，但需要为公共产品承担税收成本，从而产生负效用。产生的这种负效用，庇古把它解释为放弃私人产品消费的机会成本。如图 2 -6 所示，曲线 aa 表示公共产品消费的边际正效用，曲线 bb 表示税收的边际负效用，这两条曲线产生的边际净效用由曲线 cc 表示，而公共产品的最优供给，庇古认为会发生在图中的 d 点上。这时，产品消费的边际正效用等于税收的边际负效用，净效用最大。

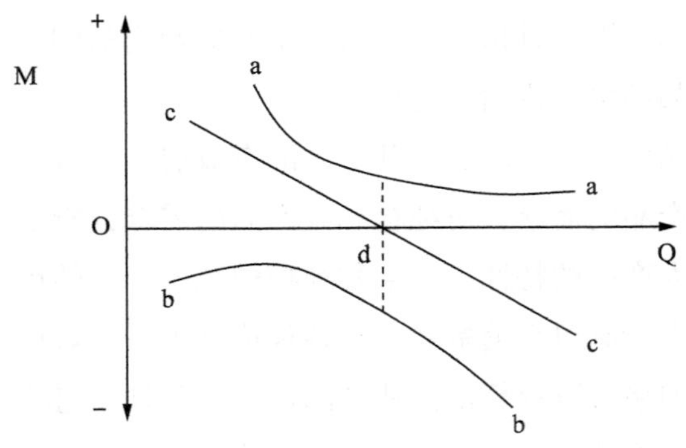

图 2-6　庇古均衡

资料来源：根据高鸿业《西方经济学》公共物品的描述绘制得出。

庇古均衡反映了个人对公共产品的需求，表现为公共产品消费的边际效用。但在同时，也需要通过税收和边际负效用才能反映出来。但是，庇古均衡对于如何将个人对公共产品、私人产品的评价进行加总，如何确定集体的评价，并不能给予明确的回答。萨缪尔森在 1954 年提出了局部均衡模型，对上述问题进行了解释。由于它是在私人产品的局部均衡基础上建立起来的，所以要先分析私人产品的局部均衡。

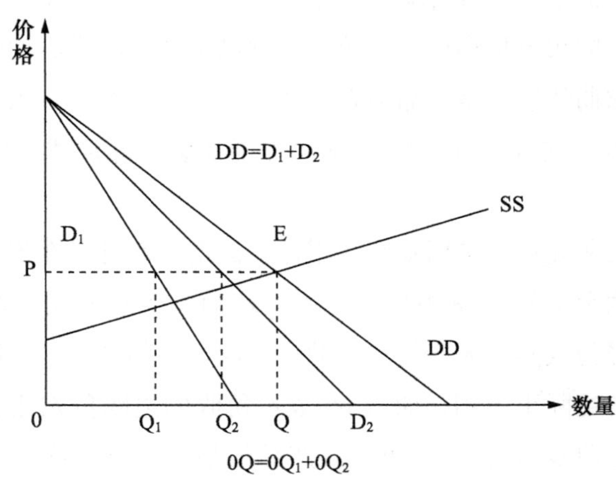

图 2-7　私人产品的局部均衡

资料来源：根据萨缪尔森《公共支出的纯粹理论》对局部均衡的论述绘制得出。

如图 2－7 所示，曲线 D_1 和 D_2 分别表示不同的消费者对私人产品的需求曲线，私人产品的社会需求曲线 $DD = D_1 + D_2$。社会供给曲线为 SS，在 E 点上社会边际成本等于社会边际收益，实现了帕累托最优。E 点决定了均衡价格为 0P，均衡数量 $0Q = 0Q_1 + 0Q_2$。

如图 2－8 所示，曲线 D_A 和 D_B 分别代表个人 A 和 B 对公共产品的需求曲线，由于公共产品在被提供时，每个人的消费量都是相同的，所以萨缪尔森也称其为“虚拟需求曲线”。但不同的人对公共产品的效用评价不同，所以每个人愿意支付的税收价格也不同。消费者的出价是与其消费公共产品所获得的边际效用相一致的。所有消费者出价的总和就是其边际效用的总和，即边际社会收益。在 E 点社会边际成本等于社会边际收益，实现了帕累托最优。公共产品无法由市场统一定价。政府只能通过税收来为公共产品的提供和维持支付成本。税收水平应根据个人受益程度来决定。不同消费者对税收的支付意愿不同，导致公共产品供给水平不同，所以公共产品有效供给的关键是社会成员按实际受益程度支付的税收的加总。

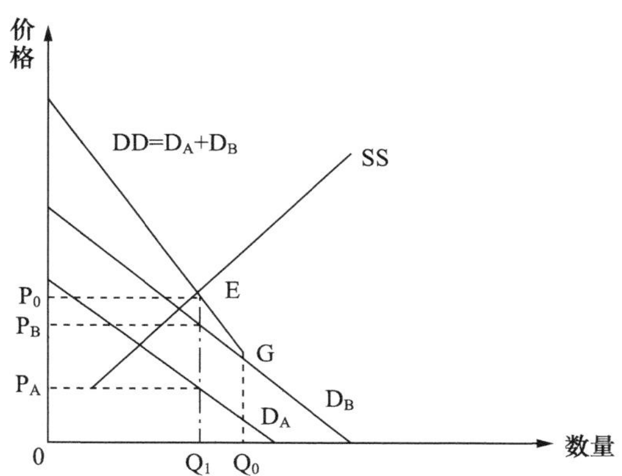

图 2－8　公共产品的局部均衡

资料来源：根据萨缪尔森《公共支出的纯粹理论》对局部均衡的论述绘制得出。

相对于萨缪尔森的抽象分析方法，林达尔均衡模型是要把理论分析与实际决策相结合。在图 2－9 中，A 对公共产品的成本税收水平的行为以 O_a 为原点的坐标系来描述，B 对公共产品的成本，即税收水平的行为以 O_b 为原点的坐标系来描述。将两个坐标系合在一起形成一个长方形。纵轴表示 A、B 两人的负担比例，其长度为 1（假如 A 负担的比例为 h，则 B 的负担比例就为 1 - h）。横轴代表公共产品的供给数量。曲线 AA 为 A 对公共产品的需求，曲线 BB 为 B 对公共产品的需求。决定 h、G 点的均衡点 E 就是林达尔均衡。

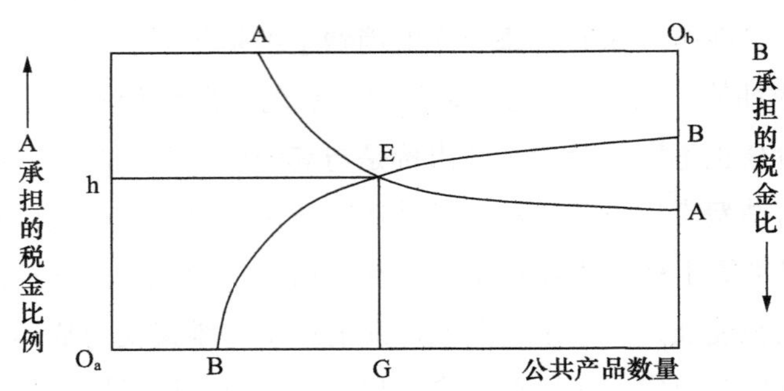

图 2 - 9　林达尔均衡模型

资料来源：根据高鸿业《西方经济学》对公共选择的描述绘制得出。

林达尔均衡力图说明，税收水平的确定与本人享受公共产品的意愿是相联系的。因为没有人愿意如实说出自己的实际受益程度和愿意分担的成本的水平，所以无法对每个人的偏好及其真实经济状况做出准确的判断和了解。税收水平实际上是有关各方面相互讨价还价的结果。它的政策意义在于，为了解决公共产品的最优供给问题必须设计一个机制以便准确地揭示人们的社会偏好，比如通过公共投票的方式来表达他们的偏好，使政府实际提供的公共产品数量在最大程度上接近理论上分析的最优供给水平。根据以上模型可以看出，公共产品供给理论是国家进行公共支出的理论基础，明确了公共支出的效率条件和合理范围。

公共产品按照受益范围，可以分为全国性公共产品和地区性公共产品，这种分类明确了各级政府对公共产品的供给应承担不同责任，通过地方与中央等不同阶层的权责分配，避免地方政府搭便车的行为。按照以上的划分标准，包括农村养老保险制度在内的农村社会保障制度无疑属于公共产品的讨论范畴。既然社会保障具有公共产品的属性，那么政府就必须在其中扮演重要角色。特别是建立和完善社会保障体系，还需要制定法律法规来保证制度定型和实施（政治责任），需要行政手段来规范和约束社会保障制度各个利益攸关者的行为（管理责任），需要公共财政对制度运行的支撑（经济责任）。所以，建立和完善社会保障体系，政府首当其冲。世界各国社会保障制度发展历程已经并将继续充分证明这一点。

福利思想的演变要求政府在社会保障制度建设中起到主导作用。可以从三个方面来认识福利：一是美德的社会化，主要是指社会福利应该是对社会公民的美德和有益行动的回馈与褒扬；二是风险的常态化，主要是指通过社会保障事业对公民整体上无法逃避的年老、失业、疾病等风险进行补偿，使社会风险成本得到平摊或平衡；三是需求的合法化，主要是指公民的需求和贫困是对整个社会经济资源的非正当的要求，对此政府必须向公民提供最低限度的满足，同时随着经济社会发展，公民的多层次需求被发现和承认。20 世纪 60 年代以来，福利国家理论逐步发展起来，“市场失灵”概念和理论使福利的公共提供问题找到了理论依据，强调要通过影响“供给”而不是“需求”来带动私人部门共同实现社会福利最大化。福利国家的产生与发展是国家与福利之间关系的社会观念变化的结果。福利国家关注经济政策和社会政策的协调性问题，很大程度上把社会的功能目标、意识形态目标归结为经济效率和社会正义，并力求两者的有机结合。福利国家理论认为，福利政策不仅可以纠正居民收入分配方面的差距，还可以纠正分布在不同时段之间收入分配的“市场失灵”现象。平等的公民地位是社会所有成员都能够享受公共权利并共同承担公共义务的重要保证，而要实现平等的公民地位，政府就必须履行对其公民的福利责任，在社会保障制度中起到主导作用。虽然近期由于社会保障支出负担日趋沉重，世界各国采取了一系列相应削减公共福利开支和财政适度退出政策，但是福利国家政府的主要责任范围并没有被从根本上触动。

当前世界各国政府的职能重心已经由单纯的国防和维持公共秩序逐渐转向各类经济干预、提供公共服务和社会保障事业。理论界把传统的旨在维护社会秩序、国家安全以及消除对公民和社会之危害的行政行为称为秩序行政。由于秩序行政多采取限制公民自由行动权利的手段来达到政策目的，因此也被称为干涉行政。例如国家税务机关对公民征税必然要涉及公民的财产权，行政机关对公民商业行为的限制，警察部门对公民人身权利的限制等。但是随着国家机关职能的多元化发展，其行政形态也发生了深刻变化。有学者认为，现代的行政权应该是为公民的生活需求提供服务，即政府成为给付行为的主体。基于此，这一观点中的行政也被称为给付行政。从秩序行政到给付行政的重大转变，当然会要求政府致力于建立起比较完善的社会保险等公共事业，使公民能够得到全方位的受益。从这一角度来看，强调政府在农村社会养老保险制度中的责任，不仅是对政府单方向的道德呼吁，更是要求政府必须对上述呼吁进行诚恳回应，而且政府的行政责任最终必须转化为可以问责的法律责任形式。

由政府对公民履行社会保障责任是国际上的普遍共识。联合国大会在世界人权宣言中规定，每个人作为社会的一员，有权享受社会保障并有权享受他的个人尊严和人格的自由发展所必需的经济、社会和文化方面各种权利的实现，这种实现依靠国家努力和国际合作并依照各国的组织和资源情况。人人有权享受为维持他本人和家属的健康及福利所需的生活水准，包括食物、衣着、住房、医疗和必要的社会服务，在遭受失业、疾病、残废、守寡、衰老或在其他不能控制的情况下丧失谋生能力时，有权享受保障。中国正式批准了该公约。公约各缔约国承认人人有权享受社会保障。关于农村社会保障的国际公约还有许多详细的构成部分：农业医疗保险公约、农业养老保险公约、农业残疾保险公约等。虽然中国政府目前并未批准这些公约，但是这些国际上通行的公约对中国农村养老保险制度无疑具有重要的参考价值，当然从另外一个角度来讲，这也是强调政府在农村养老保险制度建设中承担责任和起到主导作用的依据。

在农村养老保险制度中政府要起到主导作用实际上包含着两层含义：一是明确政府在农村养老保险制度中应承担的法律责任；二是对政府应尽责任是否实现以及未实现时的问责和处罚方式，要由法律进行评估和确定。政府是宏观政策的制定者和社会制度的设计者，是市场机制的调节者与社会资源的配置者，是社会系统的建设者和公共服务的供给者。因此，政府的基本责任之一就是构建一个覆盖城乡的社会保障体系，政府必须在这一任务中体现和履行完善社会保障制度的责任。政府的优势在于能够利用法律法规和必要的行政手段，整合社会整体资源对制度的构建进行有效设计和干预，并在利用公共服务机制和社会管理权力的基础上发挥自身的公共职能作用，达到改善社会保障制度资源配置和调节收入分配的目标。调节整合社会保障资源是政府的重要职能，在这个角度上政府也是社会保障资源的管理服务平台。政府要考虑每一个社会成员的利益，保障其成员有效地对社会保障资源进行分配与使用，因此政府的任何机制都体现出社会性特征，在社会化过程中建立和完善社会保障资源的管理机制。

二、养老保险政府责任按财政能力合理分担理论

建立养老保险制度主要有三方面目标，即满足老年人的基本生活需求、防止老年贫困、抵消通货膨胀影响并逐步提高老年人的生活水平。与这三个目标紧密联系的是养老保险资金筹集模式。按照各自侧重于不同目标的考虑，养老保险资金可以归纳为现收现付、完全积累、部分积累三种模式。Lawrence Thompson（1998）认为，现收现付模式对出生率的变化非常敏感，因而与人口年龄结构关系密切，特别是人口老龄化会对现收现付模式造成持久的巨大挑战，而该模式对工资增长率和利率的变化却不敏感，不必担心由于经济周期、通货膨胀等经济原因给养老基金带来冲击；完全积累模式的特点与现收现付模式相反，对利率或工资增长率的变化非常敏感，其巨大的资金积累对经济周期、通货膨胀的承受能力十分脆弱，经常要面对历史积累的养老基金贬值的威胁，同时该模式对出生率的变化不敏感，能够抵御人口老龄化的冲击。由于现收现付模式和完全积累模式各有优势和不足，因而出现了兼有两种模式特点的部分积累模式。这种模式对出生率及工资增长率和利率变动的敏感度处于现收现付模式和完全积累模式之间。也就是说，该模式由于预留了一定的积累资金，使现收现付模式下因人口老龄化带来的沉重负担减轻；又由于积累的资金规模比完全积累模式小，在通货膨胀和经济周期中基金损失的风险也相应降低。欧洲的发达国家大多注重福利建设，因此多采用现收现付制。发展中国家受到新加坡和智利经验的影响，则更倾向于建立完全积累制。市场经济转型和高度市场化国家则采取部分积累制。目前各国都在进行程度不同的改革，工业化国家呈现出以现收现付制为基础，同时向部分积累制过渡的发展趋势。但是无论哪种模式，政府财政投入是必不可少的，无非是直接的投入责任还是间接的兜底责任、有限责任还是无限责任的有效区分和程度不同而已。在国际上，社会保障支出早已成为发达国家财政支出的首要项目，许多国家的实际支出比例已经达到40%以上。当前的各国养老保险政策体现出明显的特点：发达国家的养老保险水平普遍高于发展中国家；发达国家的财政负担比重较高，而雇主和雇员的缴费负担比例较低；自雇者的国家财政负担比重低，缴费比重相对较高，而公务员的国家财政负担比重高，同时享受的养老待遇也高；发达国家的农村养老保险缴费较低、补贴高，保险项目几乎全部覆盖了农业人

口，农村居民可以获得与城市居民同样水平的保险待遇，在保障基金的筹集上财政承担了很大责任，表现出养老保险制度向农村居民倾斜的特点，而发展中国家一般缺少农村居民养老保险制度，许多国家的社会化养老保险制度尚未覆盖到农村，城市的养老保险水平高于农村地区。

关于养老保险资金来源和融资结构问题，目前世界上的许多国家已经认可了世界银行提出的三支柱养老保险倡议，这一模式被认为是中低收入国家解决养老问题的有效方式。三支柱养老保险模式可以概括为：第一支柱是由国家强制及由财政补贴作为保障的养老金；第二支柱是雇主和雇员共同缴费形成的职业年金；第三支柱是在自愿原则基础上由商业运营机构负责经营的私人年金。第一支柱为待遇确定型年金，保障公民基本生存，实现收入的再分配；第二支柱是缴费确定型年金，缴费与待遇水平挂钩，多缴多得；第三支柱是第一、第二支柱的补充，用于满足更高层次的需求。世界银行专家认为，针对当前人口老龄化和财政负担比例的不断攀升，养老保险制度必须由单一支柱向三支柱模式转变，融资方式也要由现收现付制转为完全积累或部分积累制，以实现财政、雇主、个人的合理分担机制，体现了三支柱的缴费结构。三个支柱从不同侧面反映了政府价值取向差异和养老保险模式的不同，福利国家在 20 世纪 80 年代之前，采取第一支柱在养老保险制度中占绝对优势的做法，财政对于养老保险模式的负担压力很大，但它代表了国家对于养老活动的全面责任。而在 80 年代之后，这些国家开始逐步放弃国家财政的全面负担责任，转而重视发挥职业和私人年金的作用，体现了由财政过度负担向合理负担的转变。

参照国际经验和中国经济发展宏观指标、人口发展数据来研究和确定中国农村养老保险财政合理负担比例是一个可行的办法。中国农村养老保险制度建立之初确定一个合理的支出规模以及中央财政与地方财政的合理分担比例至关重要。养老金整体支出水平应该与经济发展水平相适应，财政负担与分担的比例应该体现出收入分配原则和满足公民基本生活需要。在养老保险制度的发展过程中，使养老金支出与国民经济保持合理和稳定的关系是农村养老保险制度得以良性运行的基础。社会保险是国家的强制行为之一，需要政府财政承担一定的资金和管理责任，通过确定财政合理负担及依据财力确定中央、地方财政分担比例能够保证财政资金更有效率地在养老保险制度中得到使用。从我国情况看，政府在推进社会保障体系建设尤其是农村养老保险制度建设方面，存在几个突出问题：第一，向公共财政转型的步伐不快，虽然近年来加大了对民生方面的投入，但是总体水平不高。就社会保障领域而言，财政用于社会保障的支出长期处于 10% 左右的低水平，其增长幅度基本与同期财政收入和支出的增长幅度相接近，没有体现出向社会保障倾斜的理念。财政部网站公布的有关数据表明，2009 年全国财政收入达到 68477 亿元，而同期用在全口径社会保障的资金投入不到 8000 亿元。第二，在社会保障财政投入结构中，城乡之间的投入差距较大。近年来各级财政用于投入社会保障体系建设的总资金在增加，但农村社会保障财政投入增长缓慢。有专家估算，农村社会保障财政投入占全部社会保障财政投入的比例不到 20%。农村社会保障水平本来就较低，加上农村居民受文化传统、教育程度、经济收入等制约而参保意愿弱、缴费能力低，如果不加大农村社会保障财政投入，加快建立农村社会保障体系将困难重重，更不用说缩小乃至消除城乡之间的二元社会保障“福利差”。第三，在社会保障财政投入方面，中央财政和省级财政投入力度不大。我国 1994 年以来实行分税制至今，中央集中了大部分财政收入（2010 年占比为 51%），而同期财政支出占比仅为 18%。2010 年全国社会保障和就业财政投入是 8331 亿元，而中央财政投入为 3785 亿元，仅占 45%，低于同时期的财政收入占比。具体到农村养老保险来看，目前各级财政共同承担基础养老金并由地方财政负担缴费财政补贴的规定，没有充分考虑市及市以下财力困难的现实，没有体现事权和财权相统一的原则。

三、农村养老保险政府引导与个人自愿结合联动理论

政府是农村养老保险资金供给的重要责任主体，应该承担相应的财力给付任务。由于历史原因，中国的城乡发展极不平衡，农村居民的人均收入还不高，要在这种比较贫穷的条件下发展农村养老保险制度，就不能离开政府的引导和财政支持，特别是在新农保尚处于制度运行初期阶段时更是如此。从目前国内各地区的运行情况来看，政府的引导和财力支持是农村养老保险制度发展和完善的有力保障，确立农村养老保险制度政府引导责任的最直接方式就是将财政纳入社会保险基金预算之中。

新农保制度运行以来受到广泛的关注，出现了许多对农民加入新农保意愿的研究成果。这些成果表明，对于广大农村居民特别是中部地区农民而言，参加新农保已经成为农民增收之后最急于解决的最现实问题之一，可见农民的参保意愿

非常迫切。通过研究影响农民参加社会养老保险意愿的因素，以及这些影响因素的强度、显著性、方向和影响强度的递进性变化趋势，可以发现农民参保意愿有如下特点：一是家庭富裕度对农民参加养老保险意愿具有正向影响，家境越好，参加养老保险的意愿越强烈。二是受教育程度对农民参加养老保险意愿具有正向影响，受教育程度越高，越乐于参加养老保险。三是婚姻状况和年龄状况对参保意愿也存在相应的影响。未婚农民较已婚农民更乐于参加农村养老保险；年龄小的农民较年龄大的农民更乐于参加农村养老保险。四是养老保险预期对农民参加养老保险意愿也存在影响，农民越不为养老问题担心，其参保的意愿越低；反之则意愿越高。由此可见，在推进农村养老保险制度建立和完善的过程中，必须要高度重视农村居民的参保意愿问题。如果广大农村居民不积极参保，只是老年农村人口获得了基础养老金，不仅资金保障方面将来难以持续，而且说明这项制度没有成功，变成了不冠名的“老年补贴”。因此，保护好、调动好、激励好广大农村居民的积极性、主动性，是事关新农保制度进一步完善的大事。

通过对辽宁省阜新市彰武县400户农户的入户调查发现，绝大多数的农民具有较强烈的养老需求，对新农保制度持欢迎态度并愿意参加的，达到88%。但是这个调查结果也暴露出一个问题，就是新农保最低缴费档次“受宠”。农村居民参保后，大多数选择了最低缴费档次。分析出现此现象的原因，主要有以下几个方面：第一，经济收入限制。相对贫困的家庭很难拿出钱去参加新农保，勉强能参保的家庭，也仅限于选择最低档缴费。第二，心理因素制约。主要是老农保前车之鉴、其他政府补贴不到位、基层干部公信力下降等原因，使农村居民对制度、对获得政府补贴信心不足。第三，政策设计缺陷。一是保障水平低，养老金占未来生活费比例小，农村居民没有强烈愿望去缴更多的费而为未来储蓄；二是政府补贴缺乏弹性，无论哪个档次补贴标准都一样，对农村居民没有激励性，因为多缴多领的都是自己的钱，缴费越高回报率越低，回收自己缴费的时间越长。第四，宣传不到位。68%的受访农村居民表示不了解新农保制度，不了解导致不信任，降低了参保意愿①。由此可以看出，在进行新农保的制度设计和具体实施时，一定要坚持从农村居民的实际情况出发，从待遇水平确定、缴费补贴方式等

① 鲁欢．新农保最低缴费档次“受宠”原因及对策分析——基于对辽宁省阜新市彰武县400户农户调查的研究［J］．社会保障研究，2012（2）：20－28.

方面建立参保的激励机制，从与子女捆绑缴费、以村为单位联合参保、规定最低缴费年限等方面建立参保的约束机制，从建立专门的新农保工作体系、加大对新农保宣传力度等方面扩大对制度的认知度和认同感。其中，政府对新农保的财政投入非常重要，因为在这种比较贫穷的条件下发展农村养老保险制度，不能离开政府的引导和财政支持，特别是在新型农村养老保险制度尚处于初期阶段时更是如此。同时，各级财政不仅加大投入，而且要选准投入的项目，优化投入的机制，把政府引导和个人意愿有机结合起来，形成推动农村养老保险制度健康、持续、快速发展的共同合力。

政府在农村养老保险制度建设中发挥着无可替代的重要作用，政府的财政投入也是农村养老保险制度发展与完善的可靠保证。中国作为一个农业人口占总人口一半的发展中国家，由于老龄化速度加快、经济基础相对薄弱，政府不可能像发达国家那样为农民提供高水平、全方位的养老保险待遇，但是国家有义务为广大农民提供最基本的养老保险待遇。政府不仅应该制定各项有关养老保险制度的法律和法规，对养老保险制度进行规范和引导，而且应该对制度的运行提供必要的财力支持。从发达国家的养老保险负担结构来看，政府的财政支出比重普遍比较大，这一方面反映了各国都充分发挥了财政的调控功能来缩小社会收入差距；另一方面也深刻地表明政府日益加重的财政负担，高负担削弱了企业竞争力，降低了经济发展效率。中国的农村养老保险制度应该借鉴发达国家的经验，少走弯路。农村养老保险制度应该与国家的经济社会发展阶段相适应，尤其要与农民个人的负担能力相适应，也要与生活保障的基本要求相适应。中国的农村养老保险制度刚刚起步，体制尚处于发展的初期阶段。也正因为如此才更应该把握机会，从开始就建立起符合自身情况的多支柱养老保险制度，即低负担、广覆盖、多层次，充分实现政府引导与农民个人意愿的结合，避免在起步阶段超过现实允许的条件把制度设计得过高。

本章小结

罗尔斯的正义优先观点对我国的社会保障事业，特别是二元经济社会结构阻隔的农村领域的保障事业提供了极为重要的启示。从补偿二元经济“剪刀差”的角度看，也只有政府能够代表受益者进行利益分配，这样受损者的利益才能得到补偿。中国农村养老保险面临着多重考验：农村人口老龄化程度加剧、城乡二元结构的约束以及国外农村居民养老保障现状对中国相关制度的压力等。解决中国农村养老保险问题，不仅取决于农村居民个人的养老意愿和能力，而且也倚重公共财政的支持。农村居民对基本生存权利公平的渴求决定着农村养老保险制度发展的基本方向，而农村居民的生存发展也是任何保障制度都必须予以实现的基本战略目标。经济和社会协调发展的客观要求使农村养老保险制度的实施成为必然，在农村推行养老保险制度将会促进农村居民生活质量和文化素质的提高。

当前世界各国政府的职能重心已经由单纯的国防和维持公共秩序逐渐转向各类经济干预、提供公共服务和社会保障事业。建立养老保险制度主要有三方面的目标：满足老年人的基本生活需求、防止老年贫困、抵消通货膨胀影响并逐步提高老年人的生活水平。各工业国现行的养老保险制度结构基本采取财政、企业、个人三方负担形式，体现了三支柱的缴费结构。政府是农村养老保险资金供给的责任主体之一或者重要主体，应该承担相应的财力给付任务，政府的财政投入也是农村养老保险制度发展与完善的可靠保证。

第三章 农村养老保险制度改革的国际经验

第一节 养老保险制度形成的历史简介

老年人口比率的上升，是发达国家人口转换过程中普遍面临的问题。其原因是人均收入的增加以及经济的发展、工业化的快速发展等。工业化带来了居住的城镇化、家庭结构的核心化，因此破坏了老年人的家庭内赡养关系，造成了退休一代人的赡养问题。

在欧洲，最初是独立自由农民和少数领主构成的比较混乱的土地制度，7 世纪后领主制度不断加强，形成了庄园制度。初期的古典庄园制度，不断适应中世纪欧洲城市对农产品的需求，在与农业的商品化同时发展的过程中，转变为纯粹的庄园制度。随着商品和货币经济的逐步发展，封建土地所有制解体，农奴获得解放，农民阶层出现并壮大，同时富农与贫农的两极分化现象也开始出现了。农民阶层的分化产生了不拥有土地的贫农，这些人在产业革命过程中向工业劳动者转变。

以英国为例，英国在 14 世纪中叶，货币经济的发展导致庄园制度的崩溃，即开始了封建社会解体和农奴解放的进程。到 15 世纪时农奴制在事实上已经消失了。但是自由劳动者的出现，也就意味着劳动者失去了从保护者（主人）那里得到的经济保障。随着农奴的解放，出现了流浪贫民增加的问题。1349 年，英国为稳定农业劳动，出台了限制有劳动能力的农民流动的劳动者管理法，但是仍然无法禁止流浪现象的发生，此后多次出台了禁止流浪和乞讨的法律。有所变化的是1531年出台的规定，虽然法规仍然禁止流浪和乞讨，但是增加了新的条款，即老年人、无劳动能力人员需要登记姓名，法规中准许其乞讨。1536年法律规定，通过创造就业机会、采取强制贫民子弟就业的措施，使有劳动能力者继续就业，另外对老年人和无劳动能力者通过慈善事业给予帮助。由于确保救济资金的来源是一个难点，因此1572年伦敦开始征收济贫税。1597年制定了著名的《伊丽莎白济贫法》，被认为是此前相关法律的汇总，该法于1601年重新修订。其核心思想是：明确区分贫民。向“有劳动能力的贫民”提供劳动岗位并强制其就业，给予“无劳动能力贫民”生活救助，对“无抚养能力的贫民子弟”由政府出面强制其成为徒工，以上这些济贫措施是以教区为单位执行的，采用教区征税的形式来实现。此外，对于有劳动能力却拒绝劳动的贫民，将被押送到矫正监狱。

《伊丽莎白济贫法》的基本思想是，失业是由懒惰导致的，贫困是个人的责任。但是贫民数量的增加、圈地运动导致农民失去土地，以及劳动者所处的产业还不发达等问题，使立法也无法解决农民就业问题，反而最终增加了地主和商人的济贫税负担。出于减轻济贫税负担的目的，英国政府采取了两方面的措施：一是在1662年，从法律上承认雇用贫民的劳动场所（劝业所）是以获得利润为目的；二是根据1722年法律，提出了贫民被劳动场所（劝业所）收容是获得救济的首要条件，只有这样，才能承认劳动场所的经营地位。但是由于以上两种措施的目标是减少济贫税，因此造成了被收容者的食物短缺、劳动场所的劳动待遇极其低下等问题。1782年的法律中取消了教区承包制度，承认在劳动场所（劝业所）之外的救济活动。恰逢此时出现了与产业革命（1760～1830年）并行的第二次圈地运动，使丧失土地的农村贫民大大增加，而且高物价与低工资并存导致了严重的社会恐慌。因此，在1795年英国实施了非常著名的基于面包价格和家族规模的工作补贴制度，但是出现了未得到补贴的劳动者和得到补贴劳动者之间的替代现象，导致未受到补贴的劳动者的失业、进一步贫困化以及救济费的迅速增加。为了解决新出现的问题，英国于1834年出台了新济贫法。

据当时的学者分析：“1834年修正济贫法反映了1832年修改选举法之后执政中产阶级的主张，彻底贯彻了‘不劳动者不得食’原则，是强迫劳动贫民成为独立劳动者的过于残酷的法律。”该法具体规定：第一，不救济有劳动能力的人；第二，出于贫困现象是偶尔出现的考虑，只对短期贫困进行救济；第三，不解决疾病、老年、多子女等长期贫困问题，认为因老年和疾病导致的贫困是由于年轻健康时准备不足和缺乏考虑造成的，此外将无劳动能力者的救济水平降低到有劳动能力者的待遇以下。该政策在实际执行过程中进展缓慢，而且在经济萧条时由于失业者的大量增加，救济费也增长显著，该政策并没有取得明显效果。但是19世纪70～80年代，由于实施了严格的新济贫法案，获得法律确认的贫民对象减少了。这样就推动了劳动者与熟练工人解决疾病、老龄贫困问题的互助保险制度的建立和发展，称为“友爱互助”组织。该制度最为盛行的时期是1890年，当时19岁以上的男性约有一半加入了“友爱互助”保险组织。但是从财务可持续性上看，当时的友爱互助保险是存在着财务危机的。该保险是以给付疾病津贴为核心业务的，由于疾病预防做得越来越好，所以一些寿命延长了的老年参保者开始陷入生活贫困状态中，“友爱互助”组织扩大了“疾病”的定义范围，对老年人也支付疾病津贴。这自然导致该保险的财务出现困难，所以对一定年龄以下的疾病给付进行限制，将老年养老保险制度从“友爱互助”组织中分离出来，就产生了建立老年养老金制度的客观需求。但是，无论是“友爱互助”组织还是中产阶级都具有强烈的自助思想，反对国家介入，因此直到1908年，才出台了不需缴费的老年养老金法案。而需要缴费的老年养老金制度直到1925年才建立。

综上所述，英国的济贫法以个人责任为原则，“友爱互助”组织以自助为出发点，这种自立自助思想与国家救济（无须缴费的养老金给付）是不相容的。因此，在公共养老金制度化的背后，无视这种矛盾将会使老年人的赡养问题更为严峻。

19世纪70年代，资本主义自由竞争开始向垄断阶段发展，各种矛盾进一步激化，工人的失业和养老等问题日益突出。社会化大生产导致劳动再生产的社会化现象的出现，使社会成员年老时单纯依靠自身和家庭的能力已经难以解决养老问题，这就要求政府和社会对其提供必要的生活保障，这就推动了现代养老保险制度的产生。如1669年法国制定了《年金法典》，由于受到当时历史条件的限制，它仅仅是对那些不能继续从事海上工作的老年海员发放养老金。虽然法国《年金法典》的覆盖范围较小，但从一定程度上说，此法开创了养老保险立法之先河。随后欧洲开始出现一些以特定行业如铁路、烟草等官营事业为对象的养老金制度，如奥地利和比利时分别在 1854 年和 1868 年对矿山劳动者实施了养老金制度。然而真正成为现代养老保险制度鼻祖的是德国建立的制度。德国工人运动的高涨引起了以俾斯麦为代表的统治阶级的恐慌，不得不在对工人实行镇压的同时又实行一些福利制度，因此颁布了《老年、残疾和遗属保险法》。这不仅是工人阶级长期斗争的结果，同时也是社会文明程度提高的表现。此法曾被世界公认为第一个具有现代意义的养老保险制度。该制度是以全体劳动者为对象，并且在欧洲大陆首次实施强制加入的规定，从而使其覆盖范围明显超过过去。这给欧洲其他国家以强劲的推动，纷纷效仿建立起了各自的养老保险制度。

俾斯麦政府不遗余力地推行养老保险制度，在当时的历史情况下，是有它重要的现实意义的：首先，俾斯麦政府推行的养老保障制度是“国家政策的属物”，它有利于俾斯麦政府实施经济保护主义和维护国家安全及统一。按照俾斯麦的话说，“国家社会保险制度，可以通过安慰数百万德国劳工精神和身体上遭受的痛苦，加强帝国的力量”。其次，俾斯麦采取的“蜜糕加鞭子”的两手策略（一方面，颁布“非常法”严厉镇压社会主义运动，另一方面通过实行社会保险等温和的手段来麻痹工人阶级的斗志），从思想上“挖掉社会民主党的根”，从而有力地打击了社会民主党，摧毁了社会主义运动。

显然，俾斯麦时期包括养老保险在内的社会保障制度在一定程度上阻止了危及俾斯麦现存政治制度的社会主义运动的发展。德国所建立的养老保险制度对保持当时的社会稳定以及促进经济发展发挥了强大的作用，主要表现在：第一，德国公共养老保险作为一种制度安排，它通过部分满足低收入工人的社会福利需求，在一定程度上解除了劳动者的后顾之忧，从而有利于劳动的供给。第二，养老金收入作为退休职工生活的主要来源，避免了参与者在年老时陷入绝对贫困之中，因而有利于缓和社会矛盾和促进社会稳定。第三，全国性公共养老金制度的建立，使得俾斯麦政府有力打击了社会民主党并破坏了社会主义工人运动，同时解决了工业化带来的社会保障问题。第四，德皇威廉一世认为，“由于国家比从前更关心那些急需帮助的人们”，所以德国建立的养老保险制度比以往的覆盖范围更广、强制性更强。它与失业保险、工伤事故保险共同组成了德国社会保险，使工业化过程中的工人们获得了一定的社会保护。第五，俾斯麦时期的养老保险制度规定，除个人自行或雇主为雇员缴纳保险费外，政府将从财政中拨款作为养老保险基金的一部分，并对养老金的领取资格做出了明确详细的规定。养老保险资金来源的多元化，保证了养老保险制度的顺利实施。同时，它遵循的是特殊性原则，强调个人的责任，从而体现了权利与义务的统一，具有较强的社会互助性。

美国养老保险制度建立最初是从救助开始，即由地方税收为生活在城镇的年老贫困者提供微薄的生活补贴，一些依靠地方税收资助的救济院逐渐建立起来以解决城镇出现的贫困问题，19 世纪中期，几乎在美国的每一个城镇都建有救济院，这些地方层次的救济院相互之间并无联系，救助形式各不相同，未能形成全国统一的救助制度。美国由联邦政府建立的救助制度起源于联邦政府对内战时期的军人及遗属提供统一的内战救济金制度，在 19 世纪末，该制度实际上发挥了对特定人群的社会保障作用。美国的养老保险从地方政府对城镇个别居民救助发展到由于军事的需要由联邦政府对特定人群的救助，开始了社会养老的制度设计。

20 世纪 20 ~70 年代美国政府初步建立起联邦政府雇员养老保险、企业养老保险。这一时期，政府开始为其雇员提供适量的养老金，并从制度上设计企业职工养老保险计划，但这一时期政府雇员的养老保险与企业职工的养老保险还不是在一个制度框架中进行，存在着差异。第一，联邦政府雇员养老保险。美国政府雇员的养老保险最早开始于 1850 年，一些大城市为教师和警察提供养老金。1911 年马萨诸塞州建立了美国第一个政府雇员养老保险计划，随后发展成为一种基于雇员服务年限和退休前工资水平的待遇确定型养老保险。1920 年美国公务员退休法案（CSRS）实施，该法案将美国联邦政府雇员纳入一个统一的养老保险计划中。根据这个计划，联邦政府雇员在服务 15 年并达到退休年龄后即可领取养老金，雇员每月拿出工资收入的 2. 5% 用于养老保险缴费，退休时可以获得其最后 10 年平均工资 30% ~60% 的养老金。第二，企业职工养老保险的发展。职工养老保险的筹资主体经历了从雇主单独出资到雇主与工人共同缴费为主、政府财政补贴为辅的发展过程。第一次世界大战后到 20 世纪 20 年代，由工会组织的养老保障运动得到了工人的广泛支持，美国许多大公司为了限制工会运动的发展开始设立企业养老保险，美国联邦政府也通过税收制度对企业提供支持。初期的企业养老保险由雇主自发建立，单独出资，由于联邦政府并未直接参与，加之不同企业的养老保险相差较大，因此并未形成全国统一的养老保险制度。从 1875

年美国快递公司建立第一个企业养老保险到 1930 年，由企业出资设立的养老保险覆盖了约 15% 的企业工人。然而 20 世纪 30 年代西方社会的经济大萧条导致企业出现了严重的财务危机，许多企业开始降低养老金支出规模或者制定更为严格的领取养老金资格标准，甚至有些企业停止支付养老金。这表明由于存在经营风险，私人企业难以独立承担为工人提供养老金的责任，由此引发了美国各州对工人养老问题的广泛关注。面对越来越大的社会压力，1934 年美国总统罗斯福成立了经济安全委员会（CES）开始起草社会保障法案，1935 年社会保障法案获得美国国会通过，确立了雇主与工人共同缴费、养老金将基于个人退休前累计工资收入的全国统一的养老保险制度。该法案于 1940 年开始按月支付退休工人养老金，同时政府对养老金支付给予一定的补贴。具体做法是，联邦政府成立社会保障局统一管理，财政部每年对各州经社会保障局核准的养老金支付计划进行财政补贴以保证各州养老金支付。为了避免无节制的政府财政支出，养老保险将采用以支定收的方式，资金筹集来自工人与雇主缴纳的工薪税，工薪税由国内税务局统一征收并存入财政部养老储备金账户，全部用于养老金支出。由于在初期只有较少工人退休而在以后会逐渐增多，这意味着在将来工人与雇主承担较重的工薪税，因此为了平衡税收负担，CES 将 1937 ~ 1940 年征收的工薪税设立养老储备金以应付将来的养老金支出，并规定以后每年养老金收入与支出均通过养老储备金账户统一核算管理。但当时养老保险制度只覆盖了约占全美工人总数 60% 的工业和商业雇员，不包括农场工人、自雇人员、家庭佣工以及政府雇员，随后美国养老保险制度几经修订，逐渐扩大覆盖范围。

20 世纪 70 年代由于美国陷入越南战争和中东国家石油禁运，美国经济出现滞胀，1975 年美国社保支出首次超过收入，社保基金严重亏空。为了应对危机，时任美国总统里根成立了一个由两党成员组成的格林斯潘委员会来解决社保基金短缺问题，1983 年美国国会通过了该委员会提出的社保修订案，其改革措施主要是将新增的联邦政府雇员全部纳入社会养老保险，实现了政府雇员养老保险与社会养老保险的统筹，另外开征社保福利税，并将征收所得全部划入社保信托基金。该方案虽然由于削减了参保人的养老福利而遭到工会组织的强烈反对，但在短期内缓解了社保支出的财政压力。在新自由主义思潮的影响下，在整个 20 世纪 80 年代美国国内对现收现付的筹资模式进行了争论。私有化养老保险的支持者主张以私人储蓄账户为基础建立缴费确定型养老保险计划，实现养老保险个人负责制。他们认为，私有化可以防止政府挪用社保基金，保护下一代人的利益；同时保证个人缴费贡献与养老金收益平衡，有利于促进社会公平。而反对者认为，现收现付体现了代际之间的共同利益和相互依存，这对于维护代际团结至关重要，私有化养老保险将使个人全部承担市场风险造成的养老金损失，从而导致老年贫困率增加，因此养老保险制度应在现有的基础上做进一步完善，而不是进行根本性结构改革。虽然当时没有对现收现付的筹资模式进行相应改革，但“代际公平”和“福利危机”的观念已经渗透到美国社会的经济、政治领域，加剧了美国民众对政府社会保障的不信任。进入 21 世纪后，人口老龄化和美国财政赤字越来越严重，2001 年美国社保公告预测，如果不削减社保支出或者提高工薪税，社保基金将从 2017 年开始出现赤字，2041 年将完全耗尽，这对于现收现付的养老保险筹资模式而言，意味着谁将为保证社保基金的偿付能力而做出更大的牺牲，从而导致了美国国内对养老保险私有化改革的争论。虽然最终美国养老保险私有化改革的方案并未获得实施，但其争论反映了随着人口老龄化和政府财政赤字的加剧，养老责任逐渐从主要由联邦政府承担向市场化、社会化发展的趋势，同时也体现了美国社会意识形态、社会文化心理以及民众价值观在逐渐接受和认可这种变革。

第二节　典型国家的农村社会养老保险制度分析

在人口老龄化日益严重、城镇化快速推进的社会经济背景下，农民外出务工人数的增加，农村土地被大量征用，使农村家庭养老保障和土地保障的作用在减小。发挥社会保障的作用，保障农民的基本生活已经成为政府解决“三农问题”的当务之急，因此完善新农保制度，是解决农村养老保障问题的必然选择。国外典型国家的农村养老保险制度发展已经趋于完善，所以借鉴国外先进经验，对于我国的新农保制度建设有重要意义。

一、德国的农村社会养老保险制度

1957 年 7 月德国政府颁布了《农民老年救济法》，标志着德国现代的农村社会养老保险制度建立起来了。作为法定的强制保险，该法律规定要求所有农民都必须参加。农村社会养老保险的目的是为农场主或农民、其配偶、家属及遗属发放养老金，保障农民在老年时的基本生活。该制度主要包括：

第一，投保对象。根据法律，农民养老保险的法定投保人为农场主及其配偶和共同劳作的家属。农场主就是指所有的农业和林业企业主，包括葡萄酒、水果、蔬菜和园林以及养殖渔业企业主。他们经营的农业企业需超过老年保障金库当年确定的最低规模，最低规模在联邦范围大约平均为4公顷。而且，若配偶双方没有持久地分居，那么农场主的配偶也被视作农场主。改革法规定，夫妻双方要向农业老年保障金库说明，夫妻中的哪一个作为农业企业主参加保险和哪一个作为农业企业主的配偶参加保险，也可以说明由于他们共同经营企业，因而双方作为农业企业主参加保险。农业企业主和他们的配偶支付相同数额的保险费。共同劳作的家属则是指在企业中专职从业的直至第三级的血亲、直至第二级的姻亲和一个农场主或者其配偶的养子（女）。但大型农业企业中被雇用的雇员，是不属于农村养老保险制度覆盖范围的，这些人投保于普通的职工养老保险。

第二，给付形式。在德国，农场主移交农业企业是养老金给付的条件。由于受保险人缴纳同样标准的保险费，他们未来领取的养老金也是相同的，只是因为缴纳保险费时间长短而有所差别。农民享受养老金需具备三个基本条件：①年龄条件。规定男女分别年满65岁和60岁。②缴款条件。按规定必须交满180个月保险费者才有资格享受标准养老金待遇。③附加条件。要求农民必须在50岁以后就开始通过继承、出售或长期租让等方式转移他的农业企业，脱离农业劳动成为农业退休者。养老金主要是现金给付，但在出现特定风险时也可以实物给付。具体缴费和领取金额如表3－1所示。在面临或出现丧失劳动能力的情况时，可以获得康复性措施，这些措施的目的在于避免劳动能力的丧失或改善和恢复劳动能力。如果由于接受康复服务、丧失劳动能力、处于孕期、处于母婴保护期或死亡，使得企业的正常运营无法维持，那么农村养老保险机构也可以提供经营帮工和家政帮工。这种特殊的给付方式，不仅保障了农业劳动者在出现变故时的基本生活需求，同时也创造了工作岗位，扩大了就业，通过提供这些待遇，使企业在企业主生病或者死亡时仍能继续运营。农村养老保险最低投保年限一般为15年，获取丧失劳动能力养老金的最低投保年限为5年。若早于法定退休年龄领取养老金，则领取的养老金在整个领取养老金的时间里均要打折：德国法定退休年龄为

65 岁，若在满 60 岁前提前领取养老金，每提前一个月养老金打折 0.2%；若是满 60 岁但未满 62 岁，每提前一个月养老金打折 0.23%；满 62 岁，每提前一个月养老金打折 0.3%。从 1985 年以后，德国农村养老保险中保险费缴纳者与养老金领取者之间就出现了剪刀差，缴费者比例低于领取者比例，如图 3－1 所示。这样政府资金就会在养老保险支出中占绝大部分，从制度运行上可以看出，如果没有政府补贴，德国农村养老保险是无法正常运行的。

表 3－1　德国农民养老保险的缴费与领取待遇水平　单位：德国马克

起始日期	月缴费额	起始日期	月领取额	
			已婚者	未婚者
1957 年 10 月 1 日	10	1957 年 10 月 1 日	60	40
1973 年 1 月 1 日	36	1972 年 10 月 1 日	240	160
1975 年 1 月 1 日	48	1975 年 1 月 1 日	293	195.8
1980 年 1 月 1 日	70	1980 年 1 月 1 日	432.7	288.7
1985 年 1 月 1 日	129	1985 年 1 月 1 日	535.5	357.2
1990 年 1 月 1 日	236	1990 年 7 月 1 日	625.9	417.5
1995 年 1 月 1 日	291	1995 年 7 月 1 日	858.1	405
2000 年 1 月 1 日	342	2000 年 7 月 1 日	929.3	401.9
2001 年 1 月 1 日	346	2001 年 7 月 1 日	929.3	406.7

资料来源：华迎放．国外农村养老保险经验与启示［J］．经济要参，2007（76）：27.

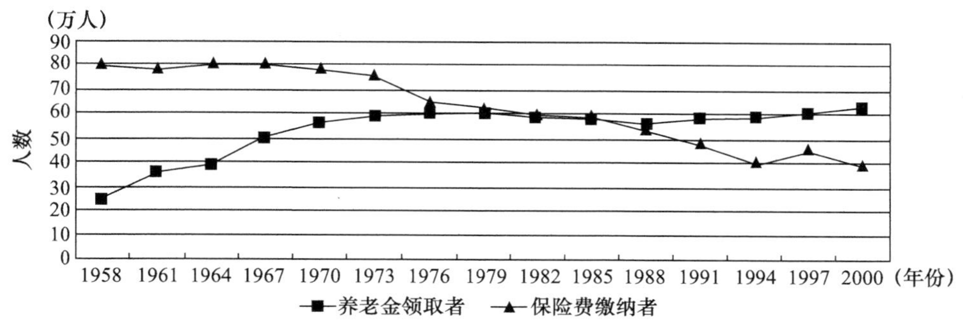

图 3－1　德国农村养老保险中的缴费者与养老金领取者比例趋势

资料来源：郑春荣．德国农村养老保险体制分析［J］．德国研究，2002（4）：39.

第三，资金来源。德国的农村养老制度实行现收现付制，资金一方面来源于投保人缴纳的保险费，这部分占的比例较小。另外很大一部分则是由联邦政府的补贴来筹集。其中投保人缴纳的保险费占绝大部分，大约只有1/3来自国家的补贴，并且是保费不足的部分才由政府予以补助。农民养老首先强调的是个人的义务，然后才是国家和社会的义务，国家只起辅助的、补充的作用。保险费数额是由法律形式确定的，因为企业的经营具有不稳定性和不可测性，因此即使一个农场主经营着多个农业企业，也只需缴纳一份保险费，且所有农场主的缴费数额是相同的，与企业的大小以及经营效益无关。同时法律规定，农场主也可以在某种情况下向联邦政府申请补贴，用于向共同劳作家属缴纳保险费，这种政策在一定程度上可以减轻农场主的缴费负担。制度还规定，养老金的收支如果不能达到平衡，也就是在养老基金的正常运行情况下养老金入不敷出，那么养老金的差额由政府津贴补足。联邦补贴的形式也在历史发展过程中经历了变化，先是缺损抵偿，然后是固定数额的补贴，经过多次反复之后，最终又回到了缺损抵偿上。

第四，机构设置。目前，德国有13家农村养老保险机构，分别设立在当地的农村同业工伤事故保险机构里，并在全国组建了总联合会，即农村养老保险机构总联合会，实现了管理人员和资源的共享，不仅节约了管理成本，提高了经济性，同时还给投保人带来了其他方面的优点，例如各类保险机构在某些方面产生疑问或冲突时，可以在一起快捷和有效地进行沟通和合作。无论是各个农村养老保险机构，还是其总联合会，都会受到国家的监督。它们的自治机关为名誉性的代表大会和理事会，在选举这两个委员会的成员时，会员被分为没有外来劳动力的独立从业者和雇主两类，以确保他们都有相应人数的代表进入委员会。另外，在农村养老保险机构总联合会的理事会中，也有相关联邦政府部门的代表参加，但他们只有发言权而没有表决权。

二、日本的农村社会养老保险制度

日本的农村社会保障制度是在“二战”后开始逐渐建立和完善的。“二战”以后，日本恢复了战前已经建立起来的针对劳动者的公共年金制度，但最初广大农民和自营业者被排除在制度之外。据统计，20世纪50年代末日本有1368万人能享受到养老保险，仅占总就业人口4284万人的1/3，当时包括农民、个体经营者和无业者等共4700多万人未能加入养老保险体系。随着战后恢复经济建设的一系列措施的实施，日本经济在20世纪50年代中后期进入了高速增长的时代，城市化进程也不断加快，而农村经济的发展则相对缓慢，农民的收入较低，这就导致大量农村劳动力离开农村，涌入城市，尤以青壮年劳动力为主。城市和农村发展不平衡的矛盾日益突出，而农民却没有相应的养老保障制度以保障老后的生活，因此，农民要求建立养老保险制度的呼声日渐强烈。

除此之外，随着战后经济的高速增长，日本农村社会也发生了一系列变化，具体体现为农村的城市化、农民的兼业化、农村人口的老龄化，这些变化都导致了传统的以家庭养老为主体的养老模式逐渐失去了其存在的基础，仅靠家庭内部的养老已无法满足日益膨胀的养老需求，养老的责任主体逐渐向社会转移。

基于以上原因，把没有加入年金的农村等低收入阶层纳入年金保障体系，建立涵盖全体国民的年金制度，满足民众对年金的需要，成为日本政府的首要任务。

1959年，日本政府首次出台了《国民年金法》，将农民、个体经营者依法强制纳入社会养老保险体系，并于1961年正式颁布实施，从而实现了“全民皆年金”。至此，农村养老保险制度基本建立。

1. 日本农村社会养老保险制度的发展阶段

（1）农村养老保险体系发展时期（20世纪60~70年代）。确立国民年金体制之后，缴费时间长、给付水平低成为国民年金制度面临的一大问题。农民们大多认为缴费25年以上或者40年以上才能每月领取2000日元年金，夫妇两人合计只有4000日元，这样的体制对自己没有多大意义。因此，20世纪60年代初期，日本政府出台了《国民收入倍增计划》，国民年金也分别在60年代中期和后期先后实现了“一万元年金”和“两万元年金”。所谓“一万元年金”（或“两万元年金”）是指夫妇两人的年金合计额为一万美元（或二万美元）。以此为开端，农村养老保险体制得到了初步发展。

（2）农村养老保险体系充实、扩展时期（20世纪70~80年代末）。20世纪70年代起，随着社会的不断进步、经济的不断发展，国民年金制度在这一时期也得到了充分的发展和不断的充实、完善。这一时期，国民年金的给付水平得到了相应提高，并且日本政府在1973年国民年金修改方案中引入了物价联动机制，将给付金额与物价变动联系起来。

为了实现农业经营的现代化以及保障农民晚年的经济收入，日本政府于1970

年制定并颁布了《农业者年金》法，开始实施农业者年金制度。农业者年金制度是唯一针对农民、以农民为对象而设立的养老保障制度，其目的在于有效补充国民年金，提高农民的福利水平，稳定农民老后的生活。农业者年金具有灵活自愿的性质，可以看作是国民年金的一种附加基金。

20 世纪 80 年代以后，人口老龄化问题日益突出，少子高龄化成为日本社会面临的瓶颈，这给国民年金造成了很大的影响。如年金财政压力大、各类年金的给付差距扩大等。因此 1985 年，日本政府对国民年金制度进行了改革，将原来农民、自营业者为主参加的国民年金制度改造为所有国民共同参加的基础养老金制度。这一改革举措，构建了全国统一的国民年金体系，缓解了农民与其他社会成员之间原来存在的不平等状况。

（3）农村养老保险制度的转型时期（20 世纪 90 年代至今）。20 世纪 90 年代起，日本经济发展速度开始放缓，进入了低速增长的时期，而人口老龄化的趋势也日益明显。这些都给政府养老保险的财政支出带来沉重负担。面对农民养老保障水平较低和养老保障的需求不断增加的矛盾日益凸显的局面，日本政府仍在探索不断完善年金制度的途径。从 1994 年开始，日本政府采取了逐步推迟年金支付年龄、提高缴费比率等措施来缓解养老保障支出负担过重的问题，并且进一步强调政府责任，将政府负担的部分由原来的 1/3 调高到 1/2。

2. 日本农村养老保险的制度设计

按照公平性和多层次两个方面来安排，日本的农村养老保险实行的是双层结构年金制。第一层为国民年金制度，该制度强制全体国民加入，并且保证国民都享有基础养老金。第二层次的农民养老保险基本上采用基金制，包括国民养老金基金制度和农民养老金基金。农民可以自愿选择参加，二者只能选择一个。政府会在税收上给予一定的优惠，这两项基金制是日本国民年金的重要补充。

第一，国民年金制度。日本政府于 1961 年实施国民年金制度，并于前一年颁布了国民年金法，使制度获得了法律保障。制度规定，参保对象是年满 20 周岁、60 周岁以下的全体日本农民。日本政府在 1985 年对养老保险制度又进行了一系列的改革，将国民年金作为全体国民共同加入的基础养老金。改革后国民年金制度的具体内容如下：

20 周岁以上、60 周岁以下的国民均为国民年金的参保对象，参保人分为以下 3 类：

第 1 类参保人：旧国民年金的参保人，包括个体经营者、学生、短期从业人员、无业人员等。20 周岁以上、60 周岁以下的国民中，第 2 类参保人和第 3 类参保人以外的所有人均为第 1 类参保人。

第 2 类参保人：参加厚生年金保险、国家公务员共济组合等雇员年金保险的参保人，这些人同时参加了雇员年金保险和国民年金，他们从雇员保险征收的保费中抽出相应人数的资金，作为保费缴纳给国民年金。

第 3 类参保人：第 2 类参保人的配偶。这些人的国民年金保费由雇员保险制度统一缴纳。

基础养老金按照责任共担的原则，其资金构成是国家负担 1/3，列入政府预算，其余部分由个人缴费。日本农民的国民年金缴费和领取待遇如表 3－2 所示。

表 3－2　日本农民国民年金的缴费与领取待遇水平　　单位：日元

年龄	缴费额	缴费期间	给付年龄	领取金额
20～34 周岁缴费	100	40	65	3500
35～54 周岁缴费	150	25	65	2000
55～59 周岁缴费	150	10	65	1000
65 周岁前缴费超 3 年不满 10 年	—	—	—	0
65 周岁前缴费不满 3 年	—	—	—	0
70 周岁以上者	—	—	70	福利年金

资料来源：宋金文．日本农村社会保障——养老的社会学研究［M］．北京：中国科学出版社，2007.

第二，国民养老金基金制度。在日本的公共养老金制度体系中，企业雇用者和各类公务人员在参加国民基础养老金之后，还有厚生年金和各种共济年金作为第二层次，来满足他们的养老年金需求。但是，对于作为第 1 类参保人的农民和自营业者，却没有类似的第二层次年金。对于不满足于基础养老金的农民，日本政府设计了更高层次的保险制度，以缩小不同参保者间的差距。政府于 1991 年实行国民养老金基金制，参保对象是年满 20 周岁、60 周岁以下的农民，实行自愿加入的原则。参保者每月缴纳“附加保险费”，65 周岁以后农民除获得基础养老金外，还可获得“附加养老金”。国民年金基金制度，采用自愿参保的形式，为农民和自营业者等提供了“2 层结构”的养老金。其主要内容如下：年满 20

周岁、60周岁以下的农民、自营业者等基础养老金的第1类参保人；被豁免缴纳国民养老金保险费及申请加入“农业者年金”者，不得再申请加入国民年金基金；已加入的中途不得退出。凡自愿加入者，每月需缴纳“附加保险费”，年龄满65周岁后，除可获得基础养老金外，还可获得“附加养老金”。国民年金基金的支付分为有期与无期两种，标准金额可自主选择，同时享受税制的优惠。

除了以上几种最主要的年金制度之外，日本政府还专门为生活困苦的老年人、残疾人以及保险者遗属分别设立了老龄基础养老金、残疾人基础养老金以及遗属养老金，以保障他们的老后生活。

此外，在日本，农业协同组合（即“农协”）举办的人身共济保险也成为了农村养老保险体系的重要内容之一。这种人身共济保险是一种互助性的风险共担机制，与农民的个人储蓄相似，发挥了其不可替代的补充作用。

表3-3　农民年金给付权者情况　　单位：人，亿日元

年份	1987	1988	1989	1990	1995	2000
经营转移年金给付权者人数	519422	559550	595643	629855	629855	653776
给付金额	193	197	199	196	967	881
农民老龄给付权者人数	307717	350640	399650	448094	635353	583695
给付金额	274	332	401	490	907	902

资料来源：宋金文．日本农村社会保障——养老的社会学研究［M］．北京：中国科学出版社，2007.

第三，农业者年金制度。农业者年金制度是日本政府于1970年制定的，旨在提高农业就业者的年金水平，同时实现农业经营的年轻化。该制度是唯一针对农民、以农民为对象而设立的养老保障制度。农业者年金并非强制的，它具有灵活自愿的性质，是否加入农业者年金，完全尊重农民个人的意愿。它是在国民年金的基础上，基于对经营权转让和老龄因素的考虑而支付的年金，但需要具备一定的条件，如果满足条件，当参保者进入老年时，如果转让经营权，政府支付其经营转让年金；若不转让经营权，则参保者满65周岁时政府支付老龄年金。具体内容如下：

（1）2002年以前。适用对象：加入农业者年金的对象要满足这样几个条件：年龄在20~55岁，已经加入国民年金，具有一定规模以上的土地并从事过一定

时间的农业生产活动。

缴费方面：农业者年金保险费额采取固定给付制，国库负担 1/3，被保险者每月缴纳保险费 750 日元。

给付方面：农业者年金给付包括经营转移年金、农民老龄年金、退保一次性补贴和死亡补贴。

经营转移年金是指缴纳保险费满 20 年，在 60 ~ 65 岁向继承者或农业者年金的被保险者进行了土地所有权转移者 60 岁以后开始给予支付的年金。缴纳保险费满 25 年者的给付额为每月 2 万日元。65 岁以后在基本金的基础上再发给农业者老龄年金。

农业者老龄年金是对 65 岁以前没有实现经营、60 岁以前加入农业者年金，并且缴费期间满 20 年者，65 岁以后开始支付的年金。缴费期间满 25 年者的支付额度为每月 4500 日元。

离农年金是没有达到加入农业者年金条件，即年龄超过 55 岁或经营面积在 0. 5 公顷以下的农户离农时给予一次性补贴，所需资金实行全额国库负担。

（2）2002 年以后。农业者年金制度在实施过程中并没有预想的顺利。20 世纪 80 年代以来，越来越多的农村劳动力转移向城市，农民的数量越来越少，加入年金的农民也越来越少，年金给付率迅速增高而积累却严重不足，导致财政压力过大，农业者年金制度一度陷入困境。到 2001 年，参加农业者年金的被保险者总数降到 24. 7 万人。因此，日本政府于 2002 年，对农业者年金制度进行了改革。改革之后的新农业者年金制度内容如下：

适用对象：年龄未满 60 周岁，是国民养老保险的第 1 类保险者（不包括豁免缴费者）。每年从事农业生产活动不少于 60 天的农业就业者，均可以加入农业者年金。

缴费及给付方面：按加入者是否有资格享受财政补助，其缴纳的保险费分为“普通保险费”和“特别保险费”。符合条件者（加入“农业者年金”20 年、年农业收入在 900 万日元以下及 1947 年 1 月 2 日后出生）享受保险费的国家补助，补助的比例依据参保者的年龄和参保年限而定，65 岁后，除获得“农民老龄养老金”外，还获得“特别附加养老金”。不符合条件者，个人缴纳一定的普通保险费，65 岁后，除了“基础养老金”外，可再得到一定数额的“农民老龄养老金”。对缴纳了保险费、80 岁以前去世的人给予一次性补贴。

改革之后的农业者年金效果也是不尽如人意，但是，这个制度本身却是有意义的。在日本农民数量日益减少的今天，农民人口占总人口数量不足4%，农民老龄化严重，农业面临着后继无人的局面。在这样的情况下，推行农业者年金制度不失为一种保护农业的可行办法。但是，制度设计本身存在的问题也是不容忽视的。如何彻底改革农业者年金制度，使之成为一种行之有效的制度，也是摆在日本政府面前的难题之一。

三、两国财政在农村社会养老保险中的作用比较

通过对德、日两国农村社会养老保险制度的了解，可以看出，它们的农民养老保险制度之所以健全，离不开政府雄厚的财力支持。政府通过立法，使制度获得了国家大量的财政支持和其他补助，以确保农民的养老保险待遇与其他行业没有太大差距。在德国，参保农民的保险税和政府补贴是保险金的主要来源，而政府补贴部分则要占到2/3。1989 年，德国农民养老金预算将近 4 亿马克，国家财政补贴占到70%，农民缴付 30%。在日本，每年需支付的基础年金数额的 2/3 由各年金制度提供，另外 1/3 则由国库负担。1998 年国家财政对农民年金基金的支持总额达 871 亿日元，其中有 825 亿日元用于经营转让年金的支付。

德、日两国政府对农民社会养老保险进行大量的补贴，有以下几点原因：第一，在国家快速发展的进程中，由于工业化、城市化等因素，农村老年人口比例大幅上升，由此引发了很多棘手的农村社会问题。比如农业劳动力老化造成的劳动生产率下降，农村老人生活贫困日益加剧等，阻碍了两国经济的发展。这一现象与我国现在的发展情况较为相似。两国政府为解决这一问题，鼓励农民参加养老保险，解除他们的后顾之忧，所以对他们进行大幅度的补贴。第二，农村社会养老保险的特点，决定了该制度难以实行个人养老保险的形式。通过保险理论可知，剩余劳动是保险基金的物质条件。但是在农村经济普遍落后的情况下，农民收入很低，除去基本生活开支，没有多少剩余。农民的参保能力受限，在自愿投保又没有补贴的情况下，投保的意愿不高，由此造成有效需求不足；另外，根据大数法则，对于政府来说，只有集中大量的保险金才能发挥保险制度的作用。如果个人参保意愿不强，农民也缺乏缴纳较高保费的能力，那么保险基金的积累能力就会受到很大限制。第三，农村社会养老保险是稳定农村的重要政策。根据德、日两国的农村社会养老保险经验来看，养老保险制度可以促进农业劳动力的

年轻化，并且可以有效地扩大农地规模。20 世纪 50 年代德国的农场主年龄超过 60 岁的比例为 20%，在实施农村社会养老保险制度后，至 1970 年该比例的降幅达到 14%，1991 年下降为 4%，农民的平均年龄仅为 43 岁。在日本，实施农村社会养老保险制度之前，农业经营者的平均年龄为 60 岁，之后下降为平均 33 岁。由此可见，实施农村社会养老保险制度，可以使农业劳动者的年龄构成年轻化，提高农业劳动生产率，有效地促进农业发展。

第三节　国外经验对中国农村养老保险制度的启示

一、明确农村养老保险制度中的政府责任

国外的经验表明，农村养老保险制度的建立和完善与政府的支持是密不可分的。在我国，农民为我国的经济建设做出了巨大的贡献，但他们也是防御风险意识和能力较差的弱势群体。新中国成立以后，通过工农产品的价格“剪刀差”，国家从农业和农民身上获得了经济发展的物质积累。因此在城市化快速发展的进程中，农村剩余劳动力进入城市以及广大农民步入老年时，政府对于他们的养老有着不可推卸的责任，不仅是经济和财政上的支持，同时也包括法律与政策上的支持。德、日两国的农民养老保险之所以发展成为现代意义上的社会养老保险制度，也是两国政府运用法律手段强制推行的结果，通过法律来明确政府、社会和个人的责任、权利和义务，并使得责、权、利有法可依。发达国家在实施任何一项社会保障制度时，一般都会做到法制先行。如德国颁布的《农民老年救济法》，将农民纳入社会养老保险体系中，这样就从法律上明确规定了政府对农民应该承担的责任；日本的社会保障制度也是先进行立法，然后再实施，这样可以使制度法制化、科学化和规范化。目前，我国农村养老保险的法律制度建设与发达国家相比，发展较为滞后。这造成政府在农村社会养老保险的工作中只是给予政策上的指导，并没有实质性责任。因此依据现在农村养老保险工作的开展情况，应尽快出台一部《农村社会养老保险法》，以法律的形式明确中央政府和地方政府的职责，促进农村社会养老保险工作的顺利开展，保证基金筹集的持续性

和稳定性，使农村社会养老保险事业有法可依，实现规范操作。

二、财政大力支持农村社会养老保险的实施

德国政府为农村社会养老保险提供了大量的补贴和援助。这种做法与谋求社会公平的社会保障思想是一致的。国家通过国民收入再分配的经济手段，让农民也能够获得国家经济发展成果。与西方福利国家不同，德国的社会保险制度对于个人的责任一贯比较强调，保险资金的来源以个人缴费为主，但是对于农村社会保险制度，政府的补贴也在 1/3 左右，日本的情况也是如此。目前，我国财政收入持续增加，政府经济承受能力大大增强，应增加对农村社会保障的投入。在农村社会养老保险方面，我国一直进行着不断的探索。1992 年根据《县级农村社会养老保险基本方案》实施的农村社会养老保险制度被称为老农保，“老农保”的最大特点是其资金筹集采取“个人缴纳为主，集体补助为辅，国家给予政策扶持”的政策。现在我国已经建立了新型农村养老保险制度，以应对农村人口老年化。新农保特点之一在于其规定养老金由个人、集体和政府三方共同筹资。各级政府和村集体应逐步加大对农村社会养老保险工作的支持和投入力度，并随着人们生活水平的提高，投入力度还要相应加大。为使财政支持更好地落到实处，各级政府应把其纳入财政预算并逐年增加数额；同时强化国家尤其是各级政府对农村社会养老事业的行政管理和监督，使其纳入规范化发展轨道。

本章小结

欧洲是很早就开展了社会保障制度建设的地区，特别是经济发展一直占优的英国。在工业革命之前，该国就已经开始了具有社会保障性质的法律和制度设计，最主要的就是《济贫法》的出台。针对农业发展过程中出现的流浪与乞讨人口，英国设计了一系列法律法规，对失去劳动机会的农业人口采取强制就业等措施，而对于缺少劳动能力的人口则区别对待，特别给予老年人和无劳动能力者以慈善救助。这些政策无疑都起到了增加就业人口、缓和社会矛盾和维持经济活动秩序的作用。但是由于资产阶级固有的局限性，英国统治阶级并不能从根本上

设计出符合劳动者需求的保险制度，因此促成了劳动者合作组织的出现。在这种具有自助性质的制度运行一段时间后，英国政府才出台了需要国家介入的、无须缴费的养老金法案。同一个时期的欧洲，许多国家都建立起了具有社会保险性质的劳动制度，其中德国的老年、残疾和遗属保险制度是举世公认的现代养老保险制度。这既是工人阶级长期斗争的结果，同时也代表着资产阶级的文明程度达到了一个新的高度。德国的养老保险制度对缓和阶级矛盾，推动社会进步和经济发展都起到了至关重要的作用。德国也因此成了研究养老保险制度的典型案例国家。在德国农村养老保险制度方面，农民养老保险的法定投保人为农场主及其配偶和共同劳作的家属；农场主移交农业企业是获得养老金给付的条件；德国的农村养老制度实行现收现付制，资金一部分来源于投保人缴纳的保险费，另外很大一部分则是由联邦政府的补贴来筹集；德国的农村养老保险制度在全国组建了总联合会，不仅节约了管理成本，而且也实现了便捷的沟通和合作。日本也是一个农村养老保险制度比较有特色的国家。其农村养老保险制度建立较晚，但发展迅速，先后通过国民年金制度、国民养老金基金制度、农业者年金制度实现了对农民的多重覆盖与保障。特别是 2002 年后，日本政府根据制度前期运行效果对农业者年金制度进行了改革，对保护农业和促进农民职业稳定等都起到了应有的作用。作为农村养老保险制度的典型国家，无论德国还是日本都具有一个共同特点：政府补贴对制度的运行起到了关键性作用。这也对我国农村养老保险制度的稳定和可持续发展起到了借鉴作用。

第四章 农村养老保险现行模式及其财政负担特征

第一节 中国农村养老保险制度的演进历程

一、农村传统养老方式面临的新挑战

养老方式主要是指老年人口依靠什么经济资源、通过何种组织方式来实现其对老年生活的保障。也就是说，养老方式包括经济支持模式和具体实现方式两个层面的含义，前者主要是指经济保障即养老收入来源，后者主要是指家庭养老、机构养老等养老生活（主要是指生活照料、精神慰藉等）的具体形态。农村养老保障体系如图 4－1 所示。

从经济保障角度出发，农村传统养老方式主要包括老年人口的自我保障、代际家庭保障责任和土地保障三种方式。老年人口的自我保障方面，主要是经济学上持久收入理论和生命周期理论的具体化，即老年人口在其有劳动能力的情况下实现自我积累，而且将其中的若干积累留存到其退出劳动领域以后保证老年生活时使用。但是应当看到，现阶段下农村居民的收入水平依然不高，而且在改善住房条件、子女教育投资、提高生活质量、满足就医需求等方面的支出水平不断提高，扣除这些必要支出后所余不多，难以保证农村居民老年时的基本生活。

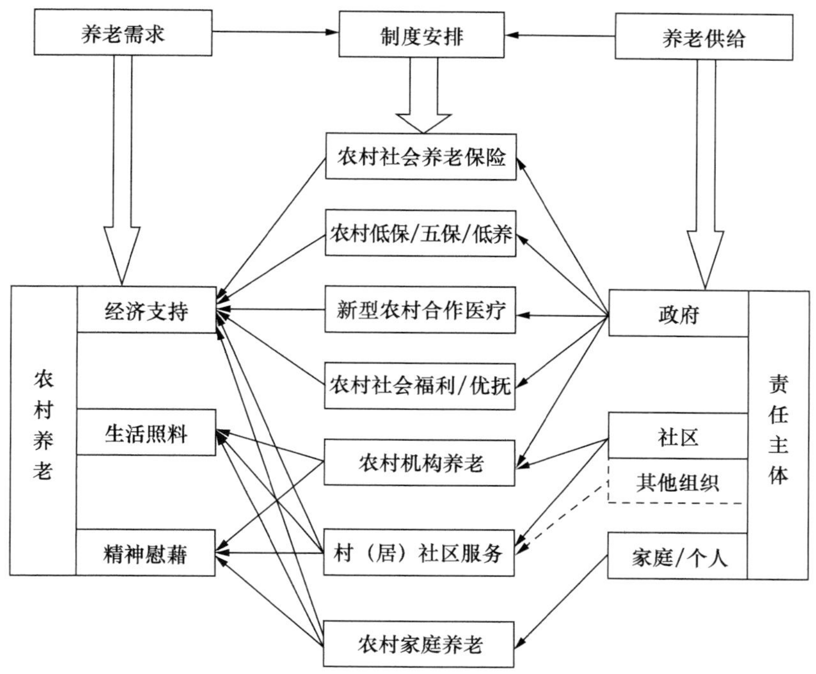

图 4－1　农村养老保障体系构成

家庭在解决中国农村乃至中国的养老问题方面，发挥着重要而特殊的意义。“养儿防老”既是中国人的传统观念，也是基于现实的必然选择。家庭保障实质上是养老义务在家庭代际间的一种传承。但是在家庭小型化、人口老龄化、城乡迁移等新变化的影响下，家庭养老面临许多新挑战。第一，20 世纪 80 年代以来中国实行的人口和计划生育政策，不仅给城市家庭带来深刻变化，而且对农村家庭也形成一定影响，其结果就是农村家庭的小型化趋势明显加快，平均每个农村家庭的规模不到 4 个人。这既有国家政策的引导和支持（如计划生育的奖励政策、少生优育的宣传教育、促进农村居民观念转变等），也有子女抚养、教育经济成本和时间精力大幅增加的原因。家庭少子化、小型化就具体某个家庭而言，意味着在家庭赡养比提高的同时家庭收入能力有可能降低，“一高一低”使得代际家庭保障的供给能力在减弱。第二，我国老龄化步伐在加快，随着医疗水平的提高及人均寿命的不断增长，“421”型家庭（四个老人、一对夫妻、一个小孩）的增多，常常出现低龄老人供养高龄老人的现象，甚至可能出现不少“一代养两代”的局面。倘若低龄老人失去经济收入来源而生活困难或身体有某些疾病，自己生活尚难以为继，更无法保证家里的高龄老人的赡养质量。如果作为供养者的低龄老人先于供养的高龄老人过世，则高龄老人的生活便会陷入贫困，导致无法获得经济供养及生活照料的保障。第三，农村富余劳动力向城市转移就业是近20年来发展的显著特点。农村劳动力进城务工乃至在城镇定居后，虽然其收入水平比在农村从事农业生产要高，但是相应地由于城市生活成本高的反向抵消作用，可用于供给依然居住在农村的“空巢”老人的经济支持能力相当有限。第四，尊老敬老是中华民族的传统美德，但是在新一代农村居民中观念有所淡漠。子女能承担起赡养重担尚好，倘若子女不愿承担赡养父母的义务，老人就只能自我赡养。

土地是重要的生产资料，更是农村居民的基本保障之一。由于当前我国正处于城镇化加速的重要发展阶段，农村土地数量在大量减少，失地农村居民在快速增加。同时，农村的老年人口丧失劳动能力后，大多是以土地为主要收入来源，或勉强耕种土地维持收入，或出租土地获取租金作为收入，每年的收入十分有限，土地的保障能力在减弱。

因此，在老年人口的自我保障、代际家庭保障责任和土地保障等传统养老方式功能减弱的大趋势下，农村居民对社会养老的需求越来越强烈。而且随着社会的进步及人们观念的转变，特别是在广大农村居民要求社会保障和提高生活水平、改善生活质量的诉求下，现存的养老方式必将呈现多元化发展的态势，社会养老将成为农村居民养老体系中的重要组成部分和主要发展方向。

二、“老农保”实践的制度局限

如前所述，农村传统养老方式面临许多不可回避的挑战，对建立农村社会养老保险制度提出了内在要求。如果从1986年开始的在少数地区实行的农村社会养老保险试点算起，我国在农村社会保险制度探索方面已经走过了25年的历程。特别是1992年国家民政部在总结此前试点经验和教训的基础上，正式出台了《县级农村社会养老保险基本方案（试行）》，标志着我国开始从国家层面、政府角度推动农村社会养老保险制度建设，一直持续到1999年被整顿叫停为止。为与目前正在推行的新农保制度相区别，这个时期的农村养老保险制度被习惯性地称为“老农保”。

民政部颁布的《县级农村社会养老保险基本方案（试行）》和1995年出台的《民政部关于进一步做好农村社会养老保险工作意见》，确定了以建立个人账户为主导的农村养老保险制度模式。其主要内容是：①在指导思想上，老农保坚持资金个人缴纳为主、集体补助为辅、国家予以政策支持的基本原则，坚持自助为主、互济为辅的制度定位。个人缴费一般占一半以上，个人月缴费标准从2元起步，到20元封顶，共设10个缴费档次，每两个连续档次相差2元。集体补助主要从乡镇企业利润和集体积累中支付。国家予以政策扶持体现为间接的税收优惠政策，即对乡镇企业支付的集体补助允许税前列支。②在保险对象上，老农保明确提出要实现农村务农、务工、经商等各类人员社会养老保险制度一体化的目标，即保险对象是非城镇户口、不由国家供应商品粮的农村人口，包括村办和乡镇企业职工、私营企业、个体户、民办教师、外出务工人员等。③在筹资模式上，老农保实行基金积累式个人账户制，为每一个参保农村居民建立个人账户，个人缴费以及集体补助全部计入个人账户，个人账户属于个人所有。个人账户实行积累，根据一定的记账利率进行计息。④在待遇计发上，老农保规定的领取待遇年龄为男60周岁以上、女55周岁以上，领取的养老金数额根据参保农村居民个人账户积累额和平均预期寿命来确定。领取养老金设立10年保证期，即领取期限不足10年就死亡的，领取者的法定继承人或指定受益人可以继续领取到10年期满为止，或者一次性继承。如果领取养老金超过10年，可继续领取，直至死亡。⑤在基金管理上，个人缴费和集体补助形成农村社会养老保险基金，基金以县为单位统一管理，按照国家政策规定进行运营（主要投资渠道是存入银行或者购买国债，以前者居多）。政府组建专门机构负责农村社会养老保险制度政策制定、统筹规划、组织实施和监督检查等职责。工作经费主要采取从基金中按一定提取比例提取管理费的方式解决，提取比例不超过3%，分级使用，同时地方财政视情况给予适当补助。

老农保制度在20世纪90年代中期得到快速发展，在此期间全国有26个省级政府相继颁发了开展老农保工作的地方性法规和文件，将这项工作作为各级政府工作的重要内容。到1997年，此种形式的养老保险成为农村养老保险的主要模式，全国2900多个县中有2123个县引进了老农保制度，8200多万农村居民参加保险，参保率为9.47%，老农保制度的覆盖范围和参保人数都达到了阶段性的顶峰。1999年国务院印发《国务院批转整顿保险业工作小组保险业整顿与改革方案的通知》（国发〔1999〕14 号），要求对老农保进行清理整顿，停止接受新业务，有条件的可以逐步过渡为商业保险。做出对老农保进行清理整顿的决策，主要是当时认为：一是老农保性质不清；二是管理不规范，风险大；三是一些地方强迫农村居民参保，工作方法简单；四是计息和给付标准高。受此影响，老农保的参保人数和覆盖范围都有较大下降。表 4－1 说明了老农保清理整顿后我国农村养老保险的发展情况。

表 4－1　农村养老保险制度发展状况

年份	2002	2003	2004	2005	2006	2007
参保人数（万人）	5462	5428	5378	5442	5374	5171
基金结余（亿元）	233.3	259.3	285	310.2	354	412
农村总人口（万人）	78241	76851	75707	74471	74544	72750
制度覆盖率（%）	6.98	7.06	7.16	7.3	7.2	7.1

资料来源：《劳动与社会保障事业发展统计公报》、《中国人口和就业统计年鉴》及《中国统计年鉴》（2003～2008）。

造成老农保制度停止运行的原因很多，除了自身管理方面的原因以外，当时国家经济社会发展水平不高、金融秩序混乱等现实条件也是重要背景因素。但是进一步分析以后发现，更深层次的原因在于老农保制度模式存在着固有的局限性：第一，老农保很难被定位为公共养老金制度，因为它实行个人账户积累，没有作为互济之用的资金安排，不具备诸如收入再分配、互助共济等公共养老金的基本功能。尽管老农保是由政府负责运作，但是称其为个人储蓄或者商业保险公司提供的个人储蓄型养老保险产品更为贴切。第二，老农保缺乏政府资金支持而不具备社会保险的特征。社会保险制度强调的是风险共担机制，其资金来源大多是由政府、雇主和劳动者三方承担，最低限度是由雇主和劳动者承担。老农保在个人缴费以外只规定了集体补助这种筹资方式，而没有政府的直接财政补贴（而且还要从个人缴费和集体补助中提取管理费），加上集体补助水平不高甚至是名存实亡，老农保实质上相当于农村居民的自存自用储蓄。第三，老农保待遇水平低，难以形成制度吸引力。老农保待遇计发完全遵照纯保费公式，取决于个人账户储存额和平均预期寿命两个因素。个人账户储存额主要来源于个人缴费，投资运营增值部分很小，个人账户累积的余额只能保证很低的领取水平。如果平均预期寿命延长，待遇水平将会更低。如果从收益率角度来看，较之于储蓄，待遇水平可能还要低。参保农村居民作为理性的“经济人”，很难有内在的参保积极性。第四，老农保制度对资金缺乏监管力度，个人账户累积的资金被挪用发展当地经济或挪作他用的现象很严重，资金的安全性和制度的持续性难以保证。这些制约了老农保制度的生命力和有效性。

三、各地对农村养老保险制度建设的有益探索

老农保制度虽然有其固有的内在的制度局限，但是它开启了中国建立农村社会养老保险这项重大民生事业。尽管受多种因素影响，老农保制度在20世纪末被叫停，但是中国建立农村社会养老保险的探索始终没有停止。特别是2002年党的十六大提出“有条件的地方探索建立农村养老保险制度”要求以后，一些地区在农村社会养老保险制度建设方面进行了有益探索，为目前推行的新农保现行模式的确立奠定了实践基础。各地的创新实践很多，比较典型的有四种模式。

1. 苏南模式

苏南是我国乡镇企业发达的地区，因此集体有能力为其成员提供一定的保障。苏南模式在筹资模式上的特点为：一是以个人账户为主，建立小部分社会统筹基金；二是集体补助所占比例较高；三是基金的筹资标准较老农保制度有很大的提高。如上海市嘉定区规定：农村社会养老保险资金来源于个人和企业，个人年缴费标准分为三个等级，即120元、180元和240元，企业缴费则按企业的性质划分成不同的标准（农村“三资”企业，按上月职工工资总额的25.5%缴费；农村私营企业按上年度计税工资标准的25.5%缴费；农村个体工商户的户主按上年度计税工资标准的10%为本人和农村居民帮工缴费）。有些地区还建立了同农村人均纯收入挂钩的缴费标准，比如江苏省张家港市规定按全市上年度农村人均纯收入的4%～16%缴费，其中用人单位和个人各负担50%。

2. 东莞模式

同广东省许多地方一样，东莞市经济发展水平很高，农村社会养老保险实行社会统筹与个人账户相结合的模式，资金来源于市、镇、村及个人。农村居民个人缴费基数每人每月400元，每年递增2.5%，个人缴费比例为11%（其中个人负担5%，集体负担6%）。此后个人缴费比例每5年增加1%，到2016年保持在

14%。集体缴费的3%与个人缴费的全部计入个人账户，其余的资金纳入社会统筹部分。

3. 山东模式

山东省实行三方缴费原则，个人缴纳的保险费和村集体的补助，都记在个人名下，由政府负责保值增值和到期支付。个人可自愿选择每月2~20元的不同投保档次，保险费可按月缴纳，也可趸交。乡镇企业职工的集体补助，按工资总额的一定比例（最高不超过20%）在成本中列支。2004年6月，山东省青岛市率先启动了新的制度，实行政府、集体和个人三方筹资模式，具体内容为，按上年度农村居民人均收入的15%计费，其中个人和村集体分别承担6%，财政承担3%。

4. 北京模式

北京市农村社会养老保险制度实行个人、集体、政府三方缴费，财政补贴由市级财政和区县级财政分担。建立个人账户及待遇调整机制，市级财政依据经济发展水平调整补贴标准，区县级财政按照参保人员的年龄实行不同的补贴标准。

对比新农保制度模式可以看出，这些地区的许多创新成果和实践经验得到采纳吸收，主要是：第一，普遍加大了政府财政补助的力度；第二，出现了个人账户和社会统筹相结合的制度雏形；第三，提高个人缴费水平和投入财政补贴提高了待遇水平；第四，对参保人员参保缴费实行补贴；第五，开始关注养老金待遇的动态调整问题。

四、新农保试点的启动和进展情况

根据中共十七大和十七届三中全会的部署和要求，中国从2009年开始新农保制度的试点工作。2009年8月19日，全国新型农村社会养老保险试点工作会议召开。同年9月1日国务院正式发布《关于开展新型农村社会养老保险试点的指导意见》，对试点工作的基本原则、任务目标、参保范围、基金筹集与管理、养老金待遇水平和领取条件、养老金调整机制、困难群体缴费补助办法、经办管理服务等项内容做出明确规定。特别是《关于开展新型农村社会养老保险试点的指导意见》提出了2009年当年要在全国10%的县开展试点，2020年前实现全国农村适龄居民全覆盖的工作目标。2009年12月1日，全国27个省、自治区的320个县（市、区、旗）成为首批试点地区，覆盖范围为11.8%。应当说，新农保试点实施以来进展情况非常好，超过原来的预期。如表 4 - 2 和表 4 - 3 所示。

表 4 - 2　新农保制度试点实施进程

截止年月	参保人数（万人）	领取待遇人数（万人）
2010 年 3 月底	4685	1570
2010 年 5 月初	5199	1633
2010 年 6 月底	5965	1697
2010 年 9 月底	6719	1827. 8

资料来源：中华人民共和国人力资源和社会保障部教育培训网。

表 4 - 3　2010 年全国新农保试点情况

地区	应参保人数（万人）	参保人数（万人）	领取待遇人数（万人）	参保率（%）
全　国	15417	11156	3307	72. 4
北　京	175	169	18	96. 4
天　津	215	79	66	36. 9
河　北	905	840	179	92. 8
山　西	371	250	69	67. 3
内蒙古	302	169	42	55. 9
辽　宁	181	147	34	81. 1
吉　林	245	87	32	35. 4
黑龙江	166	131	28	79. 1
上　海	32	29	14	90. 5
江　苏	341	333	132	97. 8
浙　江	1380	1170	579	84. 8
安　徽	425	349	93	82. 1
福　建	341	274	58	80. 3
江　西	530	272	75	51. 4
山　东	1176	919	318	78. 2
河　南	1391	1212	251	87. 1
湖　北	627	380	115	60. 6
湖　南	921	582	218	63. 2
广　东	376	158	52	42. 0

续表

地区	应参保人数（万人）	参保人数（万人）	领取待遇人数（万人）	参保率（%）
广　西	535	220	60	41.2
海　南	82	62	18	76.0
重　庆	1044	807	265	77.3
四　川	1013	670	200	66.1
贵　州	543	224	63	41.2
云　南	602	469	92	78.0
西　藏	143	80	24	56.3
陕　西	522	440	97	84.2
甘　肃	197	185	38	94.2
青　海	181	65	17	35.9
宁　夏	32	25	5	77.3
新　疆	424	358	58	84.5

资料来源：中华人民共和国人力资源和社会保障部教育培训网。

截至2011年6月底，国家试点地区共有1.42亿人参保，3713万人领取养老金；加上各地自行开展的省级试点，全国实施新农保制度的地区为1914个县（市、区、旗），参加新农保人数共1.99亿人，5408万人领取养老金。这些进展充分表明，新农保试点契合了广大农村居民的利益诉求和主观意愿，体现了现实条件下制度模式的合理性和可行性；国家对新农保试点的财政投入和制度推广力度，直接关系到广大农村居民的可接受程度和受惠程度。

第二节　新农保现行模式的基本框架

一、目标定位和主要原则

新农保是在政府主导下实施的旨在保障农村居民老年时基本生活的社会养老保险制度，是国家社会保障体系的重要组成部分。国务院印发的《关于开展新型农村社会养老保险试点的指导意见》中所确立的新农保制度基本框架，体现了权利与义务相对等、激励与保护相结合、保障水平与经济发展相适应等社会保险制度建设的普遍要求，也考虑了社会养老与家庭养老、土地保障、社会救助等其他社会保障政策的配套问题，更兼顾了城乡社会养老保险制度衔接过渡的长远目标。

新农保现行模式的构建和实施，主要遵循“保基本、广覆盖、有弹性、可持续”的原则。“保基本”就是要从现阶段经济发展水平的实际出发确定保障水平，保障水平要把农村老年人的基本生活需要作为参照标准，要能够有利于缩小城乡社会保障待遇水平差距。“广覆盖”就是依托新农保试点政策的普惠性和吸引力，让越来越多的农村居民纳入新农保制度的覆盖范围中，让更多的人享受到经济社会发展的成果。“有弹性”就是要考虑不同地区、不同农村居民的经济承受能力，保证新农保政策和标准具有适当灵活性，实现不同经济类型地区待遇水平有差别、不同经济条件农村居民缴费水平可选择的目标。“可持续”就是要求既要保证各级财政有能力负担，又要确保广大农村居民能够接受，在确保安全的条件下实现新农保基金的保值增值，使新农保制度长期稳定持续下去。

二、筹资结构和给付结构

筹资结构和给付结构是任何一项社会保险制度的核心内容。《关于开展新型农村社会养老保险试点的指导意见》已经明确：新农保现行模式的筹资结构为个人缴费、集体补助、政府补贴三个部分，由个人、集体、政府合理分担责任，使权利与义务相对应；给付结构为普惠性的基础养老金和缴费确定型的个人账户养老金两个部分。新农保现行模式的总体架构如图 4－2 所示。

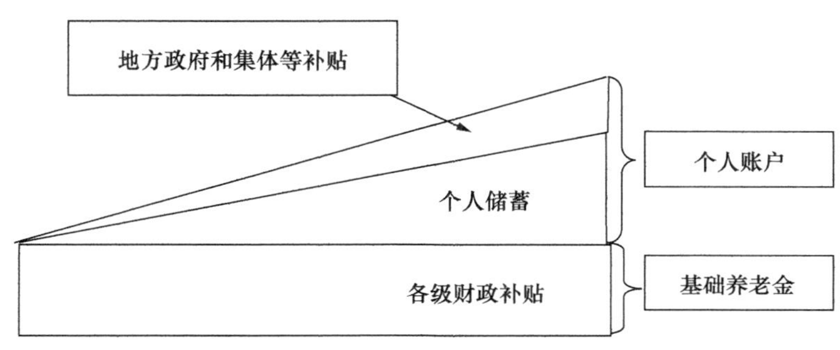

图 4－2　新农保现行模式结构

从筹资结构看，新农保基金收入来自个人缴费、集体补助和地方政府补贴三个渠道：①个人缴费。年缴费标准目前设为100元、200元、300元、400元、500元五个档次，参保人自主选择，多缴多得。同时授权地方可以根据实际情况增设缴费档次。试点过程中出现的最低缴费档次是100元，最高缴费档次是1200元，各地普遍采用了100元的“档差”。②集体补助。有条件的村集体应当对参保人缴费给予补助，补助标准由村民委员会召开村民会议民主确定。鼓励其他经济组织、社会公益组织、个人为参保人缴费提供资助。③地方政府补贴。市、县两级政府应当对参保人缴费给予补贴，补贴标准不低于每人每年30元。对选择较高档次标准缴费的，可给予适当鼓励。引导中青年农村居民积极参保、长期缴费，长缴多得。对农村重度残疾人等缴费困难群体，地方政府应为其代缴部分或全部最低标准的养老保险费。同时，将领取普惠式的基础养老金与子女个人参保进行捆绑，一定程度上保证了新农保制度的强制性和社会性。

从给付结构看，新农保借鉴了城镇职工养老保险制度统账结合的做法，实行了基础养老金与个人账户养老金相结合的基本模式。其要点包括：①基础养老金为普惠性的，达到规定条件的参保人员即可领取。《关于开展新型农村社会养老保险试点的指导意见》规定，最低标准内的基础养老金，根据各地财政状况的不同，由中央和地方财政共同承担，或者由中央财政全额承担。《关于开展新型农村社会养老保险试点的指导意见》还规定，地方政府可以根据实际情况提高基础养老金标准，对于长期缴费的农村居民可适当加发基础养老金，提高和加发部分的资金由地方政府支出。②个人账户养老金为完全积累式，积累来源于个人缴费、集体补助和地方财政补贴。《关于开展新型农村社会养老保险试点的指导意见》规定，政府为每个新农保参保人建立终身记录的养老保险个人账户。个人缴费，集体补助及其他经济组织、社会公益组织、个人对参保人缴费的资助，地方政府对参保人的缴费补贴，全部记入个人账户。个人账户储存额目前每年参考中国人民银行公布的金融机构人民币一年期存款利率计息。

三、待遇计发和领取条件

《关于开展新型农村社会养老保险试点的指导意见》规定，养老金待遇由基础养老金和个人账户养老金组成，并支付终身。主要内容包括：①基础养老金的最低标准为每人每月55元。同时授权市、县两级政府可以根据实际情况提高基础养老金标准，允许对于长期缴费的农村居民适当加发基础养老金。国家结合经济发展和物价变动等情况，适时调整新农保基础养老金的最低标准。②个人账户养老金的月计发标准为个人账户全部储存额除以 139（来源于人均预期寿命月数），与现行城镇职工基本养老保险个人账户养老金计发系数相同。③新农保养老金实行社会化发放。参保人死亡后其个人账户中的资金余额，除政府补贴余额（本息合计）外，一次性支付给其法定继承人或指定受益人；政府补贴余额并入新农保基金用于继续支付其他参保人的养老金。

新农保现行模式规定养老金待遇领取年龄为 60 周岁，具体包括三种情形：①新农保制度实施时已年满 60 周岁且未享受城镇职工基本养老保险待遇的农村居民（习惯上称为“老人”），不用缴费就可以按月领取基础养老金，但其符合参保条件的子女须参保缴费。②新农保制度实施时未满 60 周岁且距规定领取年龄不足 15 年的农村居民（习惯上称为“中人”），应按年缴费，也允许补缴，累计缴费不超过 15 年，缴费年限达到要求才可以领取养老金。③新农保制度实施时未满 60 周岁且距领取年龄超过 15 年的农村居民（习惯上称为“新人”），应按年缴费，不允许补缴，累计缴费不少于 15 年，缴费年限达到要求才可以领取养老金。如果累计缴费低于 15 年，不享受基础养老金，将个人缴费本息一次性返还给本人。

四、基金管理和经办服务

《关于开展新型农村社会养老保险试点的指导意见》规定，建立健全新农保基金财务会计制度。新农保基金纳入社会保障基金财政专户，实行收支两条线管理，单独记账、核算，按国家有关规定实现保值增值。试点阶段，新农保基金暂时实行县级管理，随着试点的扩大和推开，逐步提高管理层次；有条件的地方也可直接实行市级管理。

《关于开展新型农村社会养老保险试点的指导意见》要求，开展新农保试点的地区，要认真记录农村居民参保缴费和领取待遇情况，建立参保档案，长期妥善保存；要建立全省统一的新农保信息管理系统，纳入金保工程建设，并与其他公民信息管理系统实现信息资源共享；要大力推行社会保障卡，方便参保人持卡缴费、领取待遇和查询本人参保信息。试点地区要加强新农保经办机构建设，在现有社保经办机构的基础上，根据本地区实际情况和财政承受能力，适当充实加强市、县两级新农保经办机构人员力量，乡镇应有专职人员负责新农保工作，村可配备农保代办员，由村干部兼任。县、乡新农保经办人员是采取事业编制的方式还是采取政府购买服务的方式，由县级政府决定。新农保工作经费纳入同级财政预算，不得从新农保基金中开支。

综上所述，新农保制度与老农保制度比较而言有五个显著特征：①筹资结构不同。老农保主要是依靠农村居民个人缴费，实际上是一种“保富不保穷”的商业性储蓄保险。而新农保制度采用了“个人缴费、集体补助和政府补贴”相结合的三方面筹资的模式。②养老金给付结构不同。老农保制度的给付只是个人账户中的累积资金。而新农保制度的给付则由基础养老金和个人账户养老金两方面构成，其中非缴费型的基础养老金由国家财政全额给付。③制度的福利性不同。新农保的福利性增强主要表现在对农村居民基础养老金的发放上。农村60岁以上老年人在只有年龄限制而无缴费限制的条件下可以领取财政给付的养老金，这一点与城镇职工基本养老保险制度相比，体现了国家对农村居民利益的整体返还，使新农保制度的福利性大大增强。④新制度体现了更大的公平性。政府首次为农村养老保险制度提供财政支持，在待遇给付和缴费两个方面实施补贴，标志着政府在努力推进城乡公共服务均等化方面迈出了重要一步，结束了国家长期以来的“重视城市、轻视农村”的失衡发展战略，改变了国家对农村养老保险制度没有资金投入的局面，使公共财政开始向城乡平衡方向发展，表明了政府促进社会公平的坚定决心。⑤两种制度的有效性不同。新农保制度加强了对于基金的管理，如实施收支两条线管理、建立制度内部的监管机制、加强各部门的联合监督等，同时也提出了建立基础养老金动态调整机制和新农保制度与其他农村保障制度衔接的思路，这就提高了新农保资金的安全性和使用效率，增强了制度运行的有效性。

第三节　新农保现行模式财政负担特征

一、新农保现行模式财政负担结构特征

政府主导、财政支持是新农保现行模式的重要特点，也是新农保试点能够快

速推进的重要原因。政府财政资金的补贴有两个基本方向：一是补贴到待遇给付环节，即基础养老金部分；二是补贴到参保缴费环节，即作为个人缴费的奖励性、补助性措施。如果从新农保制度参保人的权利和义务的角度来分析，基础养老金部分的政府补贴可以称为“出口补贴”，相应的个人缴费环节的政府补贴可以称为“入口补贴”。

就“出口补贴”而言，主要是基础养老金最低标准补贴和基础养老金加发补贴两种类型。基础养老金最低标准补贴在新农保现行模式中被确定为每人每月55元。当然，新农保现行模式考虑了基础养老金最低标准的动态调整问题，提出国家结合经济发展和物价变动等情况，适时调整新农保基础养老金的最低标准。但是具体调整办法没有明确规定。基础养老金加发补贴包括两种情况：一是考虑地区经济发展水平和生活实际水平因素的普遍式补贴，这种补贴全地区参保人员都可以享受。比如，北京市的全部基础养老金标准为280元，其中超出国家确定的最低标准（55元）部分都属于加发补贴范畴。二是针对特殊人群（如高龄农村居民）加发的特定式补贴。比如，内蒙古自治区就对参保的70岁以上的高龄农村居民加发基础养老金，即在55元基础上对80岁以上参保人额外补助20元，对70～80岁的参保人额外补助10元。

就“入口补贴”而言，根据国务院《关于开展新型农村社会养老保险试点的指导意见》的有关规定，总结各地在新农保现行模式下的创新实践，被归纳为一般缴费补贴、多缴缴费补贴、长缴缴费补贴、困难人员缴费补贴四种类型：①一般缴费补贴，也就是国务院《关于开展新型农村社会养老保险试点的指导意见》中规定的不少于30元的缴费补贴，其特点是无论选择哪个缴费档次参保人都可以获得补贴。②多缴缴费补贴，主要是针对选择较高缴费档次的参保人进行补贴，主要目的是引导和激励参保人选择更高的缴费档次，以期增加积累、提高待遇。在过去两年新农保试点过程中，许多地区选择了这种补贴方式，表4－4对若干地方的多缴缴费补贴政策进行了汇总和比较。③长缴缴费补贴，主要是立足于解决达到最低缴费年限（15年）以后缴费意愿不强的问题，其方式是选择补贴缴费年限达到最低缴费年限以后逐年进行补助。④困难人员缴费补贴，就是国务院《关于开展新型农村社会养老保险试点的指导意见》中规定的对农村重度残疾人等缴费困难群体给予缴费补贴，由地方政府为其代缴部分或全部最低标准的养老保险费。

表4-4　部分地区多缴缴费补贴政策

档次 地区	200元缴费档次	300元缴费档次	400元缴费档次	500元缴费档次
陕　西	0元（合计30元）	10元（合计40元）	15元（合计45元）	20元（合计50元）
吉　林	5元（合计35元）	10元（合计40元）	15元（合计45元）	20元（合计50元）
黑龙江	5元（合计35元）	10元（合计40元）	15元（合计45元）	20元（合计50元）
宁　夏	10元（合计40元）	20元（合计50元）	30元（合计60元）	40元（合计70元）
青　海	5元（合计35元）	10元（合计40元）	15元（合计45元）	20元（合计50元）
内蒙古	0元（合计30元）	10元（合计40元）	15元（合计45元）	20元（合计50元）

注：括号内数据为一般缴费补贴和多缴缴费补贴之和。

资料来源：根据上述地区新农保试点政策文件汇总而成。

二、新农保现行模式财政责任分担机制

我国财政实行的是“分灶吃饭”的体制，中央、省（直辖市、自治区）、地级市（州、盟）、县（市、区、旗）常常要在某项工作中承担不同的财政责任。新农保现行模式中关于政府投入方面也不例外。为便于研究分析，以下把各级财政分别简称为中央财政、省级财政、市级财政、县级财政，而地方财政的概念主要是对省及省以下财政的统称。

通过前面对于“入口补贴”和“出口补贴”的研究分析，根据国务院《关于开展新型农村社会养老保险试点的指导意见》中对于各项财政补贴责任的划分，形成了基于新农保现行模式财政负担结构的财政责任分担机制。如表4-5所示。

表4-5　新农保现行模式财政责任分担机制

补贴类别	补贴项目	补助对象	补助范围	负担主体	补贴标准
入口补贴	一般缴费补贴	全部参保人员	东部、中西部	地方财政	补贴≥30元/年
	多缴缴费补贴	高缴费人员	东部、中西部	地方财政	地方政府自定
	长缴缴费补贴	长缴费人员	东部、中西部	地方财政	地方政府自定
	困难人员缴费补贴	困难参保人员	东部、中西部	地方财政	年补贴≥30元+100元/年部分或全部

续表

<table>
<tr><th>补贴类别</th><th>补贴项目</th><th>补助对象</th><th>补助范围</th><th>负担主体</th><th>补贴标准</th></tr>
<tr><td rowspan="4">出口补贴</td><td rowspan="2">基础养老金最低标准补贴</td><td rowspan="2">全体60岁以上参保人员</td><td>东部</td><td>中央财政
地方财政</td><td>各50%，各自27.5元</td></tr>
<tr><td>中西部</td><td>中央财政</td><td>100%，55元</td></tr>
<tr><td>基础养老金加发普遍式补贴</td><td>全体60岁以上参保人员</td><td>东部、中西部</td><td>地方财政</td><td>地方政府自定</td></tr>
<tr><td>基础养老金加发特定式补贴</td><td>全体高龄参保人员</td><td>东部、中西部</td><td>地方财政</td><td>地方政府自定</td></tr>
</table>

资料来源：根据《关于开展新型农村社会养老保险试点的指导意见》和各地试点政策汇总而成。

三、新农保现行模式地方财政负担研究

作为新农保试点的“基本法”，国务院《关于开展新型农村社会养老保险试点的指导意见》对中央财政和地方财政的财政责任划分相对比较清晰，而对省及省以下财政的分担机制未做规定，实际上是授权给省级政府。下面分缴费补贴和基础养老金补贴两种情况分别探讨。

缴费补贴方面，各地普遍采用了省及省以下各级财政分担的机制。表4-6列举了部分地区地方财政缴费补贴的分担比例。

表4-6　新农保现行模式部分地区地方财政缴费补贴分担情况

<table>
<tr><th>序号</th><th>地区</th><th>省财政</th><th>市财政</th><th>县财政</th><th>序号</th><th>地区</th><th>省财政</th><th>市财政</th><th>县财政</th></tr>
<tr><td>1</td><td>海南</td><td>1</td><td>0</td><td>0</td><td>8</td><td>重庆</td><td>1</td><td>0</td><td>0</td></tr>
<tr><td>2</td><td>广东</td><td>1/3</td><td>1/3</td><td>1/3</td><td>9</td><td>河北</td><td>1/3</td><td>1/3</td><td>1/3</td></tr>
<tr><td>3</td><td>四川</td><td>1/2</td><td>1/4</td><td>1/4</td><td>10</td><td>吉林</td><td>3/5</td><td>0</td><td>2/5</td></tr>
<tr><td>4</td><td>江西</td><td>4/5</td><td>0</td><td>1/5</td><td>11</td><td>黑龙江</td><td>3/5</td><td>0</td><td>2/5</td></tr>
<tr><td>5</td><td>湖南</td><td>2/3</td><td>0</td><td>1/3</td><td>12</td><td>宁夏</td><td>1/2</td><td colspan="2">由市政府确定</td></tr>
<tr><td>6</td><td>湖北</td><td>2/3</td><td>0</td><td>1/3</td><td>13</td><td>福建</td><td>分档</td><td colspan="2">由市政府确定</td></tr>
<tr><td>7</td><td>安徽</td><td>2/3</td><td colspan="2">由市政府确定</td><td>14</td><td>陕西</td><td>1/2</td><td colspan="2">由市政府确定</td></tr>
</table>

注：①福建省省级财政根据各地财力情况，分80%、60%、40%、20%四个档次补助。

②授权由市政府确定市、县财政责任的具体情况比较多。如陕西省汉中市省、市、县的分担比例为50%∶15%∶35%，而陕西省咸阳市省、市、县的分担比例为50%∶25%∶25%。

资料来源：根据《关于开展新型农村社会养老保险试点的指导意见》和各地试点政策汇总而成。

本书在地方财政实际负担绝对额分析方面，选取辽宁省为研究案例。表 4－7 列举了新农保试点以来辽宁省各级财政的实际负担情况。

表 4－7　新农保试点以来辽宁省各级财政负担情况　　单位：万元

时间	各级财政总支出	中央	省级	市级		县级	
			基础养老金	基础养老金	个人账户	基础养老金	个人账户
2010 年底	30728.9 （100%）	12630.6 （41.1%）	7318.9 （23.8%）	2154.1 （7%）	1245.3 （4.1%）	2668.1 （8.7%）	4711.9 （15.3%）
2011 年上半年	49044.6 （100%）	4096.6 （8.38%）	18069.6 （36.8%）	20227.9 （41.2%）	287.2 （0.6%）	4119.7 （8.42%）	2243.6 （4.57%）

注：括号内数据为每一时期的各级财政负担项目占财政总支出的比例。

资料来源：辽宁省社会保险事业管理局统计报表。

在全国范围内，中央财政与地方财政的补贴结构具有以下特点：

（1）对于东部地区而言，由于基础养老金只享受中央财政 50% 的补助，其余 50% 的基础养老金财政补贴对东部地区财政形成了一定压力，因此，东部地区在选择省级财政负担基础养老金财政补贴这个“大头”后，对财政缴费补贴均采取了三级分担的机制。对于海南等财政状况好、农村人口相对少的省份，省级财政承担了一半以上的财政缴费补贴。对于财政状况好但农村人口多的省份，如广东、河北基本上采取了“三三制”的原则。

（2）对于中西部地区而言，由于基础养老金享受中央财政的全额补助，所以省级财政在补助缴费补贴时显得有支撑能力，普遍是省级财政承担“大头”。

（3）辽宁省是个特殊案例，本身是老工业基地，面临的困难比较多，但是在新农保试点过程中被列为东部省份，只享受中央财政 50% 的补助。受到财政能力的局限，该省对地方财政应当承担的基础养老金补贴，按照 6∶2∶2 的比例在省、市、县三级财政中分担；规定缴费补贴完全由市、县两级财政负担，其中的“大头”由县级承担。

（4）无论东部地区还是西部地区，在市、县两级财政责任的划分上，都倾向于县级财政承担主要或重要责任。其中固然有督促县级政府履行新农保制度实施和推广责任的考虑，但客观上为已经捉襟见肘的县级财政增加了工作难度。

（5）2011 年以来，各地普遍加快了新农保试点步伐，在国家确定的试点范围以外又自行扩大了省级试点。但是，扩大试点引发了财政负担总额特别是地方财政负担总额大幅增加的问题，原因是中央财政对各地自行确定的扩大试点县（市、区、旗）不予补贴，属于“自费扩大试点”之列。如表 4 - 7 所示，辽宁省自行扩大省级试点范围以后，省、市、县三级财政的支出水平明显提高。

第四节　影响标准新农保现行模式财政负担的因素分析

一、标准新农保现行模式的含义

所谓标准新农保现行模式，是指为多数地区所采纳的最简化的国务院文件规定的制度模式，主要是财政补贴项目方面只保留一般缴费补贴和基础养老金最低标准两项，各级财政对各个补贴项目的分担比例按照国务院文件执行。概括起来，就财政负担结构和财政责任分担机制而言，标准现行模式有这样几个特点：①“入口补贴”方面实行一般缴费补贴，即无论参保农村居民选择哪一档次缴费，均补贴一个固定额。②“出口补贴”方面实行基础养老金最低标准补贴，假定没有其他形式的基础养老金财政补贴。也就是说，无论达到领取条件的参保人员选择何种缴费档次、参保缴费期限多长，享受的基础养老金财政补贴的额度是相同的。③基础养老金财政补贴方面，东部地区由中央财政和地方财政各承担一半，中、西部地区全部由中央财政承担。④东部、中部、西部地区的一般缴费补贴均由地方财政负担。⑤不考虑集体补助的具体化，可视为一个不变因素，不影响分析结果。

上述标准现行模式是本章和下一章的基本分析框架，分析中使用的缴费补贴和基础养老金补贴的概念，分别指一般缴费补贴和基础养老金最低标准。

二、标准新农保现行模式财政负担模型

新农保作为一项社会保险制度，遵循社会保险精算的一般原理，即保障需求

和保障供给要实现平衡。而保障需求取决于保障制度设计时给付结构及水平的确定，保障供给则来源于参保人员的缴费和政府财政的投入。

从保障需求的角度来看，以上年农村人均纯收入作为基数，按照一定的替代率来确定保障水平，从而得到如下关系：某一年的养老金需求量 = 替代率 × 上年农村人均纯收入 × 当年待遇领取人数。如果将参数设定为：养老金需求量为 S，替代率为 RR，上年农村人均纯收入为 Y，农村人均纯收入年均增长率为 g，当年待遇领取人数为 Q_2，则：

$$S = RR \times Y \times (1+g) \times Q_2 \quad (4-1)$$

从保障供给的角度来看，个人账户收入和统筹基金账户收入之和，构成了养老金支付能力，从而得到如下关系：某一年的养老保险费收入 = 个人账户收入 + 统筹基金账户收入 = 当年实际缴费人数全年缴费总额 + 政府缴费补贴标准 × 当年实际缴费人数 + 政府基础养老金补贴标准 × 当年领取待遇人数。

为便于分析，需要做几个假定：①由于新农保参保人员缴费是分成若干档次的，选择各个档次的实际人数难以确定，特别是要满足与养老金需求量对比分析的要求，这里有必要引入缴费比例和缴费基数的概念，来替代计算参保人员全年缴费总额；②参保人员参保过程不中断，而且一旦参保并选择缴费档次后也保持不变，目的是减少分析的复杂性；③以上年农村人均纯收入作为缴费基数；④把政府缴费补贴标准和政府基础养老金补贴标准与上年农村人均纯收入对应起来，引入政府缴费补贴系数和政府给付补贴系数的概念，即政府缴费补贴标准 = 上年农村居民人均纯收入 × 政府缴费补贴系数，政府基础养老金补贴标准 = 上年农村居民人均纯收入 × 政府给付补贴系数。

如此，某一年的养老保险费收入 = 缴费比例 × 上年农村人均纯收入 × 当年实际缴费人数 + 政府缴费补贴标准 × 当年实际缴费人数 + 政府基础养老金补贴标准 × 当年领取待遇人数 = （缴费比例 × 上年人均纯收入 + 政府缴费补贴系数 × 上年农村人均纯收入） × 当年实际缴费人数 + 政府给付补贴系数 × 上年人均纯收入 × 当年领取待遇人数。如果设养老保险费收入为 T，缴费比例为 K，上年农村人均纯收入为 Y，政府缴费补贴系数为 m，政府给付补贴系数为 n，当年实际缴费人数为 Q_1，当年领取待遇人数为 Q_2，则：

$$T = (K \times Y + m \times Y) \times Q_1 + n \times Y \times Q_2 \quad (4-2)$$

根据社会保险供求平衡的精算原理，可以得到：

$$S = T \tag{4-3}$$

把式（4－1）和式（4－2）代入式（4－3）中，可以得到：

$$RR \times (1 + g) \times Q_2 = (K + m) \times Q_1 + n \times Q_2 \tag{4-4}$$

$$RR \times (1 + g) = (K + m)/(Q_2/Q_1) + n \tag{4-5}$$

而政府财政负担总量来源于政府缴费补贴和政府基础养老金补贴之和，即财政负担＝政府缴费补贴＋政府基础养老金补贴＝政府缴费补贴标准×当年实际缴费人数＋政府基础养老金补贴标准×当年领取待遇人数＝政府缴费补贴系数×上年农村人均纯收入×当年实际缴费人数＋政府给付补贴系数×上年人均纯收入×当年领取待遇人数。如果设政府财政负担为 G，上年农村人均纯收入为 Y，政府缴费补贴系数为 m，政府给付补贴系数为 n，当年实际缴费人数为 Q_1，当年领取待遇人数为 Q_2，则：

$$G = m \times Y \times Q_1 + n \times Y \times Q_2 = (m \times Q_1 + n \times Q_2) \times Y \tag{4-6}$$

三、影响新农保现行模式财政负担的因素分析

由前面构建的标准新农保现行模式财政负担模型，即式(4－5）和式(4－6)，可以看出影响政府财政负担的因素主要有：

（1）人口结构 Q_1、Q_2 和 Q_2/Q_1。参保缴费人数 Q_1 和领取待遇人数 Q_2，两者均与财政负担呈正相关的关系。尤其值得注意的是，制度抚养比 Q_2/Q_1 是重要的制度参数，对政府财政负担的影响非常大。

（2）经济发展水平 Y 和 g，主要体现在农村人均纯收入及其年均增长率上，两者均与财政负担呈正相关的关系。

（3）制度替代率 RR。这个参数通过影响基础养老金给付标准来影响政府财政负担。前面的分析中使用了经济收入作为分析基数，也可以使用消费支出作为分析基数，而且就新农保而言后者更接近现实。如果从研究新农保适度水平或者其动态调整机制角度出发，有的学者也将经济收入和消费支出按照不同比例进行组合作为分析基数，来观察经济发展水平、生活水平、物价水平对待遇水平的综合影响。

（4）缴费比例 K。这个参数与财政负担是负相关的，参保人员选择较高的缴费档次，在政府缴费补贴水平不变的条件下是最有利的，也是制度期望看到的。

（5）政府补贴系数 m 和 n。从式（4－6）可以看出，这两个参数对政府财政负担是正相关的影响，但是两者之间是相互制约的，在其他参数不变的情况

下，式（4－5）构成了约束条件。这两个参数的意义很大，是调控政府财政负担的重要手段。具体的调控方案有三个：一是单独调 m，也就是强化“入口补贴”，增加对参保人员特别是年轻参保人员的吸引力；二是单独调 n，也就是强化“出口补贴”，增加对参保人员特别是大龄参保人员的吸引力；三是同时调 m 和 n，求得制度的平衡。

本章小结

改革开放以来，随着我国经济社会发展加快和人口老龄化、家庭小型化、城乡迁移等新趋势明显，老年人口自我保障、代际家庭保障责任、土地保障等传统农村养老方式遇到了新挑战，要求加快农村社会养老保险制度建设，构建社会养老与家庭养老、土地养老等相配套的农村养老保障体系。

20 世纪 80 年代中期以来尤其是 90 年代期间，国家开展了以农村居民自我积累为主、集体经济补助为辅的农村养老保险制度建设，即“老农保”。政府给予政策上的扶持，但不给予财政投入。老农保由于待遇水平低、制度设计局限、缺少政府补贴引导等原因，发展缓慢并最终停止。在总结老农保教训和各地实践探索经验基础上，在国家要求加快农村养老保险制度建设的大背景下，新型农村养老保险制度（即“新农保”）试点工作应运而生。

新农保采取个人缴费、集体补助、政府补贴的筹资结构和个人账户养老金、基础养老金相结合的给付结构，具有公平性、互济性、福利性、强制性的社会保险特征。新农保试点切合了当前中国农村居民的社会养老需求，制度模式具有一定的优越性和吸引力，受到广大农村居民欢迎，进展较快。

政府财政补贴是新农保现行模式的核心和特色。新农保现行模式从参保缴费和待遇享受两个环节实施财政补贴，在适龄参保人员和老龄参保人员之间、在提高参保缴费吸引力和提高保障水平之间寻找平衡点。影响政府财政负担的因素很多，除财政负担结构以外，还受总待遇水平设定、参保人员结构、经济发展水平等制度参数制约。新农保现行模式要求各级财政共同承担财政补贴，需要研究各级财政在其承受范围内的合理负担水平问题，以保证试点制度的可持续性。

第五章 农村养老保险现行模式财政负担水平分析

第一节 人口老龄化和农村老年人口预测

人口老龄化是当今世界人口发展的普遍趋势，既是社会发展进步的重要标志，也成为了未来发展的突出瓶颈。一个国家或者地区进入人口老龄化发展阶段的国际公认标准，就是60岁以上人口占总人口的比重达到10%，或者65岁人口占总人口的比重达到7%。2000年是中国进入人口老龄化社会的重要时间节点，这一年中国60岁以上老年人口占当年总人口的比重达到10%，绝对人数达到1.3亿人。中国的人口老龄化现象与世界其他国家相比，有一些显著特点：第一，中国的老龄人口绝对数量世界第一，这是其他国家都没有面临的问题。第二，中国人口的老龄化速度很快。虽然中国与最早进入老龄化社会的法国相比晚了一个世纪，与最晚进入老龄化社会的发达国家日本相比也晚了30年，但是西方发达国家人口结构由成年型进入老年型大都经历了100年左右时间，转变最快的日本也用了50年左右的时间，而中国进入这一阶段只用了20年时间。第三，中国的老龄化阶段与并不发达的经济阶段处于同一时期，给国家的经济社会发展带来了巨大挑战。第四，中国人口众多，并且主要集中于农村地区，农村的老龄化问题比城镇更加严峻。

辽宁大学人口研究所关于中国人口老龄化问题的研究表明，我国人口老龄化过程分为三个阶段：①初显老龄化阶段（1982～2000 年）。截至 2000 年，我国已经步入老年型社会，但仍然处于人口老龄化早期。在这一阶段，少儿人口比重开始下降，中老年人口在总人口中所占比例和人口年龄中位数都在上升，人口老龄化由此显现。其中 65 岁及以上的老年人口系数增长非常迅速，由 1982 年的 4.9%上升到2000 年的 7.1%，60 岁及以上的老年人口系数则从 8.1%上升到 10.5%；老龄化指数也由 1982 年的 14.6%上升到 2000 年的 33.5%，上涨了一倍之多；少儿人口系数则稳步下降至 22.9%，其结果是老龄化指数以更大的幅度上升；年龄中位数也在 2000 年超过了 30 岁。以上指标数值都达到了老年型社会的划分标准，这标志着我国在 20 世纪末已经进入了老年型社会，并且老龄化趋势还在进一步增强。在这段时间里，20 世纪 70 年代生育率下降对总体年龄结构的影响作用刚刚开始，因此，老龄化速度不是很快，老龄化程度也不是很高，但却完成了人口由成年型向老年型的转变。②急速老龄化阶段（2000～2035 年）。计划生育政策导致的生育率下降对人口年龄结构造成的影响已经充分显示出来，这使这一阶段成为老年人口增长最快、老龄化速度最快的时期。在这 35 年里，总人口一直在缓慢增长，从 2000 年的 123987.8 万人增加到 2035 年的 145141.5 万人，上涨了 17.1%，年均增长 604 万人；与此同时，老年人口规模一直在飞速扩大，65 岁及以上的老年人口从 2000 年的 9498.8 万人增加到 2035 年的 26861.1 万人，大约上涨了 1.8 倍，年均增长约 496 万人，而 60 岁及以上的老年人口则从 12969.1 万人增加到 37204.2 万人，大约上涨了 1.9 倍，年均增长约 692 万人；总人口的缓增与老年人口的激增并存使老龄化速度指数的增长趋势非常明显，老年人口的增长速度总是远远大于总人口的增长速度（老龄化速度指数大于 1），致使人口老龄化水平大幅度攀升；少儿人口系数稳步下降，至 2035 年已降到 17.3%，35 年内下降了 5.6 个百分点；年龄中位数持续增长，到 2035 年已达到 42.3 岁，上涨了 37%；社会总抚养比则呈现出先减后增的发展趋势，在 2035 年达到了 55.8%，其中老年抚养比快速增长，由 10.5%增长到 25.6%，这主要是源于老年人口的突增和少儿人口与劳动年龄人口的骤降。仅用了 35 年的时间，我国人口类型就急速地从轻度老龄化转变成了重度老龄化。③高度老龄化阶段（2035～2050 年）。2035 年以后，总人口增长非常缓慢，甚至在 2045 年以后出现了负增长，然而，老年人口数量和老龄化水平仍然在持续增加，但增加幅度明显下降，老年人口系数的缓慢增长使老龄化水平居高不下；由于21世纪初期生育政策的调整，少儿人口系数呈现出明显的回升趋势，这将导致21世纪后期人口老龄化水平的降低；年龄中位数也在逐渐下降，但下降幅度不是很大。

通过高、中、低三种方案预测结果（见表5-1）的比较可以看出，无论采用哪种方案，老年人口规模、老龄化水平均呈现出先突增、后缓增的发展态势，老龄化水平与总和生育率呈反向变动，总和生育率越低，老年人口系数越高，总和生育率的高低直接影响总人口数量，进而影响老年人口系数。如果总和生育率在现阶段仍然维持较低的水平，将会加重人口老龄化趋势，如果从现在开始逐渐上调总和生育率，无疑将会减缓人口老龄化进程。

表5-1 2050年三种方案部分老龄化指标数值

方案	≥60岁老年人口数(万人)	≥60岁老年人口系数(%)	≥65岁老年人口数(万人)	≥65岁老年人口系数(%)	少儿人口系数（%）	年龄中位数（岁）
高方案	43293.1	27.1	31981.1	20.0	21.6	38.4
中方案	42827.3	29.3	34121.8	21.6	18.5	41.5
低方案	43293.1	33.0	31981.1	24.4	14.3	46.0

资料来源：2000年全国第五次人口普查数据和2005年1%人口抽样调查数据。

辽宁大学人口研究所课题组还对2010～2050年的中国农村人口进行了测算，如表5-2所示。

表5-2 2010～2050年中国农村60周岁以上人口数 单位：万人

年份	60周岁以上人口数	60周岁以上男性人口数	60周岁以上女性人口数
2010	8880.34	4173.760	4706.580
2015	10508.81	4939.141	5569.669
2020	11386.48	5351.646	6034.834
2025	13519.53	6354.179	7165.351
2030	16321.09	7670.912	8650.178
2035	17556.03	8251.334	9304.696
2040	16682.64	7840.841	8841.799
2045	16054.58	7545.653	8508.927
2050	17600.7	8272.329	9328.371

资料来源：穆怀中等．中国养老保险制度改革关键问题研究［M］．北京：中国劳动社会保障出版社，2006.

人口老龄化已经成为研究中国经济社会发展的一个基本国情，当然也是建立农村社会养老保障体系过程中不容回避的重要问题。分析新农保现行模式的财政负担水平，需要预测中央财政和东部、中部、西部地区地方财政的收入和支出情况，也需要预测未来中国人口总量和结构及其变动趋势，即农村人口总量、农村老年人口总量和农村抚养比是重要的考虑因素。本书关于全国60岁以上农村人口数的数据和方法完全基于辽宁大学人口研究所的测算结论。

第二节　新农保制度下农村养老金保障水平测算

一、基本假设

本节开始展开对新农保制度保障水平的测算，将以国务院印发的《关于开展新型农村社会养老保险试点的指导意见》为依据，并做出如下基本假设：

（1）将全国开始进行新农保试点的2009年，作为制度开始的基准年，并将参加新农保的农村居民分为“老人”、“中人”、“新人”三类。其中，“老人”是指截至2009年已经达到规定的养老金待遇领取年龄的参保农村居民，“中人”是指截至2009年距离规定的养老金待遇领取年龄不足15年的参保农村居民，“新人”是指截至2009年距离规定的养老金待遇领取年龄超过15年的参保农村居民。

（2）农村居民参保时，按照新农保现行模式规定的100元、200元、300元、400元、500元五个缴费档次向个人账户供款，而且假定，在直到领取养老金待遇的整个参保缴费过程中，缴费档次不改变且缴费不中断，政府依据经济发展状况按照农村居民人均纯收入增长率每年调整一次缴费档次。

（3）集体补助和政府补贴标准无动态调整机制，始终保持不变，而且在农村居民缴费的同时记入农村居民个人账户。

（4）达到规定领取养老金待遇年龄的“老人”，在每年年初领取养老金。“老人”的符合参保条件的子女都已入保，即“老人”均具有领取基础养老金的资格。

（5）对“中人”不再有补缴满15年的要求。这主要是考虑由于对补缴部分不给予政府补贴，“中人”补缴的积极性不会很大。

（6）政府根据经济和物价变动情况，每年对新型农村养老保险制度的基础养老金水平进行调整。

二、保障水平的测量指标：替代率

替代率是表示社会养老保险保障水平的重要指标，本节拟采用替代率来分析和测量新农保现行模式的保障水平。按照新农保现行模式关于养老金待遇给付结构的设计，养老金给付分为基础养老金和个人账户养老金两个部分。因此，新农保现行模式的保障水平也由上述两个部分的给付水平共同决定。从替代率角度来看，新农保现行模式的总替代率是基础养老金替代率和个人账户养老金替代率之和。

（1）“老人”的基础养老金替代率为：

$$RR_{老}=\frac{P_0}{Y_0} \tag{5-1}$$

其中，P_0 为新农保开始实施年份（2009 年）的基础养老金，Y_0 为新农保开始实施年份上一年度（2008 年）的全国农村居民人均纯收入。

（2）“中人”和“新人”未来的基础养老金替代率 RR_1 的测算公式为：

$$RR_1=\frac{P_1}{Y}=\frac{P_0}{Y_0}\left(\frac{1+f}{1+g}\right)^{b-a} \tag{5-2}$$

其中，P_1 为农村居民 60 岁时领取的基础养老金，Y 为农村居民 60 岁时上一年度的全国农村居民人均纯收入，P_0 为新农保开始实施年份（2009 年）的基础养老金，Y_0 为新农保开始实施年份上一年度（2008 年）的全国农村居民人均纯收入，f 为基础养老金调整系数，g 为农村居民人均纯收入增长率，b 为开始领取养老金的年龄，a 为开始缴费的年龄。

（3）个人账户养老金替代率 RR_2 的测算公式为：

$$RR_2=\frac{P_2}{Y}=\frac{C\sum_{i=1}^{b-a}(1+g)^{b-a-i}(1+r)^i+(A+T)\sum_{k=1}^{b-a}(1+r)^k}{Y_0(1+g)^{b-a}\sum_{j=0}^{m-1}\frac{1}{(1+r)^j}} \tag{5-3}$$

其中，P_2 为个人账户养老金年领取额，C 为新农保试点制度开始实施年份（2009 年）的年缴费标准，r 为个人账户的年收益率，A 为集体的年补助标准，T 为政府对参保农村居民的年缴费补贴标准，m 为个人账户养老金平均预计计发年限，i 为缴费年限，k 为缴费补贴年限。

（4）新农保现行模式的总替代率测算公式为：

$$RR = RR_1 + RR_2 \quad (5-4)$$

三、新农保现行模式的替代率测算

在测算替代率之前，需要对式（5－2）、式（5－3）、式（5－4）中的各个参数根据实际情况赋值：①根据新农保现行模式，可以得到：a为15～59岁，b为60岁，C为100元至500元共五个缴费档次，A为0元（假设没有集体补助），T为30元，P_0为660元，m为11.58年（139个月）；②根据2008年全国农村人均纯收入的有关统计数据，Y_0为4761元；③基础养老金调整系数、农村居民人均纯收入增长率两个指标的数值影响着替代率的测算。考虑到基础养老金水平与农村人均纯收入原则上应当保持同步增长，这样才能保证参保的农村居民分享到经济发展的成果，因此，可以设定g＝f。从式（5－2）可以看出，g和f的实际取值多少，并不影响对“中人”养老金替代率的测算；④根据历史数据和现行金融机构利率情况，暂定g为5.5%（f亦为5.5%）、r为3%。

将上述赋值参数代入式（5－2）、式（5－3）、式（5－4），可以得到不同参保年龄和不同缴费档次下的新农保现行模式的替代率。

四、替代率测算结果分析

（1）经测算得到基础养老金的替代率中，$RR_{老} = RR_1$，该值是一个常数，为13.86%。因此决定养老金总替代率的关键就在于个人账户养老金替代率。

（2）根据新农保现行模式的规定，缴费的最低年龄为16岁，59岁是将要领取养老金的临界年龄。因此在上述年龄区间内，分析在不同缴费额下的个人账户养老金替代率。如表5－3所示。

表5－3　新农保现行模式不同缴费档次下养老金替代率　　单位：%

年龄	C＝100		C＝200		C＝300		C＝400		C＝500	
	账户替代率	总替代率	账户替代率	总替代率	账户替代率	总替代率	账户替代率	总替代率	账户替代率	总替代率
16	20.08	33.94	25.75	39.61	31.42	45.28	37.08	50.94	42.75	56.61
17	20.01	33.87	25.61	39.47	31.20	45.06	36.80	50.66	42.39	56.25

续表

年龄	C = 100		C = 200		C = 300		C = 400		C = 500	
	账户替代率	总替代率	账户替代率	总替代率	账户替代率	总替代率	账户替代率	总替代率	账户替代率	总替代率
18	19.94	33.8	25.46	39.32	30.98	44.84	36.50	50.36	42.02	55.88
19	19.87	33.73	25.32	39.18	30.76	44.62	36.20	50.06	41.64	55.5
20	19.80	33.66	25.16	39.02	30.53	44.39	35.89	49.75	41.26	55.12
21	19.73	33.59	25.01	38.87	30.29	44.15	35.58	49.44	40.86	54.72
22	19.65	33.51	24.85	38.71	30.05	43.91	35.25	49.11	40.45	54.31
23	19.57	33.43	24.69	38.55	29.80	43.66	34.92	48.78	40.03	53.89
24	19.49	33.35	24.52	38.38	29.55	43.41	34.57	48.43	39.60	53.46
25	19.40	33.26	24.34	38.2	29.28	43.14	34.22	48.08	39.16	53.02
26	19.32	33.18	24.17	38.03	29.01	42.87	33.86	47.72	38.71	52.57
27	19.23	33.09	23.98	37.84	28.74	42.6	33.49	47.35	38.25	52.11
28	19.14	33.00	23.80	37.66	28.45	42.31	33.11	46.97	37.77	51.63
29	19.04	32.90	23.60	37.46	28.16	42.02	32.72	46.58	37.29	51.15
30	18.94	32.80	23.40	37.26	27.86	41.72	32.33	46.19	36.79	50.65
31	18.84	32.70	23.20	37.06	27.56	41.42	31.92	45.78	36.27	50.13
32	18.74	32.60	22.99	36.85	27.24	41.10	31.50	45.36	35.75	49.61
33	18.63	32.49	22.78	36.64	26.92	40.78	31.06	44.92	35.21	49.07
34	18.52	32.38	22.55	36.41	26.59	40.45	30.62	44.48	34.66	48.52
35	18.40	32.26	22.33	36.19	26.25	40.11	30.17	44.03	34.09	47.95
36	18.29	32.15	22.09	35.95	25.90	39.76	29.70	43.56	33.51	47.37
37	18.16	32.02	21.85	35.71	25.54	39.40	29.22	43.08	32.91	46.77
38	18.04	31.90	21.60	35.46	25.17	39.03	28.73	42.59	32.30	46.16
39	17.91	31.77	21.35	35.21	24.79	38.65	28.23	42.09	31.67	45.53
40	17.77	31.63	21.09	34.95	24.40	38.26	27.71	41.57	31.03	44.89
41	17.63	31.49	20.82	34.68	24.00	37.86	27.18	41.04	30.36	44.22

续表

年龄	C = 100		C = 200		C = 300		C = 400		C = 500	
	账户替代率	总替代率	账户替代率	总替代率	账户替代率	总替代率	账户替代率	总替代率	账户替代率	总替代率
42	17.49	31.35	20.54	34.40	23.59	37.45	26.64	40.50	29.68	43.54
43	17.34	31.20	20.25	34.11	23.17	37.03	26.08	39.94	28.99	42.85
44	17.19	31.05	19.96	33.82	22.73	36.59	25.50	39.36	28.27	42.13
45	17.03	30.89	19.66	33.52	22.29	36.15	24.91	38.77	27.54	41.40
46	16.87	30.73	19.35	33.21	21.83	35.69	24.31	38.17	26.79	40.65
47	16.70	30.56	19.03	32.89	21.36	35.22	23.68	37.54	26.01	39.87
48	16.52	30.38	18.70	32.56	20.87	34.73	23.05	36.91	25.22	39.08
49	16.34	30.20	18.36	32.22	20.37	34.23	22.39	36.25	24.40	38.26
50	16.15	30.01	18.01	31.87	19.86	33.72	21.71	35.57	23.57	37.43
51	15.96	29.82	17.65	31.51	19.33	33.19	21.02	34.88	22.71	36.57
52	15.76	29.62	17.27	31.13	18.79	32.65	20.31	34.17	21.83	35.69
53	15.55	29.41	16.89	30.75	18.23	32.09	19.58	33.44	20.92	34.78
54	15.33	29.19	16.50	30.36	17.66	31.52	18.83	32.69	19.99	33.85
55	15.11	28.97	16.09	29.95	17.07	30.93	18.06	31.92	19.04	32.90
56	14.88	28.74	15.67	29.53	16.47	30.33	17.26	31.12	18.06	31.92
57	14.64	28.50	15.24	29.10	15.84	29.7	16.45	30.31	17.05	30.91
58	14.39	28.25	14.79	28.65	15.20	29.06	15.61	29.47	16.02	29.88
59	14.13	27.99	14.33	28.19	14.54	28.40	14.75	28.61	14.95	28.81

注：对于缴费年限不足 15 年的参保人不要求补缴满 15 年，按实际缴费年限测算。

资料来源：根据式（5-2）、式（5-3）、式（5-4）计算得出。

（3）从测算的个人账户养老金替代率来看，第一，参保人员选择的缴费档次越高，个人账户养老金的替代率越高；第二，对于不同年龄开始参保的农村居民而言，参保时的年龄越大或者说参保缴费时间越晚，其个人账户养老金的替代率越低；第三，对于参保时年龄较大的农村居民而言，如果由低到高选择不同档次的缴费水平，其获得的个人账户养老金替代率上升幅度不大，因此存在年龄越大、选择缴费档次越高反而获得的收益率相对更低的问题。收益率为个人账户养老金年领取额除以年缴费标准，对应式（5-3），即 $R = P_2/C$，把式（5-3）中

的 P_2 代入该式后可以看出，收益率 R 与缴费年限正相关、与政府财政补贴累计额正相关、与年缴费标准负相关，这就是产生上述问题的原因。

（4）设定 g = f，即基础养老金水平与农村人均纯收入保持同步增长，这只是设计新农保制度的理念，并没有成为实际政策，因此存在基础养老金水平和农村人均纯收入两者增长不同步的问题。如果这样，“中人”的养老金替代率就不再与“老人”的养老金替代率一致了。

第三节　中央财政收支状况预测与负担水平分析

分析农村养老保险财政支持水平必须首先预测未来财政收入和支出规模。在本节以及以后各章涉及财政收支预测内容时，需要利用数理统计模型得到初始预测值。由于初始预测值所参照的变动率不可能完全符合未来实际变动率，一般趋势是在目前高速增长的基础上缓慢下降，因此需要对初始预测值进行一定修正。修正的依据有两个：其一是中国经济在 21 世纪中叶达到中等发达国家水平，届时年均经济增长率回落到 6%；其二是假设财政收支增速与宏观经济增长率保持一致，由目前的实际增长率线性回落，增速在 2050 年亦下降到 6%。

一、中央财政收入状况分析（2010 ~ 2050 年）

建立一个中央财政收入的回归预测模型，基础数据来源于《中国统计年鉴》（2010）上列出的中央财政收入数据，跨期为 1990 ~ 2009 年，跨度为 20 年。将上述数据记为序列 Y，具体数据如表 5 – 4 所示。

表 5 – 4　1990 ~ 2009 年中央财政收入　　单位：亿元

年份	财政收入	年份	财政收入
1990	992.42	1994	2906.50
1991	938.25	1995	3256.62
1992	979.51	1996	3661.07
1993	957.51	1997	4226.92

续表

年份	财政收入	年份	财政收入
1998	4892.00	2004	14503.10
1999	5849.21	2005	16548.53
2000	6989.17	2006	20456.62
2001	8582.74	2007	27749.16
2002	10388.64	2008	32680.56
2003	11865.27	2009	35915.71

资料来源:《中国统计年鉴》(2010)。

将表 5－4 中的数据绘制成折线图，如图 5－1 所示。

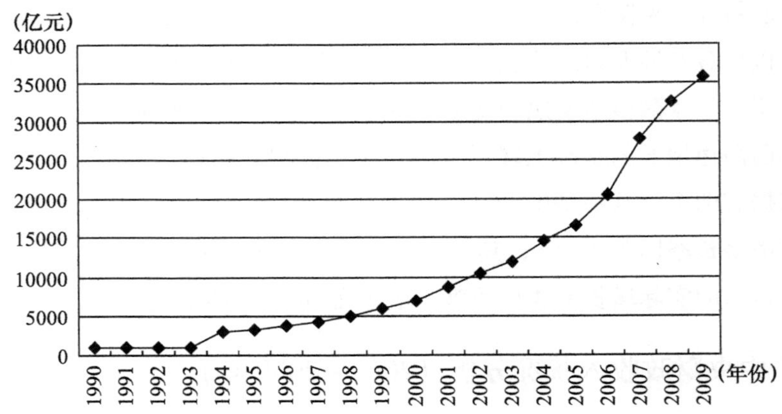

图 5－1　1990～2009 年中央财政收入

由图 5－1 可以看出，序列 Y 有明显的上升趋势，因此有必要先检验变量的平稳性，否则会出现伪回归的情况。首先，为消除趋势，对序列的自然对数进行单位根检验。t 统计量大于显著性水平 10% 的值，因此序列为非平稳，为单位根过程。而后，为消除趋势对序列做一阶差分，t 统计量小于显著性水平 5% 的值，序列平稳，可以进行模型的建立和参数估计。其次，对序列绘制自相关图，通过对偏自相关图的分析，由参数估计可知多项式倒数根落入单位圆内，满足过程平稳要求，模型可用。模型估计结果如表 5－5 所示。

表 5－5　2010～2050 年中央财政收入　　单位：亿元

年份	中央财政收入	年份	中央财政收入
2010	40880.65	2031	417508.75
2011	46877.98	2032	454879.33
2012	53595.23	2033	494648.13
2013	61096.43	2034	536888.22
2014	69448.67	2035	581669.28
2015	78721.93	2036	629057.32
2016	88989.01	2037	679114.3
2017	100325.26	2038	731898.01
2018	112808.44	2039	787461.49
2019	126518.48	2040	845853.08
2020	141537.21	2041	907116.04
2021	157948.09	2042	971288.39
2022	175835.93	2043	1038402.74
2023	195286.53	2044	1108486.14
2024	216386.41	2045	1181559.93
2025	239222.39	2046	1257639.70
2026	263881.28	2047	1336735.20
2027	290449.50	2048	1418850.30
2028	319012.68	2049	1503982.98
2029	349655.30	2050	1592125.35
2030	382460.32		

资料来源：经测算得到。

二、中央财政支出状况分析（2010～2050 年）

建立一个中央财政支出的回归预测模型，基础数据来源于《中国统计年鉴》（2010）上列出的中央财政支出数据，跨期为 1990～2009 年，跨度为 20 年。将上述数据记为序列 I，具体数据如表 5－6 所示。

表 5-6　1990~2009 年中央财政支出　　单位：亿元

年份	财政支出	年份	财政支出
1990	1004.47	2000	5519.85
1991	1090.81	2001	5768.02
1992	1170.44	2002	6771.70
1993	1312.06	2003	7420.10
1994	1754.43	2004	7894.08
1995	1995.39	2005	8775.97
1996	2151.27	2006	9991.40
1997	2532.50	2007	11442.06
1998	3125.60	2008	13344.17
1999	4152.33	2009	15255.79

资料来源：《中国统计年鉴》(2010)。

将表 5-6 中的数据绘制成折线图，如图 5-2 所示。

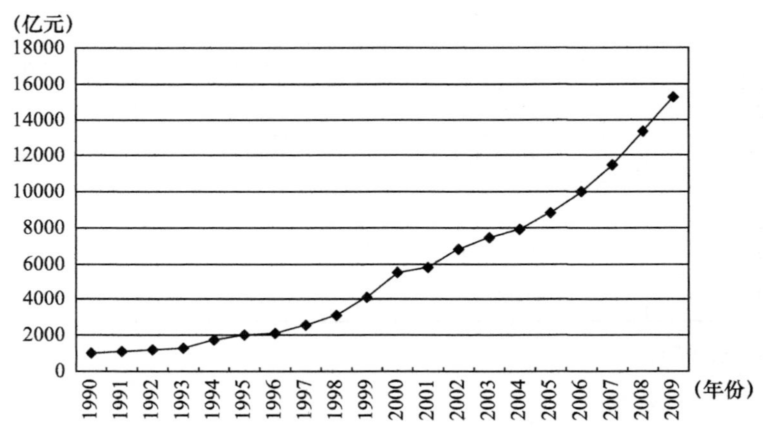

图 5-2　1990~2009 年中央财政支出

参照中央财政收入的预测，同样可推计中央财政支出的模拟结果。预测结果如表 5-7 所示。

表 5－7　2010～2050 年中央财政支出预测　　单位：亿元

年份	中央财政支出	年份	中央财政支出
2010	18380.70	2031	554272.97
2011	22995.53	2032	617365.98
2012	28555.57	2033	685043.04
2013	35204.72	2034	757362.93
2014	43099.09	2035	834361.94
2015	52406.44	2036	916053.41
2016	63305.36	2037	1002427.66
2017	75984.23	2038	1093452.02
2018	90639.87	2039	1189071.30
2019	107475.97	2040	1289208.36
2020	126701.35	2041	1393764.91
2021	148527.95	2042	1502622.52
2022	173168.71	2043	1615643.83
2023	200835.35	2044	1732673.84
2024	231736.06	2045	1853541.36
2025	266073.11	2046	1978060.53
2026	304040.57	2047	2106032.45
2027	345822.00	2048	2237246.81
2028	391588.27	2049	2371483.54
2029	441495.53	2050	2508514.51
2030	495683.34		

资料来源：经测算得到。

三、中央财政对新农保试点基础养老金负担水平

基础养老金实质上是一种普惠制给付，即只要农村居民达到 60 岁以上的某个年龄，就有权利享受普惠式养老金，而不论其以前是否缴费、就业历史和收入现状。新农保试点政策规定，中央财政以中央确定的基础养老金最低标准为基数，对中西部地区给予全额补助，对东部地区给予 50% 的补助。新农保制度下中央确定的基础养老金最低标准为每人每月 55 元。如果按照年来计算为 660 元/

人/年，即对中、西部地区中央财政补助660元/人/年，对东部地区中央财政补助330元/人/年。

测算中央财政新农保财政负担水平，主要是针对基础养老金部分，可以从财政收入和财政支出两个口径来进行。对基础养老金占中央财政收入比例进行测算，主要目的是从财力上判断中央财政是否有能力承担对农村养老保险基础养老金的给付；而对基础养老金占中央财政支出比例进行测算，主要目的则是对支出中应有多大比例养老金用于给付做出预算判断。

某一年度的中央财政收入基础养老金负担水平 =（中央财政对东部地区基础养老金每人每月补贴额×东部地区农村60岁以上老人数×12 + 中央财政对中西部地区基础养老金每人每月补贴额×中西部地区农村60岁以上老人数×12）/中央财政收入。其测算公式为：

$$SF_i^z = \frac{NL_i^k \times JY_k \times 12}{S_i^Z} \qquad (5-5)$$

$i = 2010, 2011, \cdots, 2050;\ k = 1, 2$

其中，SF_i^z 表示中央财政收入的基础养老金负担水平；JY_k 表示中央财政对基础养老金的补贴额，当 $k = 1$ 时，表示中央财政对东部地区基础养老金人均月补贴额，当 $k = 2$ 时，表示中央财政对中、西部地区基础养老金人均月补贴额；i 表示2010~2050年的具体年份；NL_i^k 表示2010~2050年农村60岁以上老人数，其中 $k = 1$ 时表示东部地区，$k = 2$ 时表示中、西部地区；S_i^z 表示2010~2050年中央财政收入额。

同理，某一年度的中央财政支出基础养老金负担水平 =（中央财政对东部地区基础养老金每人每月补贴额×东部地区农村60岁以上老人数×12 + 中央财政对中、西部地区基础养老金每人每月补贴额×中、西部地区农村60岁以上老人数×12）/中央财政支出。其测算公式为：

$$ZF_i^z = \frac{NL_i^k \times JY_k \times 12}{Z_i^Z} \qquad (5-6)$$

其中，除了与式（5-5）相同的参数外，ZF_i^z 表示中央财政支出的基础养老金负担水平，Z_i^z 表示2010~2050年中央财政支出额。

表5-8即是按照新农保现行模式确定的中央财政补贴负担项目和中央财政、地方财政分担比例进行测算的结果，包括给付总额、财政收入口径负担水平、财

政支出口径负担水平。图 5－3 对中央财政对新农保试点基础养老金的财政收入口径和支出口径的负担水平进行了比较。

表 5－8　新农保制度下 2010～2050 年中央财政对基础养老金负担水平

年份	农村老年人口数（万人）	新农保基础养老金给付总额（亿元）	财政收入中的基础养老金负担水平	财政支出中的基础养老金负担水平
2010	8880.34	546.511	0.0134	0.02973
2011	9221.52	570.347	0.0122	0.0248
2012	9609.49	595.222	0.0111	0.02084
2013	9991.5	621.183	0.0102	0.01764
2014	10301.38	648.275	0.0093	0.01504
2015	10508.81	676.549	0.0086	0.01291
2016	10761.43	693.616	0.0078	0.01096
2017	10923.06	711.113	0.0071	0.00936
2018	11033.99	729.052	0.0065	0.00804
2019	11168.08	747.443	0.0059	0.00695
2020	11386.48	766.298	0.0054	0.00605
2021	11557.69	790.234	0.005	0.00532
2022	11881.65	814.917	0.0046	0.00471
2023	12329.51	840.371	0.0043	0.00418
2024	12878.95	866.62	0.004	0.00374
2025	13519.53	893.689	0.0037	0.00336
2026	14122.91	923.757	0.0035	0.00304
2027	14758.19	954.836	0.0033	0.00276
2028	15378.62	986.961	0.0031	0.00252
2029	15921.69	1020.17	0.0029	0.00231
2030	16321.09	1054.49	0.0028	0.00213
2031	16600.24	1068.23	0.0026	0.00193
2032	16871.05	1082.16	0.0024	0.00175
2033	17123.84	1096.26	0.0022	0.0016
2034	17350.18	1110.55	0.0021	0.00147
2035	17556.03	1125.03	0.0019	0.00135
2036	17450.13	1128.46	0.0018	0.00123

续表

年份	农村老年人口数（万人）	新农保基础养老金给付总额（亿元）	财政收入中的基础养老金负担水平	财政支出中的基础养老金负担水平
2037	17285.49	1131.90	0.0017	0.00113
2038	17079.44	1135.35	0.0016	0.00104
2039	16866.93	1138.81	0.0014	0.00096
2040	16682.64	1142.28	0.0014	0.00089
2041	16373.62	1144.31	0.0013	0.00082
2042	16110.39	1146.35	0.0012	0.00076
2043	15930.67	1148.39	0.0011	0.00071
2044	15901.92	1150.43	0.0010	0.00066
2045	16054.58	1152.47	0.0010	0.00062
2046	16187.77	1168.25	0.0009	0.00059
2047	16537.35	1184.25	0.0009	0.00056
2048	16988.88	1200.46	0.0008	0.00054
2049	17377.81	1216.90	0.0008	0.00051
2050	17600.70	1233.56	0.0008	0.00049
均值	—	890.034	0.0071	0.01510

资料来源：经测算得到。

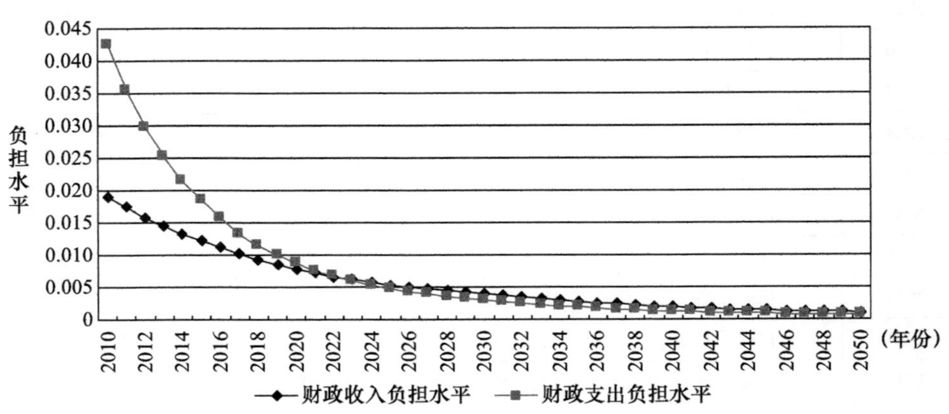

图5－3 新农保制度下中央财政收入口径与支出口径基础养老金负担水平

根据以上的测算可知：①新农保现行模式中给予每位农村老年人每月 55 元的基础养老金，由此所构成的农村老年人基础养老金总需求由 2010 年的 546.511 亿元逐渐递增到 2050 年的 1233.56 亿元，在 40 年的跨期中基础养老金均值为 890.034 亿元；②中央财政收入中的基础养老金负担水平由 2010 年的 1.34% 逐渐下降到 2050 年的 0.08%，而同期中央财政支出中的基础养老金负担水平虽然初期要高于财政收入负担水平，但在后期其下降速度快于财政收入负担水平，由 2010 年的 2.97% 逐渐下降到 2050 年的 0.049%；③2010～2050 年中央财政收入的新农保基础养老金负担水平均值为 0.71%，而中央财政支出的新农保基础养老金负担水平均值为 1.51%；④中央财政支出口径的负担水平的绝对值比同期中央财政收入口径的负担水平的绝对值要高很多，原因在于现行税收体制下中央财政自身处于收大于支的格局，但是会随着中央财政收支结构变化而逐步缩小差距。

第四节　地方财政收支状况预测与负担水平分析

东部、中部、西部地区划分的依据主要有两个：一是《国务院关于实施西部大开发若干政策措施的通知》（国发〔2000〕33 号）中对于西部大开发政策适用范围的规定；二是根据国家统计局网站 2003 年公布的三大经济地区（http://www.stats.gov.cn/tjzs/t20030812_402369584.htm）。新农保试点对于地区的划分遵循了以上的政府规定（见表 5-9），文中将根据新农保规定测算三大地区的地方财政收入与支出状况。

表 5-9　基于新农保试点的东部、中部、西部划分

类别	地区
东部	北京、上海、天津、江苏、浙江、广东、河北、福建、山东、海南、辽宁
中部	山西、吉林、黑龙江、安徽、江西、河南、湖北、湖南
西部	内蒙古、重庆、四川、陕西、宁夏、广西、贵州、云南、西藏、甘肃、青海、新疆

一、东部、中部、西部地区地方财政收入状况预测

由于当年财政收入与上一年和前一年的财政收入水平密切相关，因此可以通过确定三者间的数量关系来预测和分析财政收入的未来变动趋势。

1. 东部地区地方财政收入预测回归方程

表5-10　东部地区2002~2009年财政收入状况　　单位：亿元

年份	2002	2003	2004	2005	2006	2007	2008	2009
北京	533.99	592.53	744.48	919.2	1117.15	1492.63	1837.32	2026.81
天津	171.83	204.52	246.18	331.85	417.04	540.43	675.61	821.99
河北	302.30	335.82	407.82	515.70	620.50	789.11	947.58	1067.12
上海	708.95	886.22	1106.19	1417.39	1576.07	2074.47	2358.74	2540.30
江苏	643.69	798.10	980.49	1322.67	1656.6	2237.72	2731.4	3228.78
浙江	566.85	706.56	805.94	1066.59	1298.20	1649.49	1933.3	2142.51
福建	272.88	304.70	333.52	432.60	541.17	699.45	833.40	932.43
山东	610.22	713.78	828.33	1073.12	1356.25	1675.39	1957.05	2198.63
广东	1201.61	1315.51	1418.5	1807.2	2179.46	2785.80	3310.32	3649.81
海南	46.23	51.32	57.03	68.68	81.81	108.29	144.85	178.24
辽宁	399.68	447.04	529.64	675.27	817.67	1082.69	1356.08	1591.22
合计	5458.23	6356.1	7458.12	9630.27	11661.93	15135.47	18085.65	20377.84

资料来源：《中国统计年鉴》(2010)。

如表5-10所示，设东部地区当年的财政收入为IE_t，上一年的财政收入为IE_{t-1}，前一年的财政收入为IE_{t-2}，建立三者的回归方程，得到如下结论。

$$IE_t = 1277.25 + 1.4422IE_{t-1} - 0.4412IE_{t-2} \quad (5-7)$$

1.3155　　1.9987　　-0.4948

$R^2 = 0.9817$　　修正 $R^2 = 0.9695$

$F = 80.5663$　　$P = 0.0025$

2. 中部地区地方财政收入预测回归方程

表5-11　中部地区2002~2009年财政收入状况　　单位：亿元

年份	2002	2003	2004	2005	2006	2007	2008	2009
山　西	150.82	186.05	256.36	368.34	583.37	597.88	748.00	805.83
吉　林	131.48	154	166.28	207.15	245.20	320.68	422.79	487.09

续表

年份	2002	2003	2004	2005	2006	2007	2008	2009
黑龙江	231.89	248.86	289.42	318.20	386.80	440.46	578.27	641.66
安　徽	200.21	220.74	274.62	334.01	428.02	543.69	724.61	863.92
江　西	140.54	168.16	205.76	252.92	305.52	389.85	488.64	581.30
河　南	296.71	338.05	428.77	537.65	679.17	862.08	1008.9	1126.06
湖　北	243.44	259.76	310.44	375.52	476.08	590.35	710.84	814.87
湖　南	231.14	268.64	320.62	395.26	477.92	606.55	722.71	847.62
合计	1626.23	1844.26	2252.27	2789.05	3582.099	4351.54	5404.76	6168.35

资料来源：《中国统计年鉴》（2010）。

如表5－11所示，设中部地区当年的财政收入为IM_t，上一年的财政收入为IM_{t-1}，前一年的财政收入为IM_{t-2}，建立三者的回归方程，得到如下结论：

$$IM_t = 560.712 + 2.1478IM_{t-1} - 1.3111IM_{t-2} \quad (5-8)$$

1.7410　　2.0687　　－0.9811

$R^2 = 0.9926$　　修正 $R^2 = 0.9877$

$F = 201.1032$　　$P = 0.0006$

3. 西部地区地方财政收入预测回归方程

表5－12　西部地区2002～2009年财政收入状况　　单位：亿元

年份	2002	2003	2004	2005	2006	2007	2008	2009
内蒙古	112.85	138.71	196.75	277.45	343.37	492.36	650.67	850.86
广　西	186.73	203.65	237.77	283.03	342.5788	418.82	518.42	620.99
重　庆	126.06	161.56	200.62	256.80	317.7165	442.70	577.57	655.17
四　川	291.87	336.59	385.78	479.66	607.585	850.86	1041.66	1174.59
贵　州	108.28	124.55	149.28	182.49	226.8157	285.13	347.84	416.48
云　南	206.75	228.99	263.36	312.64	379.9702	486.71	614.05	698.25
西　藏	7.30	8.14	10.01	12.03	14.5607	20.14	24.88	30.09
陕　西	150.29	177.33	214.95	275.31	362.4805	475.23	591.47	735.27
甘　肃	76.24	87.65	104.16	123.50	141.2152	190.91	264.96	286.59
青　海	21.09	24.04	26.99	33.82	42.2437	56.70	71.56	87.74

续表

年份	2002	2003	2004	2005	2006	2007	2008	2009
宁　夏	26.47	30.03	37.46	47.72	61.357	80.03	95.00	111.58
新　疆	116.47	128.22	155.70	180.31	219.46	285.86	361.06	388.78
合计	1430.40	1649.46	1982.83	2464.76	3059.35	4085.45	5159.14	6056.387

资料来源：《中国统计年鉴》(2010)。

如表5-12所示，设西部地区当年的财政收入为IW_t，上一年的财政收入为IW_{t-1}，前一年的财政收入为IW_{t-2}，建立三者的回归方程，得到如下结论：

$$IW_t = 408.775 + 2.1375IW_{t-1} - 1.2934IW_{t-2} \qquad (5-9)$$

1.3102　　2.3860　　-1.0724

$R^2 = 0.9896$　　修正 $R^2 = 0.9827$

$F = 143.1997$　　$P = 0.0011$

4. 东部、中部、西部地区地方财政收入变动趋势（2010~2050年）

经过以上对东部、中部、西部地区地方财政收入状况的分析和未来发展的线性预测方程，可以预测出未来东部、中部、西部地区的地方财政收入发展变动趋势。具体结论如表5-13和图5-4所示。

表5-13　2010~2050年东部、中部、西部地区财政收入变动趋势　　单位：亿元

年份	东部财政收入	中部财政收入	西部财政收入
2010	23639.65	7529.98	7477.97
2020	83619.16	28014.16	28338.71
2030	228721.82	78841.05	80583.44
2040	508703.70	177672.93	182461.57
2050	958658.42	335775.73	345173.19

资料来源：经测算得到。

东部、中部、西部地区的地方财政收入总量的绝对差距比较明显，东部的地方财政收入遥遥领先于中部、西部地区，中部地方财政收入由高于西部地区的财

政收入转为低于西部财政收入，但是二者之间的差距与东部地区差距相比较小。另外，经过 2010～2050 年约 40 年的发展，东、中、西部财政收入的相对差距有所缩小，例如，2010 年东部的地方财政收入是中部地区的 3. 14 倍，是西部地区的 3. 16 倍，而到 2050 年上述两方面的倍数分别下降为 2. 85 倍和 2. 78 倍。中部地区与西部地区在财政收入上的相对差距有所减小，2010 年中部地区的地方财政收入是西部地区的 1. 01 倍，到 2050 年这一倍数下降为 0. 97 倍。

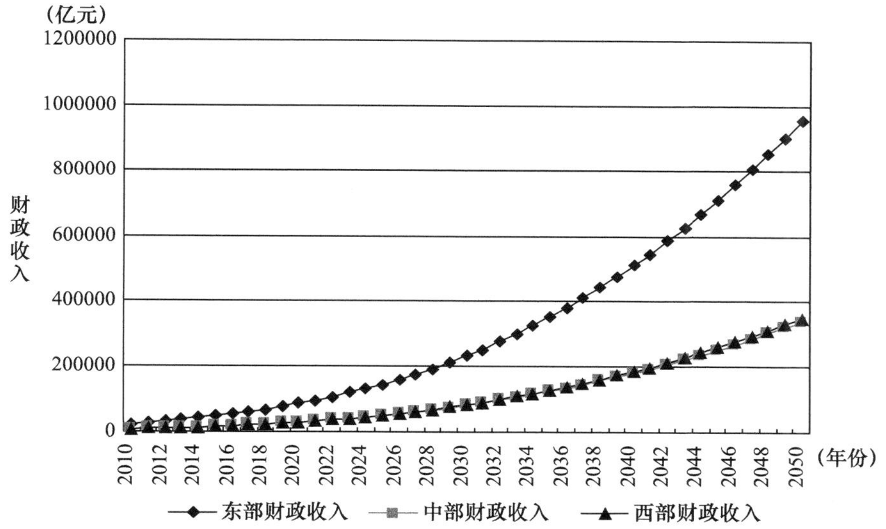

图 5－4　2010～2050 年东部、中部、西部地区财政收入变动趋势

二、东部、中部、西部地区地方财政支出状况预测

依据与上节关于地方财政收入未来发展预测相同的原理，可以测算东部、中部、西部地区地方未来 40 年财政支出的变动趋势。

1. 东部地区地方财政支出预测回归方程

设东部地区当年的财政支出为 EE_t，上一年的财政支出为 EE_{t-1}，前一年的财政支出为 EE_{t-2}，根据相关基础数据，如表 5－14 所示，可以建立三者的回归方程，得到如下结论。

表 5－14　东部地区 2002～2009 年财政支出状况　　单位：亿元

年份	2002	2003	2004	2005	2006	2007	2008	2009
北京	628.34	734.80	898.27	1058.31	1296.83	1649.50	1959.28	2319.37
天津	265.21	312.07	375.02	442.12	543.12	674.32	867.72	1124.28
河北	576.58	646.74	785.55	979.16	1180.35	1506.64	1881.66	2347.59
上海	862.38	1088.43	1382.52	1646.25	1795.56	2181.67	2593.91	2989.65
江苏	860.25	1047.68	1312.04	1673.39	2013.25	2553.72	3247.49	4017.36
浙江	749.90	896.77	1062.93	1265.53	1471.85	1806.79	2208.57	2653.35
福建	397.55	452.30	516.67	593.06	728.69	910.64	1137.71	1411.82
山东	860.64	1010.63	1189.37	1466.22	1833.44	2261.84	2704.66	3267.67
广东	1521.07	1695.63	1852.95	2289.06	2553.33	3159.57	3778.56	4334.37
海南	92.25	105.39	127.20	151.24	174.53	245.19	357.97	486.06
辽宁	690.92	784.37	931.39	1204.36	1422.74	1764.28	2153.43	2682.39
合计	7505.09	8774.81	10433.91	12768.7	15013.69	18714.16	22890.96	27633.91

资料来源：《中国统计年鉴》（2010）。

$$EE_t = -468.075 + 0.7062EE_{t-1} + 0.6531EE_{t-2} \quad (5-10)$$

$$-0.7345 \qquad 1.1289 \qquad 0.8241$$

$R^2 = 0.9976$　　修正 $R^2 = 0.9960$

$F = 620.8208$　　$P = 0.0001$

2. 中部地区地方财政支出预测回归方程

表 5－15　中部地区 2002～2009 年财政支出状况　　单位：亿元

年份	2002	2003	2004	2005	2006	2007	2008	2009
山　西	334.27	415.68	519.05	668.75	915.56	1049.92	1315.01	1561.70
吉　林	362.61	409.22	507.77	631.12	718.35	883.75	1180.12	1479.21
黑龙江	531.86	564.90	697.55	787.78	968.52	1187.27	1542.30	1877.74
安　徽	456.85	507.43	601.52	713.06	940.23	1243.83	1647.12	2141.92
江　西	341.38	382.09	454.05	563.95	696.43	905.05	1210.07	1562.37
河　南	629.18	716.59	879.95	1116.04	1440.08	1870.61	2281.6	2905.76
湖　北	511.38	540.43	646.28	778.71	1047.00	1277.32	1650.27	2090.92
湖　南	533.02	573.74	719.54	873.41	1064.51	1357.03	1765.22	2210.44
合计	3700.55	4110.08	5025.71	6132.82	7790.68	9774.78	12591.71	15830.06

资料来源：《中国统计年鉴》（2010）。

如表 5-15 所示，设中部地区当年的财政支出为 EM_t，上一年的财政支出为 EM_{t-1}，前一年的财政支出为 EM_{t-2}，建立三者的回归方程，得到如下结论：

$$EM_t = -287.583 + 1.2449EM_{t-1} + 0.0507EM_{t-2} \quad (5-11)$$

$$-0.6991 \qquad 2.6585 \qquad 0.0803$$

$R^2 = 0.9994$　　修正 $R^2 = 0.9989$

$F = 2367.5506$　　$P = 0.0001$

3. 西部地区地方财政支出预测回归方程

表 5-16　西部地区 2002~2009 年财政支出状况　　单位：亿元

年份	2002	2003	2004	2005	2006	2007	2008	2009
内蒙古	393.57	447.25	564.11	681.87	812.13	1082.3	1454.57	1926.84
广　西	419.85	443.6	507.47	611.48	729.51	985.94	1297.11	1621.82
重　庆	305.85	341.57	395.72	487.35	594.25	768.38	1016.01	1292.09
四　川	701.62	732.29	895.25	1082.17	1347.39	1759.13	2948.82	3590.72
贵　州	316.67	332.35	418.41	520.72	610.64	795.39	1053.79	1372.27
云　南	526.89	587.34	663.63	766.31	893.58	1135.21	1470.23	1952.34
西　藏	137.84	145.90	133.83	185.45	200.19	275.36	380.65	470.13
陕　西	404.91	418.20	516.3	638.96	824.18	1053.96	1428.52	1841.64
甘　肃	274.01	300.00	356.93	429.34	528.59	675.33	968.43	1246.28
青　海	118.72	122.04	137.33	169.75	214.66	282.19	363.59	486.75
宁　夏	114.56	105.77	123.01	160.25	193.20	241.85	324.60	432.36
新　疆	361.17	368.46	421.04	519.01	678.47	795.15	1059.36	1346.91
合　计	4075.66	4344.77	5133.03	6252.66	7626.79	9850.19	13765.68	17580.15

资料来源：《中国统计年鉴》（2010）。

如表 5-16 所示，设西部地区当年的财政支出为 EW_t，上一年的财政支出为 EW_{t-1}，前一年的财政支出为 EW_{t-2}，建立三者的回归方程，得到如下结论：

$$EW_t = -3766.97 - 0.1870EW_{t-1} + 2.4567EW_{t-2} \quad (5-12)$$

$$-1.7598 \qquad -0.1827 \qquad 1.5166$$

$R^2 = 0.9933$　　修正 $R^2 = 0.9888$

$F = 222.3654$　　$P = 0.0005$

4. 东部、中部、西部地区地方财政支出变动趋势（2010～2050年）

根据以上对东部、中部、西部地区地方财政支出状况的分析和未来发展的回归预测方程，可以预测出未来东部、中部、西部地区的地方财政支出发展变动趋势。具体结论如表5－17和图5－5所示。

表5－17　2010～2050年东部、中部、西部地区财政支出变动趋势　　单位：亿元

年份	东部财政支出	中部财政支出	西部财政支出
2010	34041.99	19495.79	21767.21
2020	237069.21	135186.56	150809.38
2030	932364.14	530507.24	591530.54
2040	2430350.39	1381599.29	1540138.34
2050	4731189.49	2689117.22	2997367.39

资料来源：预测得出。

东部、中部、西部地区的地方财政支出总量的绝对差距与上节测算的收入差距相比不很明显，尤其是中部与西部地区的差距较小。东部的地方财政支出领先于中、西部地区，优势相对较明显。西部地方财政支出虽然始终高于中部地区，但是二者之间的差距不明显。另外，2010～2050年，东部、中部、西部财政支出的相对差距基本持平，例如，2010年东部的地方财政支出是中部地区的1.74倍，是西部地区的1.56倍，而到2050年上述两方面的倍数略有上升，分别为1.75倍和1.57倍。同时西部地区与中部地区在财政支出上的相对差距没有改变，2010年西部地区的地方财政收入是中部地区的1.11倍，到2050年这一倍数依然保持为1.11倍。

三、东部、中部、西部地区地方财政对新农保试点个人账户补贴的负担水平

新农保现行模式要求地方财政对参保农村居民的缴费补贴每人每年不低于30元。以下的测算假设每位农村60岁以上的老人都有一个子女建立了个人账户，

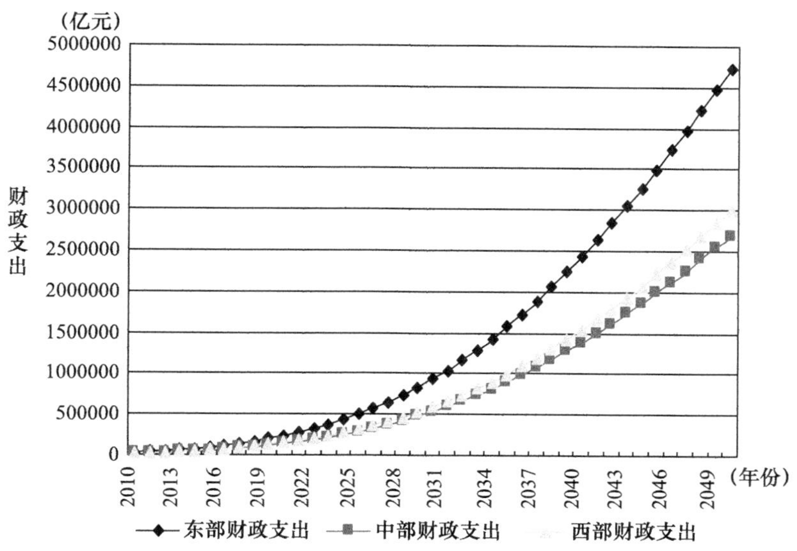

图 5－5　2010～2050 年东部、中部、西部地区财政支出变动趋势

由于每位老人只有一个子女建立了个人账户，因此老人数量也就等同于财政应该给予补贴的个人账户数量。同时假设东部、中部、西部地区地方政府不论财力强弱，都同样地给予每位参保农村居民 30 元缴费补贴。在此基础上测算并分析东部、中部、西部地区地方财政补贴负担水平。

1. 东部地区对新农保试点个人账户补贴的财政收支负担水平

测算东部地区给予新农保试点个人账户补贴数额，必须首先测算出东部地区农村的未来老人数量。农村 60 岁以上人口数来源于 2005 年全国 1% 人口抽样调查数据。占同期全国农村 60 岁以上老人比重为（1% 人口抽样调查下的东部地区各省农村 60 岁以上老人数/1% 人口抽样调查下的全国农村 60 岁以上老人数）× 全国农村 60 岁以上人口预测值（见表 5－18 所示）。

表 5－18　东部地区农村 60 岁以上人口数及其比重

东部地区	基于 1% 人口调查数据的人数（人）	占同期全国农村 60 岁以上老人比重（%）
北　京	4853	0.003772
天　津	4472	0.003476

续表

东部地区	基于1%人口调查数据的人数（人）	占同期全国农村60岁以上老人比重（%）
河　北	70073	0.054466
上　海	4369	0.003396
江　苏	79197	0.061558
浙　江	48967	0.038061
福　建	32039	0.024903
山　东	96271	0.07483
广　东	58043	0.045116
海　南	6246	0.004855
辽　宁	29317	0.022788
东部地区合计	433847	0.337221

资料来源：基于2005年全国1%人口调查数据整理而成。

根据农村60岁以上的老人数和地方政府给每个个人账户30元补贴的政策规定，可以测算东部地区地方财政在2010～2050年每年所应提供的个人账户补贴（见表5－19）。

表5－19　2010～2050年东部地区对个人账户补贴的财政收支负担水平

年份	农村60岁以上老年人口数（万人）	地方财政补贴总额（亿元）	地方财政收入负担水平	地方财政支出负担水平
2010	2792.35	100.527	0.004249	0.002954
2011	2914.14	104.909	0.003857	0.002457
2012	3041.23	109.487	0.003514	0.002065
2013	3173.88	114.261	0.003213	0.001743
2014	3312.3	119.245	0.00294	0.001484
2015	3456.77	124.446	0.002702	0.001274
2016	3543.97	127.582	0.002443	0.001078
2017	3633.37	130.802	0.002219	0.000924
2018	3725.03	134.099	0.002016	0.000791
2019	3818.99	137.487	0.001841	0.000686

续表

年份	农村 60 岁以上老年人口数（万人）	地方财政补贴总额（亿元）	地方财政收入负担水平	地方财政支出负担水平
2020	3915. 33	140. 952	0. 001687	0. 000595
2021	4037. 63	145. 355	0. 001554	0. 000525
2022	4163. 74	149. 898	0. 001435	0. 000462
2023	4293. 8	154. 574	0. 001337	0. 000413
2024	4427. 92	159. 404	0. 001239	0. 000364
2025	4566. 22	164. 381	0. 001155	0. 000329
2026	4719. 85	169. 918	0. 001078	0. 000301
2027	4878. 65	175. 63	0. 001015	0. 000273
2028	5042. 79	181. 538	0. 000952	0. 000245
2029	5212. 45	187. 649	0. 000896	0. 000224
2030	5387. 82	193. 963	0. 000847	0. 00021
2031	5458. 05	196. 49	0. 000784	0. 000189
2032	5529. 19	199. 052	0. 000728	0. 000168
2033	5601. 27	201. 649	0. 000679	0. 000154
2034	5674. 28	204. 274	0. 000637	0. 00014
2035	5748. 24	206. 934	0. 000595	0. 000133
2036	5765. 76	207. 564	0. 000553	0. 000119
2037	5783. 34	208. 201	0. 000511	0. 000112
2038	5800. 97	208. 838	0. 000476	0. 000098
2039	5818. 65	209. 468	0. 000441	0. 000091
2040	5836. 39	210. 112	0. 000413	0. 000084
2041	5846. 76	210. 483	0. 000385	0. 000077
2042	5857. 16	210. 861	0. 000364	0. 000077
2043	5867. 57	211. 232	0. 000336	0. 00007
2044	5878. 00	211. 61	0. 000315	0. 000028
2045	5888. 45	211. 981	0. 000301	0. 0000063
2046	5969. 07	214. 886	0. 000287	0. 0000063
2047	6050. 80	217. 826	0. 000273	0. 0000056
2048	6133. 64	220. 808	0. 000259	0. 0000056
2049	6217. 62	223. 832	0. 000245	0. 0000049
2050	6302. 75	226. 898	0. 000238	0. 0000049
均值	—	176. 56	0. 00126	0. 000518

资料来源：经测算得出。

根据以上的测算可知：①新农保现行模式中东部地区给予每个个人账户每月30元补贴，由此所构成的农村个人账户财政补贴总需求由2010年的100.527亿元逐渐递增到2050年的226.898亿元，在40年跨期中个人账户补贴需求均值为176.56亿元；②东部地区地方财政收入中的个人账户补贴负担水平由2010年的0.4249%逐渐下降到2050年的0.0238%，而同期东部地区地方财政支出中的个人账户补贴负担水平下降速度快于财政收入负担水平，由2010年的0.2954%快速下降到2050年的0.00049%；③2010～2050年东部地区地方财政收入的个人账户补贴负担水平均值为0.126%，而东部地区地方财政支出的个人账户补贴负担水平均值为0.0518%。

2. 中部地区对新农保试点个人账户补贴的财政收支负担水平

测算中部地区给予新农保个人账户补贴数额，必须首先测算出中部地区农村的未来老人数量，基本方法与东部地区相关测算相同（见表5－20）。

表5－20　中部地区农村60岁以上人口数及其比重

中部地区	基于1%人口调查数据的人数（人）	占同期全国农村60岁以上老人比重（%）
山　　西	29219	0.022711
安　　徽	76719	0.059632
江　　西	44717	0.034758
吉　　林	17820	0.013851
黑 龙 江	20471	0.015912
河　　南	102408	0.079600
湖　　北	60902	0.047338
湖　　南	81554	0.063390
中部地区合计	433810	0.337192

资料来源：基于2005年全国1%人口调查数据整理而成。

根据农村60岁以上的老人数和地方政府给每个个人账户30元补贴的政策规定，可以测算中部地区地方财政在2010～2050年每年所应提供的个人账户补贴（见表5－21）。

表 5－21　2010～2050 年中部地区对个人账户补贴的财政收支负担水平

年份	农村 60 岁以上老年人口数（万人）	地方财政补贴总额（亿元）	地方财政收入负担水平	地方财政支出负担水平
2010	2792. 109	100. 516	0. 013349	0. 00518
2011	2913. 885	104. 90	0. 012041	0. 00427
2012	3040. 973	109. 475	0. 010898	0. 00364
2013	3173. 603	114. 250	0. 009897	0. 00308
2014	3312. 018	119. 233	0. 009016	0. 00259
2015	3456. 47	124. 433	0. 00824	0. 00224
2016	3543. 664	127. 572	0. 007422	0. 00189
2017	3633. 057	130. 790	0. 006705	0. 00161
2018	3724. 705	134. 089	0. 006075	0. 0014
2019	3818. 665	137. 472	0. 005521	0. 00119
2020	3914. 995	140. 940	0. 005031	0. 00105
2021	4037. 28	145. 342	0. 004624	0. 00091
2022	4163. 385	149. 882	0. 004262	0. 00084
2023	4293. 429	154. 563	0. 003939	0. 0007
2024	4427. 535	159. 391	0. 00365	0. 00063
2025	4565. 829	164. 370	0. 003391	0. 00056
2026	4719. 444	169. 900	0. 003165	0. 00049
2027	4878. 227	175. 616	0. 002961	0. 00049
2028	5042. 353	181. 525	0. 002778	0. 00042
2029	5212. 000	187. 632	0. 002611	0. 00042
2030	5387. 356	193. 945	0. 00246	0. 00035
2031	5457. 579	196. 473	0. 002276	0. 00035
2032	5528. 718	199. 034	0. 002111	0. 00028
2033	5600. 784	201. 628	0. 001963	0. 00028
2034	5673. 789	204. 256	0. 001828	0. 00028
2035	5747. 746	206. 919	0. 001706	0. 00021
2036	5765. 266	207. 550	0. 001579	0. 00021
2037	5782. 840	208. 182	0. 001465	0. 00021
2038	5800. 467	208. 817	0. 001362	0. 00021
2039	5818. 148	209. 453	0. 001268	0. 00014

续表

年份	农村 60 岁以上老年人口数（万人）	地方财政补贴总额（亿元）	地方财政收入负担水平	地方财政支出负担水平
2040	5835. 883	210. 092	0. 001182	0. 00014
2041	5846. 259	210. 465	0. 001103	0. 00014
2042	5856. 653	210. 840	0. 001032	0. 00014
2043	5867. 065	211. 214	0. 000966	0. 00014
2044	5877. 496	211. 590	0. 000906	0. 00014
2045	5887. 945	211. 966	0. 000851	0. 00014
2046	5968. 560	214. 868	0. 000811	0. 00007
2047	6050. 279	217. 810	0. 000773	0. 00007
2048	6133. 116	220. 792	0. 000738	0. 00007
2049	6217. 087	223. 815	0. 000706	0. 00007
2050	6302. 208	226. 880	0. 000676	0. 00007
均值	—	176. 547	0. 00371	0. 00091

资料来源：基于 2005 年全国 1% 人口调查数据整理而成。

根据以上的测算可知：①新农保现行模式下中部地区给予每个个人账户每月 30元补贴，由此所构成的农村个人账户财政补贴总需求由 2010 年的 100. 516 亿元逐渐递增到 2050 年的 226. 880 亿元，在 40 年跨期中个人账户补贴需求均值为176. 547 亿元；②中部地区地方财政收入中的个人账户补贴负担水平由 2010 年的 1. 3349% 逐渐下降到 2050 年的 0. 0676%，而同期中部地区地方财政支出中的个人账户补贴负担水平由 2010 年的 0. 518% 下降到 2050 年的 0. 007%；③2010 ~ 2050 年中部地区地方财政收入的个人账户补贴负担水平均值为 0. 371%，而中部地区地方财政支出的个人账户补贴负担水平均值为 0. 091%。

3. 西部地区对新农保试点个人账户补贴的财政收支负担水平

测算西部地区给予新农保个人账户补贴数额，必须首先测算出西部地区农村的未来老人数量，基本方法与东部地区相关测算相同（见表 5 – 22）。

表 5－22　西部地区农村 60 岁以上人口数及其比重

西部地区	基于 1% 人口调查数据的人数（人）	占同期全国农村 60 岁以上老人比重（%）
广西	59043	0. 045893
重庆	36551	0. 02841
四川	127416	0. 099038
贵州	44973	0. 034957
云南	43966	0. 034174
西藏	2397	0. 001863
内蒙古	17303	0. 013449
陕西	37528	0. 02917
甘肃	26873	0. 020888
青海	3999	0. 003108
宁夏	4052	0. 00315
新疆	14784	0. 011491
西部地区合计	418885	0. 325591

资料来源：基于 2005 年全国 1% 人口调查数据整理而成。

根据农村 60 岁以上的老人数和地方政府给每个个人账户 30 元补贴的政策规定，可以测算西部地区地方财政在 2010～2050 年每年所应提供的个人账户补贴（见表 5－23）。

表 5－23　2010～2050 年西部地区对个人账户补贴的财政收支负担水平

年份	农村 60 岁以上老人数（万人）	地方财政补贴总额（亿元）	地方财政收入负担水平	地方财政支出负担水平
2010	2696. 039	97. 0571	0. 01295	0. 00448
2011	2813. 625	101. 2907	0. 01169	0. 00371
2012	2936. 34	105. 7084	0. 01057	0. 00315
2013	3064. 407	110. 3186	0. 00959	0. 00266
2014	3198. 059	115. 1304	0. 00868	0. 00224
2015	3337. 541	120. 1515	0. 00791	0. 00196
2016	3421. 734	123. 1825	0. 00714	0. 00161

续表

年份	农村 60 岁以上老人数（万人）	地方财政补贴总额（亿元）	地方财政收入负担水平	地方财政支出负担水平
2017	3508.052	126.2898	0.00644	0.0014
2018	3596.546	129.4755	0.00581	0.00119
2019	3687.273	132.7417	0.00525	0.00105
2020	3780.289	136.0905	0.00483	0.00091
2021	3898.367	140.3409	0.00441	0.00077
2022	4020.133	144.725	0.00406	0.0007
2023	4145.702	149.2456	0.00378	0.00063
2024	4275.193	153.9069	0.0035	0.00056
2025	4408.729	158.7145	0.00322	0.00049
2026	4557.059	164.0541	0.00301	0.00042
2027	4710.379	169.5736	0.0028	0.00042
2028	4868.857	175.2786	0.00266	0.00035
2029	5032.668	181.1761	0.00245	0.00035
2030	5201.989	187.2717	0.00231	0.00035
2031	5269.796	189.7126	0.00217	0.00028
2032	5338.487	192.1857	0.00196	0.00028
2033	5408.073	194.6903	0.00182	0.00021
2034	5478.567	197.2285	0.00175	0.00021
2035	5549.979	199.7989	0.00161	0.00021
2036	5566.897	200.4086	0.00147	0.00021
2037	5583.866	201.019	0.0014	0.00014
2038	5600.887	201.6322	0.00126	0.00014
2039	5617.959	202.2468	0.00119	0.00014
2040	5635.084	202.8628	0.00112	0.00014
2041	5645.103	203.224	0.00105	0.00014
2042	5655.139	203.5852	0.00098	0.00014
2043	5665.193	203.9471	0.00091	0.00014
2044	5675.265	204.3097	0.00084	0.00007
2045	5685.355	204.673	0.00077	0.00007
2046	5763.196	207.4751	0.00077	0.00007

续表

年份	农村 60 岁以上老人数（万人）	地方财政补贴总额（亿元）	地方财政收入负担水平	地方财政支出负担水平
2047	5842. 102	210. 3157	0. 0007	0. 00007
2048	5922. 089	213. 1955	0. 0007	0. 00007
2049	6003. 172	216. 1145	0. 00063	0. 00007
2050	6085. 364	219. 0734	0. 00063	0. 00007
均值	—	158. 0649	0. 006804	0. 002261

资料来源：根据文中老年人口数、地方财政补贴额度预测得出。

根据以上的测算可知：①新农保现行模式下西部地区给予每个个人账户每月30 元补贴，由此所构成的农村个人账户财政补贴总需求由 2010 年的 97. 0571 亿元逐渐递增到 2050 年的 219. 0734 亿元，在 40 年跨期中个人账户补贴需求均值为 158. 0649 亿元；②西部地区地方财政收入中的个人账户补贴负担水平由 2010 年的 1. 295% 逐渐下降到 2050 年的 0. 063%，而同期西部地区地方财政支出中的个人账户补贴负担水平由 2010 年的 0. 448% 下降到 2050 年的 0. 007%；③2010 ~ 2050 年西部地区地方财政收入的个人账户补贴负担水平均值为 0. 6804%，而西部地区地方财政支出的个人账户补贴负担水平均值为 0. 2261%。

第五节　新农保现行模式财政负担水平分析的启示

前面两节分别从财政收入、财政支出角度，分析了中央财政、东部地区地方财政、中部地区地方财政、西部地区地方财政的新农保财政负担水平。由这些分析可以粗略地得出如下的判断：新农保现行模式设定的基础养老金最低标准的补贴水平和个人账户的缴费补贴水平，在当前和今后一个时期内都是处于各级财政的可承受范围内的（2010 年中央财政对城镇职工基本养老保险年补助 1960 亿元，高于目前测算的 2050 年中央财政对新农保的补助总额），而且呈现出逐年下降的变化趋势。如图 5 -6、图 5 -7 所示。

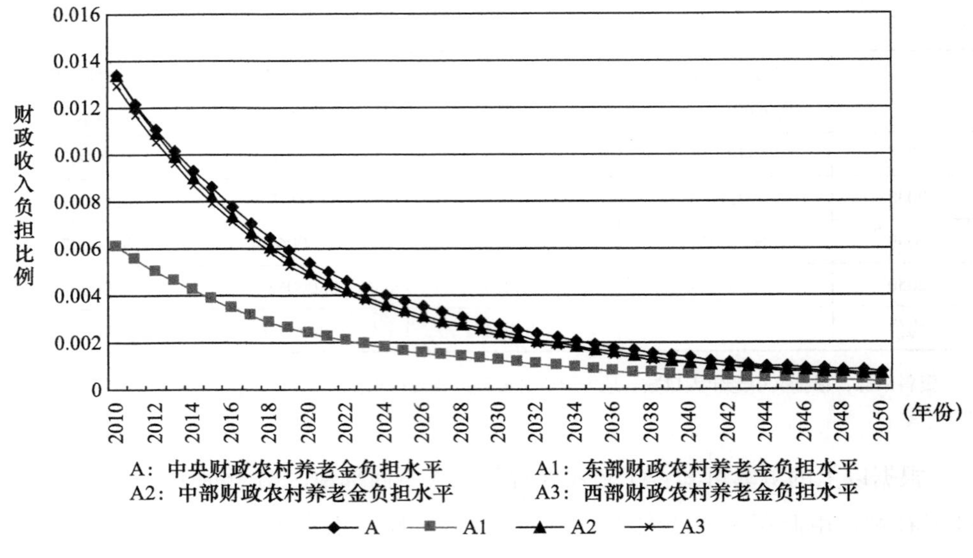

图 5－6　中央和地方财政收入的农村养老金负担水平

如图 5－6 所示，从中央财政的负担看，中央财政收入中的基础养老金负担水平由 2010 年的 1.34% 逐渐下降到 2050 年的 0.08%，而同期中央财政支出中的基础养老金负担水平虽然初期要高于财政收入负担水平，但在后期其下降速度快于财政收入负担水平，由 2010 年的 4.24% 逐渐下降到 2050 年的 0.07%。2010～2050 年中央财政收入的新农保基础养老金负担水平均值为 0.071%，而中央财政支出的新农保基础养老金负担水平均值为 1.51%。从东部、中部、西部地区的财政负担来看，东部地区地方财政收入中的个人账户补贴负担水平由 2010 年的 0.4249% 逐渐下降到 2050 年的 0.0238%，而同期东部地区地方财政支出中的个人账户补贴负担水平下降速度快于财政收入负担水平，由 2010 年的 0.2954% 快速下降到 2050 年的 0.00049%；中部地区地方财政收入中的个人账户补贴负担水平由 2010 年的 1.3349% 逐渐下降到 2050 年的 0.0676%，而同期中部地区地方财政支出中的个人账户补贴负担水平由 2010 年的 0.518% 下降到 2050 年的 0.007%；西部地区地方财政收入中的个人账户补贴负担水平由 2010 年的 1.295% 逐渐下降到 2050 年的 0.063%，而同期西部地区地方财政支出中的个人账户补贴负担水平由 2010 年的 0.448% 下降到 2050 年的 0.007%。

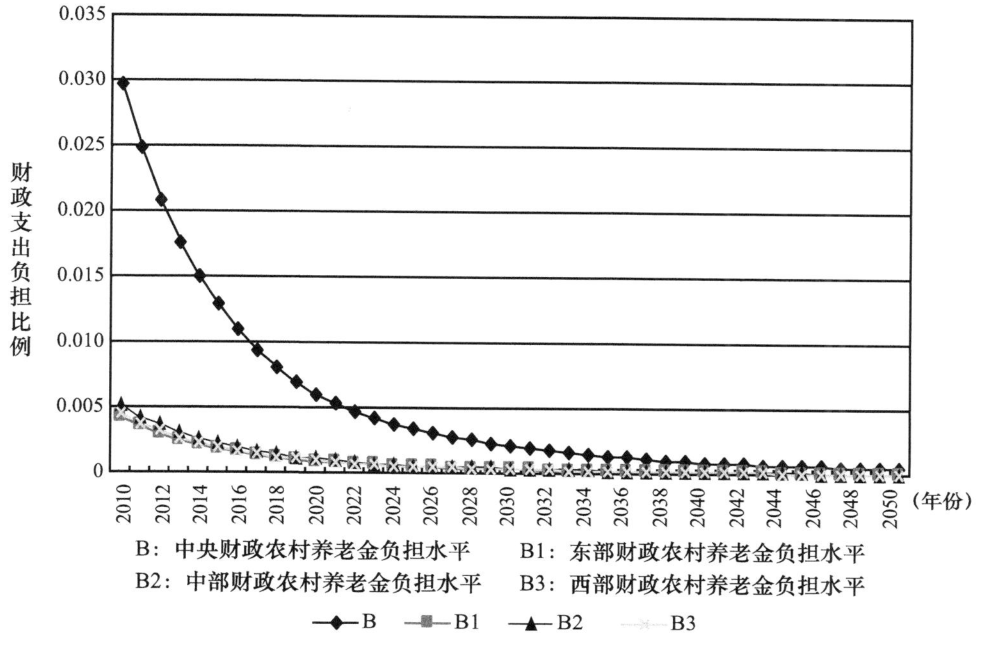

图 5－7　中央和地方财政支出的农村养老金负担水平

具体的测算结果显示，新农保现行模式财政负担水平的演变趋势大体可划分为三个阶段：第一个阶段是“十二五”时期（2011～2015 年）。这一阶段的财政负担水平逐年有所下降，但是下降的速度不是很快，期末时的财政负担水平仍然不低；第二个阶段是“十三五”时期（2016～2020 年）。这一阶段的财政负担水平继续逐年下降，而且下降的速度较快，期末时的财政负担水平保持在较低的水平；第三个阶段是 2020 年以后至测算期末，这一阶段的财政负担水平始终保持在一个较低水平上，基本上比较平稳。

从中央财政和东部、中部、西部地区地方财政的负担水平分析结果来看，未来新农保试点应该利用好在合理负担水平范围内的财政支持能力，加快推进新农保制度完善和持续发展。比较可行的是采取“三步走”的策略。

第一步对应“十二五”时期，由于这个时期财政负担水平略有下降，但负担水平仍然不低，因此不宜调高新农保待遇水平和政府财政补贴水平，主要任务则是努力扩大新农保制度的覆盖面，把更多的农村地区、农村居民纳入新农保保障体系之中，力争把国务院《关于开展新型农村社会养老保险试点的指导意见》确定的2020年实现农村适龄居民全覆盖的目标任务提前五年完成。当然在制度“扩面”的同时，财政实际负担的总额会增加，财政收入口径和财政支出口径的负担水平不会上升。

第二步对应“十三五”时期，这个时期财政负担水平有一定幅度下降，由于“扩面”已经接近尾声，参保人数和领取待遇人数相对稳定，财政负担会有一个小幅度的自然增长。因此这个阶段的主要任务是利用财政负担水平的下降空间，进一步提高新农保的基础养老金水平。

第三步对应2020年以后，主要任务是完善新农保缴费补贴的激励机制和待遇水平的动态调整机制。

本章小结

人口平均寿命的延长不可避免地导致人口出现老龄化现象，使中国不仅受到庞大人口基数的重压，而且不得不面对“银色浪潮”的冲击。人们对政府责任和管理的理念发生了新的变化，这决定着国家政府介入社会保障事业的广度与深度，也影响着对新农保现行模式起步水平的确定和财政补贴政策的制定。

中央财政和地方财政的收支都表现出长期增长趋势。根据新农保现行模式进行的有关测算表明：新农保现行模式选择低水平起步的工作推进策略是稳妥的，充分考虑了中央财政和地方财政的负担能力；中央财政对东部和中、西部采取不同的补助政策是恰当的，但是应该根据各级财政负担水平的变化趋势及时调整政策乃至制度；对新农保试点的工作进程的安排，要结合各级财政负担水平的合理性来确定，每个阶段突出一个重点任务，用十年左右时间实现中国农村养老保险制度建设的主要目标和任务，切忌全面开花、过度福利，超出各级财政负担能力，出现好事没有办好的被动局面。

第六章 农村养老保险现行模式财政运行评价及其制度创新

第一节 新农保现行模式财政运行评价

同老农保相比，新农保现行模式具有许多优越性和吸引力，实际推进当中也受到了广大农村居民的欢迎和肯定，但是在两年多的试点运行过程中，在影响财政负担的待遇水平和缴费水平、各级财政支持能力、财政资金保证机制等方面，也暴露出一些不容忽视的问题。

一、养老金总体待遇水平仍然偏低

新农保现行模式采取了基础养老金和个人账户养老金相结合的给付结构，其待遇水平也是由这两个方面决定的。因此，可以分别从上述两个方面来分析新农保现行模式的养老金待遇水平。

从基础养老金待遇水平方面来看，主要存在两个问题。其一，新农保试点时设定的基础养老金起步水平偏低。按照国务院文件的规定，基础养老金最低标准是每人每月 55 元（即年领取标准为 660 元），目前多数省份除基础养老金最低标准以外都没有其他加发或者提高部分。应当说这个标准主要参考了当前农村居民收入水平、计划生育奖励扶助、贫困线标准、农村最低生活保障水平等因素，是综合确定的结果，但实际上比确定这个标准时的全国农村最低生活保障水平（998 元）要低一些。即使与 2008 年全国绝对贫困线（即人均收入 785 元）的标准相比，660 元的年领取标准也是不高的。有的学者认为，新农保现行模式基础养老金起步水平加上老年农村居民的土地收入或以土地为载体的经济收入，这个标准是可以的。这里面有一个对土地带给农村居民多少产出的估计问题。从中国农业生产的现状来看，农村人均占有土地数量不多，纯粹以种植业为主的农村居民的年收入水平也不是很高。2008 年全国农村居民纯收入中来自于家庭生产经营的收入为 2346 元，折合到每月为 203 元。对于丧失劳动能力的老年农村居民而言，其土地租赁收入明显要低于这个水平。因此，新农保现行模式基础养老金的绝对标准偏低。其二，制度替代率设定水平偏低，适度性不够。如本书前面关于新农保现行模式养老金水平替代率分析中所得到的判断一样：在养老金调整系数与农村人均纯收入年增长率保持同步增长的假定下，新农保试点启动时即达到养老金领取年龄的“老人”的养老金替代率只有 13.86%（以农村居民人均纯收入为基数），远远低于同期城镇职工退休时的替代率。城镇职工替代率可以由制度设定替代率 58.5% 和退休职工平均养老金除以上年城镇人均可支配收入的实际替代率这两种方法来度量。新农保试点启动前的 2008 年的全国城镇人均可支配收入为 15781 元（同比增长 8.4%），当时的全国退休职工平均养老金水平为 1100 元，则 2008 年城镇职工养老保险的实际替代率为 83.64%。同样对 2009 年进行分析可知，2009 年全国城镇人均可支配收入为 17175 元（同比增长 9.8%），当时的全国退休职工平均养老金水平为 1225 元（同比增长 11.36%），则 2008 年城镇职工养老保险的实际替代率为 85.59%。相比而言，2009 年我国新农保的实际替代率为 13.86%（全国农村居民人均纯收入为 4761 元，年领取额为 660 元）。更值得注意的是，新农保现行模式中的“中人”和“新人”的替代率水平取决于“老人”基础养老金替代率、基础养老金最低标准年增长率、农村居民人均纯收入年增长率和缴费年限四个因素。也就是说，“老人”的基础养老金替代率低，直接会影响到“中人”、“新人”的基础养老金替代率的绝对水平。这是不考虑基础养老金最低标准增长、农村居民人均纯收入增长的静态情况。从动态的变化趋势来看，由于目前新农保现行模式中对基础养老金最低标准的动态调整机制尚无制度性安排，而农村居民人均纯收入是要逐年增长的，2009 年全国农村居民人均纯收入为 5153 元（同比增长 8.5%），新农保现行模式“老人”的实际替代率则下降到12.8%，因此在试点启动时设定的基础养老金最低标准不调整的情况下，如果没有动态调整机制做弥补，“中人”、“新人”基础养老金的替代率实际上是下降的，而且会低于“老人”的基础养老金替代率水平。

从个人账户养老金待遇水平方面来看，前面关于新农保现行模式下个人账户养老金替代率水平的动态分析充分表明：其一，“中人”由于参保时间晚，制度设计导致其选择高缴费档次的收益率不高。表面上看，虽然这符合社会保险理论中权利和义务对等的原则，但是对于新农保这个新制度而言，参保时间晚并不是“中人”自身造成的，而是国家政策造成的，因此制度设计时“中人”的养老金替代率水平低的问题应当扭转。其二，个人账户养老金的替代率是与人均预期寿命负相关的，目前新农保现行模式采取了城乡相同人均预期寿命的办法，目的是便于城乡统一，但是在一定程度上“压低”了新农保现行模式下个人账户养老金的替代率水平，因为农村人均预期寿命实际上比城市要低。

综上所述，尽管在新农保现行模式启动初期，选择基础养老金低水平起步的这个策略是稳妥的，但是不能持续很长时间，还是要回到基于农村居民适度养老需求的养老金待遇水平上来。也就是要在精算的基础上，选择基础养老金最低标准“提标”的时机和实施步骤，进而在适度的基础养老金水平基础上实现动态调整。基础养老金的适度水平是今后研究完善新农保制度的重要课题。

二、缺少基础养老金动态调整制度化安排

虽然国务院《关于开展新型农村社会养老保险试点工作指导意见》中提出了各地可以根据经济发展水平和物价变动情况提高和增加基础养老金的工作思路，为今后建立基础养老金动态调整机制留出了操作空间和政策依据，但是上述两个途径的调整机制在国务院文件中并没有进一步加以明确。应当看到，新农保现行模式下的基础养老金最低给付标准的调整机制应当考虑的因素很多，只是简单地说根据经济发展水平和物价指数变动情况来确定是不行的。至少要做到以下几点：一是要参照农村居民的消费结构（用恩格尔系数来描述）的变化来研究；二是要瞄准农村居民收入增长和农村居民消费支出增长的情况来考虑；三是要按照农村参保居民的基础养老金增长略快于城镇职工养老金增长步伐的要求来安排。归纳起来，就是要从提高农村居民实际购买力、共同分享经济社会发展成果、缩小城乡二元社会保障“福利差”三个维度来研究新农保现行模式的基础

养老金的动态调整机制。因此，提出基础养老金最低标准的动态调整机制，要兼顾上面三个因素并做很好的测算。

对于通过提高和增加基础养老金的方式来提高基础养老金水平的这个政策措施，不能简单地从提高养老金待遇水平的角度来理解（当然有这个成分），关键是要为这项政策措施进行正确的目标定位。这个目标定位就是要考虑时间序列上整个经济社会发展进步的事实，也要考虑空间布局上各地经济发展水平的差异，在此基础上不追求绝对标准的公平，而是保持相对标准的公平。只有正确定位以后，才能建立可测量的相关指标，进而形成动态调整机制。

新农保现行模式没有回答基础养老金提高和增加部分的调整依据是什么、调整时以谁作为基数、具体调整系数怎么确定三个关键问题，而这是进一步推进新农保现行模式制度创新的关键所在。新农保现行模式下的基础养老金的动态调整机制，必须要始终围绕农村居民基础养老金适度水平这条主线。现实中农村居民基础养老金适度水平是客观存在的，而且很可能是一个适度区间。这个适度区间的下限就是与落实“保基本”要求、维护“生存公平”相对应的农村居民的基本生活需要，上限就是与维护“劳动公平”和保证城乡间、地区间、群体间的替代率（可以是收入替代率，也可以是消费支出替代率）相同或相接近时的待遇水平。新农保现行模式的基础养老金动态调整机制应当是在基础养老金最低标准达到适度水平区间下限后启动，而且要始终在适度水平区间内发挥作用。如果把待遇水平动态调整和由试点待遇起步水平向适度水平区间下限“补齐”结合在一起分年来操作，会带来许多复杂性，也会牺牲一些“老人”的切身利益。

三、参保缴费激励措施显性化和吸引力不够

前面已经讲到，新农保现行模式采取了许多措施来吸引广大农村居民参保缴费。这些措施中有的是带有约束性的，比如有的地区要求试点启动时直接享受待遇的“老人”的子女必须同时参保缴费，有的地区则要求按村参保（即整个村的农村居民的参保率必须要达到最低比例的要求），等等。这些措施在新农保试点初期农村居民对制度认知、认可的程度不高的情况下是有效的，但是与新农保现行模式基础养老金普惠式的目标定位是相违背的。从长期看，这些约束性措施必须要取消，因为把子女参保缴费与否作为前置条件是不合理的，而且即使不取

消，也是难以达到实际效果的，因为“老人”的子女在其参保缴费并且保证“老人”获得基础养老金待遇后，完全可以选择“退保”或者“停保”。由此可见，广大居民能否参保缴费，关键是要增强制度的吸引力，而且这种吸引力很大程度上要“显性化”，要易于被广大农村居民所认识、所理解、所接受。这里提出的新课题就是要多从建立激励机制入手，切实提高广大农村居民的参保缴费意愿。

现在新农保现行模式中实行了地方财政对缴费进行补贴的政策，客观上能够起到一定的激励作用，也符合农村居民习惯上追求“现得利”、“看得见”的实际情况。但是应当看到，补贴到参保人员个人账户所能带给农村居民在养老金最终待遇方面的收益是相当有限的，实际上对农村居民的吸引力不大。事实也是如此，30 元的政府缴费补贴按照最长缴费年限 43 年（假定 16 岁即参保），60 岁时因政府补贴形成的个人账户储存额是 1290 元，按照新农保现行模式个人账户养老金计发办法的规定，用这个储存额除以人均预期寿命月数 139 后，每个月增加的个人账户养老金不到 10 元。老农保的个人账户积累式的待遇水平难以对参保人员形成吸引力就是很好的例证。而且试点过程中各地实行的多缴缴费补贴、长缴缴费补贴的实际效果也与政策设计的初衷有些出入。农村居民更多的是选择规定的最短缴费年限、最低的缴费档次来参保缴费，因为他们最关心的是获得基础养老金的资格问题。对辽宁省阜新市彰武县农户参加新农保的有关调查结果证明了这一点。随着新农保制度的深入实施，农村居民也会对新农保现行模式养老金的给付结构、计发办法和待遇水平有所了解，作为“理性人”的他们更看重的是当期的缴费与未来的收益之间的联系，而且这种联系比较直观、比较有效，要在待遇水平上有一个可度量的相对大些的提升才可以。

对于广大农村居民而言，吸引其参保缴费的最直接、最有效的方式，就是把基础养老金水平的提高同参保缴费直接挂钩，而且挂得越紧效果越好，越有利于推动农村居民参保缴费。由此出发，也就是要研究个人账户累积额（取决于缴费档次和缴费年限）如何能够影响基础养老金水平的确定，缴费年限如何影响基础养老金水平的确定。可行的办法就是构建地方激励养老金，与基础养老金、个人账户养老金共同形成养老金待遇给付结构。地方激励养老金的计发，要以新农保现行模式中的基础养老金最低标准为基准和计发基数，而后研究在计发系数上缴费年限、缴费额度的因素如何体现。比如可以构造缴费水平影响系数，即计算农村居民参保期限内平均缴费额（即用个人账户储存额除以实际缴费年限）后，与国务院文件规定的缴费档次对比，对比的结果不同，给予的影响系数不同。比如可以构造缴费年限影响系数，将超过最低缴费年限以外的缴费期限与最低缴费年限对比，形成影响基础养老金计算的影响系数。与基础养老金挂钩的好处：一是可以产生比个人账户养老金更多的社会保障权益，因为基础养老金有动态调整机制，而且是退休时的现值，不像个人账户养老金仅是贴现值，两者差距很大；二是把缴费年限达到最低缴费年限作为一个限制性要求，达到最低缴费年限之后才能加发或提高基础养老金水平，而且确保"超缴"期限越长加发越多的机制可以实现。

四、政府财政支持力度尚需加大

通过对新农保现行模式财政负担水平分析可以看出，无论是静态还是动态，无论是中央财政还是地方财政，都是在财力可承受范围内的，各级财政支持新农保制度建设的资金空间还是有的。因此，在有资金空间的前提下，要很好地研究资金使用的问题。从财政支持的方向或者说财政负担结构看，还是要强化基础养老金最低标准，逐步达到农村居民养老金适度水平区间下限，而对于地方财政对参保人员的缴费补贴标准不宜做调整。从各级财政在新农保制度建设中应承担的责任看，应当逐步改变目前由各级财政共同承担同一个补贴项目的局面。按照国务院《关于开展新型农村社会养老保险试点工作指导意见》确定的财政补贴项目和分担机制，基础养老金分为最低标准、基础养老金提高或增加部分两大块。对于东部地区而言，要承担一半的基础养老金最低标准和全部基础养老金提高或增加部分。对于中、西部地区而言，要承担全部基础养老金提高或增加部分。如果按照新农保现行模式的功能定位，考虑各级财政的实际承受能力，着眼于提高新农保统筹层次并实现跨区域转移接续的发展要求，应坚持各级财政独立分别承担补贴项目为好。

我们知道，新农保现行模式的功能定位，首要的是保证农村老年人口的基本生活需要，也就是"保基本"、维护"生存公平"。这个功能定位决定了"保基本"的财政责任应当由中央财政来承担，对应的财政负担项目应该是国务院《关于开展新型农村社会养老保险试点工作指导意见》中提出的基础养老金的最低标准，这个待遇水平应该是全国统一的。同时要研究实现提高保障水平、维护

“劳动公平”、改善生活质量、缩小城乡二元社会保障待遇差别的方式和途径。由于各地经济发展水平不同，养老金待遇水平应当有所差别。经济发展水平高的地区往往财政实力也比较好，具备承担上述财政责任的能力。所以，地方财政负担的补贴项目应当是地方激励养老金和缴费补贴。从地方各级财政分工的角度看，省级财政应该承担地方激励养老金，缴费补贴责任可以由省、市、县三级承担逐步向省级财政承担转变，届时市、县财政可以象征性地、约束性地承担一些责任。这样做的优点在于：一是中央财政和省级财政在现行财政体制下财政支持能力较强，能够负担起这些支出；二是有利于提高新农保的统筹层次，特别是对“一步到达”省级统筹非常有意义，这是符合发展方向的。从目前新农保试点情况看，许多地方县级财政承担了许多投入责任，不仅其自身能力现实上难以承受，而且长远来看制度的可持续性也难以保证。如果现行财政负担项目和分担机制不做调整，随着试点范围的不断扩大，随着参保人数和领取待遇人数的不断增多，基层财政的压力会更大。

五、各级财政投入保证机制不健全

新农保现行模式的筹资结构由个人缴费、集体补助、财政补贴三个部分构成。其中政府补贴主要用于三个方向：一是基础养老金部分（包括基础养老金最低标准、基础养老金提高或增加部分）；二是个人账户养老金在人均预期寿命（领取年龄 60 岁加上平均余命 11.58 岁，即 71.58 岁）以后的领取部分；三是参保人员的缴费补贴部分。同城镇职工养老保险统账结合的制度模式相比，新农保现行模式的统筹账户实际上是虚拟的，而且即使不是虚拟的，也是空账的。从新农保现行模式的运行特点看，当年是只有支出，没有收入（仅有的保费收入都被计入个人账户，属于参保人个人资产），而且当前支出来源于当年的财政投入。因此，新农保现行模式中的基础养老金和个人账户养老金超出人均预期寿命以后部分的当期给付，都需要财政在当年的财政预算中安排解决，而不像大多数社会保险项目可以依靠历年的基金积累或者当年的保险费收入来解决全部或大部分。财政对任何一项社会保障制度都要承担责任，对于新农保这样的普惠式养老金而言，财政责任最终要体现为兜底责任。如果在新农保制度实施过程中所需要的财政资金安排方面缺乏保证的话，那么这项制度的可持续性就会大打折扣。但是新农保财政资金的筹集和使用，不能仅靠行政的命令方式或者协调方式加以解决，必须要有机制性的安排。为此，应该建立新农保财政资金的预算制度，并通过立法的方式加以确认。财政预算制度的第一要义是政府组织收入，如果预算收入不理想，势必也要影响新农保制度的运行，特别是保证发放的压力很大。为此，可以考虑制定一些增强财政新农保资金的储备能力、调剂能力的政策措施，同时要强化预算执行的监督，研究新农保预算资金的专款专用问题。目前，新农保试点中基金管理的机构、人员、信息化管理程度等方面都有不少需要改进的地方。建立和完善新农保财政资金预算制度（尤其是在县级财政），显得非常重要和紧迫。

第二节　新农保现行模式制度创新的多维视角

新农保现行模式开创了农村养老保险制度化思维，形成了着眼于城乡统筹的制度框架和今后可以进一步改革的制度平台。在这个角度上，现行模式具有重大的价值。但是试点制度只是农村养老保险制度的初级模式，从多种角度上都有进一步完善的可能性和必要性，进而形成新农保的优化模式。可以从以下几个视角来研究新农保现行模式的制度创新。

一、农村居民养老金需求适度水平的视角

现行模式没有考虑基础养老金给付是否适度以及农村居民对养老金的动态适度需求水平问题。因此，现行模式中的基础养老金给付水平对改善农村老人的生活状况起到多大作用，今后应该采取一个什么给付水平才能更好地适应农村老人的生活需求，是值得进一步完善的。此外，农村居民养老金需求水平是一个宏观经济环境及个人收入水平不断改善的指标，决定了农村居民在基本生活水平得到保障之后，向更高消费水平和消费层次转变的方向与速度，也体现出养老金保障居民过上体面生活的作用。因此，设计新农保适度给付水平，将构成新农保优化模式的中心思想。学界最初对养老保险适度水平的研究一般是从宏观层面进行的。从宏观角度出发，养老保险水平是指一定时期内一国或地区社会成员享受养老保障待遇的高低程度，应该在保障老年人基本经济生活需要的同时促进国民经

济的健康发展。从宏观层面进行衡量主要是为了测度一国养老保险给付的总体水平，并判断总给付水平是否会对经济及社会发展产生负面影响，这一指标对于对养老保险制度运行状况进行宏观判断具有重要意义，但是具体到个人在客观上需要的适度养老金数额，却很难用宏观养老保险适度水平去考察。

从微观层面分析养老保险适度水平，则需要将考察目标由整体状况转移到每一个个体。就农村养老保险制度而言，就是需要将考察目标具体指向每一个农村居民。考察的内容是农村居民在当前的物价指数、恩格尔系数、人均纯收入水平及消费支出结构下适度的养老保险水平。而且农村养老保险适度水平是一个包含下限与上限的区间。下限的衡量标准是能够满足农村老年人基本生存需要，即生存必需的最低限度食品和服务支出。上限的衡量标准是达到同期农村居民生活消费支出的60%。60%这一标准是国际上公认的养老金给付水平标准，它表明老年人的消费结构与年轻时期相比已经发生了很大变化，消费更加集中于食品、医疗等领域，大大减少或者完全取消了以奢侈品为代表的其他商品消费。在这种情况下，当期居民生活消费支出的60%是可以保证老年人正常并体面生活的。微观角度的养老保险适度水平与养老金替代率的概念有紧密的关系：替代率可以简单理解为领取的养老金与当前社会平均收入（城镇居民人均可支配收入或农村居民人均纯收入）的比值，这是对当前养老保险待遇水平客观描述的指标。当然，替代率可以是适度的，也可以是不适度的。而微观层面的养老保险适度水平，是与合意的养老金数额和社会平均收入挂钩的。所谓合意的养老金数额是指根据当期社会平均收入测算得出的应该领取的养老金数额，是一种未必现实的、具有虚拟性质的数据指标。从这个角度来看，可以认为微观层面的养老保险适度水平是一种合意替代率。

二、新农保给付标准动态调整机制的视角

现行模式没有考虑物价指数、农村恩格尔系数的动态变化问题。物价指数是影响养老金真实购买力的关键指标，决定了养老金现实价值和农村居民对养老保险制度的信赖程度；农村恩格尔系数的变化显示了农村居民实际生活水平的改善程度，体现了农村居民消费水平和消费层次的变动，将对农村居民需要的基础养老金水平产生重要影响。因此，在新农保优化模式中应加入对物价指数、农村恩格尔系数的动态变化的考虑，构建起新农保给付标准的动态调整机制。建立具有

给付标准动态调整性质的农村养老保险制度是制度走向完善的必由之路。动态调整机制是一种规范的、制度化的调整方式，能够根据物价指数、恩格尔系数等进行年度间的自动调整。在这种调整方式下，虽然农村养老金给付的相对水平会不断变化，无法形成一个易于把握的固定值，但是经过调整后，农村养老金给付的绝对水平会随物价指数等外部系数的提高而增加，农村老年人可以保持相对稳定的生活水平。更为重要的是，这种调整方式能够根据物价等系数的变化及时地调整农村老年人的养老金收入水平，即使不能同等程度地与社会其他群体一起分享经济发展的成果，但至少能够抵消由于物价水平改变所带来的养老金真实购买力的下降，进而能够合理地维持农村老年人的养老保障水平。

动态调整机制的实施是受制于多种因素的，例如财政的负担能力、物价指数、恩格尔系数、经济社会发展水平、国家养老制度阶段性任务和宗旨等。在当前农村养老保险缴费率、劳动生产率和人口增长率的多种条件下，新农保制度的给付水平较低，可以认为制度设计本身已经为应对未来的不确定性预留了较大的支付空间。而替代率调整可以按不同的外部条件进行，其中按物价指数和恩格尔系数调整具有较强的合理性。因为这种调整方式，一方面，可以维持农村老年人的基本生活水平，使其生活水平不至于因面临物价水平攀升和社会平均生活状况提高的双重压力而下降过多；另一方面，不会对农村养老保险基金造成过大的支付压力。这种调整机制建立以后，可以使新农保基金在新的制度参数下形成比较规范的财务平衡机制，有利于改善农村养老保险基金的财政负担水平。

三、构建新农保制度“三账户”模式的视角

新农保现行模式是由基础养老金和个人账户养老金构成的“两账户”制度，应该借鉴国际上已经证明的具有良好制度可持续性的三支柱思路，形成“三账户”给付结构的制度模式，即由中央财政负担的国家基础养老金、个人缴费和缴费补贴（财政补贴、集体补助）形成的个人账户养老金、地方财政负担的地方激励养老金构成“三账户”制度。“三账户”将成为新农保优化模式的核心架构。

构建多层次、多支柱的农村养老保险体系是解决现行农村居民养老问题的现实选择。多支柱制度在保证了社会养老保险制度追求公平、保障基本的同时，也体现出个体的差别，适合当前我国国情的需要和经济发展水平的实际，符合“保

基本、广覆盖”的原则。人类的养老需求是多层次、多方面的，由不同支柱构建的养老体系在实现制度优化和可持续发展以及满足人类不同层次、不同方面的养老需求上具有重要意义。农村老年人的主要需求就是物质生活需求、生活服务需求以及精神需求。其中老年人的物质生活需求是最重要的，生活服务需求是在满足物质生活需求的基础上才会产生的。我国现行的新农保待遇水平比较低，这是一种保障了基本生存的养老保险。但是，我国也有相当一部分较富裕的农村居民的养老需求较高，他们需要选择较高的缴费档次并对较高的财政补贴产生需求，因此在推进新农保试点的过程中，必须仔细研究我国农村居民的基本情况以及农村的复杂性和多样性等特点，在做好试点工作的同时，认真分析我国农村居民养老状况及需求形式，努力促进基本养老保险制度的发展，注意加快研究建立符合农村实际和农村居民实际的多层次、多支柱的养老保险体系，使新农保能够在不同层次上满足老年人的不同养老需求。

四、与农村居民缴费能力相适应的视角

新农保制度缴费档次在静态层面可能具有合理性，但从动态角度看，并没有与农村居民未来持续增长的收入水平挂钩，因此缴费档次的动态合理性还有待于提高。缴费的承受能力是影响农村养老保险制度建立和持续的一个重要因素，如果缴费承受能力较强，将有利于推进农村养老保险制度的建立和完善；反之，如果缴费承受能力较弱，即使制度及时建立也将无法长久实施。对于缴费承受能力来说，影响因素主要有家庭收入、富裕程度、文化程度、投资意识、保险意识等，可以说缴费承受能力是多种因素共同影响、综合作用的结果。

在制度性因素方面，由于新农保制度运行时间不长，农村居民对于这种制度能否长期稳定持续下去心存疑虑，一定程度上影响了部分农村居民参保的意愿及较高缴费档次的选择。在政府履行新农保责任方面，政府对新农保的财政转移支付力度如何，能否保证农村居民的预期收入及时足额领取，政府将构建怎样的新农保制度来保障农村居民的权利，这些因素无一不影响着农村居民的缴费意愿。在个人及家庭因素方面，第一，家庭富裕程度对农村居民缴费承受能力具有正向影响，影响着农村居民的支付意愿及支付能力。第二，参保意愿对缴费能力的影响。通过调查得知，已经参加新农保的参保人或没有参加但有意愿参保的农村居民，要比没有参保或不愿意参保的农村居民缴费承受能力更强。第三，农村居民

的受教育程度对农村居民参加新农保的缴费意愿及缴费能力有着显著影响，事实表明，农村居民的受教育程度越高，经济收入往往也越高，对新生事物接受越快，参保意愿越强烈。第四，年龄对缴费的承受能力也有很大的影响，年轻的农村居民的缴费承受能力比年老的农村居民更强。第五，农村居民的缴费意愿及缴费能力还取决于农村居民对不同养老保险模式的偏好。现在农村居民的主要养老方式有家庭养老、集体养老、土地保障、储蓄保障等，这些养老方式也对农村居民是否选择新农保作为未来的养老方式有一定替代效用。第六，农村居民参保后，预期的收益水平的高低，也影响着他们的缴费意愿。如果预期收益较高，基本可以满足他们丧失劳动能力后的日常生活，他们便更乐于缴费；如果预期收益较低，加上物价上涨和通货膨胀的压力，这些农村居民便会对新农保缴费兴趣不大。

经济发展水平是农村社会养老保险发展的重要制约因素。随着我国经济的不断发展，农村经济发展水平也提高到了前所未有的高度，农村产业结构出现巨大变革，农村生活条件和生活环境逐步改善，农村居民的生活水平也不断提高，农村居民从总体上进入了小康社会阶段。因此，制定新农保个人缴费档次必须以经济发展水平为重要依据，缴费档次的制定要与整体的经济发展相适应。随着农村经济结构战略性调整的深入实施和农副产品价格的提高，农村居民收入形势不断好转，提高农村养老保险缴费档次就具有了现实可行性。

五、2050 年养老保险待遇基本消除城乡差别的视角

新农保现行模式虽然是基于缩小城乡差距和实现城乡统筹开始实施的，但是没有明确设计基本消除城乡养老保险待遇差别的时间表。在基本消除城乡养老保险待遇差别的进程设计上，提出在 2050 年这个时间点实现的思路，主要的考虑是下文中对优化模式的养老金给付水平及财政负担水平的测算都是以 2050 年为终点的。

之所以选择 2050 年作为预测结束年份，主要是因为我国现代化建设“三步走”战略的总体部署。“三步走”战略的具体部署是：第一步是从 1981 年到 1990 年，实现国民生产总值比 1980 年翻一番，解决人民的基本温饱问题；第二步是从 1991 年到 20 世纪末，使国民生产总值在 1990 年的基础上再翻一番，人民生活达到小康水平；第三步是从 2001 年到 21 世纪中叶，在第二步目标的基础

上再翻两番，使人均国民生产总值达到中等发达国家水平，在这个阶段上人民的生活比较富裕。由于2050年是“三步走”战略中第三阶段的终结时间点，因此选择2050年作为养老保险待遇基本消除城乡差别的年份，具有经济可行性和政治必要性。

此外，国内部分学者也把社会保障制度完善的过程划分成三个阶段。郑功成就提出中国社会保障体系建设的目标任务可以分解为三个阶段：①2010～2012年是第一阶段，目标任务是构建普惠全民的“两免除一解除”（免除生存危机、免除疾病忧虑和解除老年后顾之忧）的基本保障制度，包括基本医疗保障制度、基本养老保险制度、最低生活保障制度三大制度覆盖全民，并实现定型、稳定发展，同时发展老年人、残疾人、儿童福利事业及其他社会保障事业，使社会保障能够初步满足国民生活基本保障的需求；②2013～2020年是第二阶段，目标任务是实现中国特色社会保障制度全面定型、稳定发展，包括面向全民的基本医疗保障制度、基本养老保险制度、综合型社会救助制度、老残妇幼福利制度走向成熟，城乡居民的其他社会保障需求得到基本满足，社会保障水平得到较大幅度提升，并成为对财富分配格局产生重要影响的制度安排；③2021年到21世纪中叶是第三阶段，目标任务是在继续提升社会保障水平、缩小不同群体之间差距的条件下，实现由基本保障型向生活质量型、由形式普惠型向实质公平型发展的目标，并成为促使和维系财富合理分配格局的支柱型制度保障，最终向中国特色的福利社会迈进。由此可见，将2050年确定为经济发展以及社会保障制度完善的一个关键时间节点，是有着充分理论佐证的。

六、实现东、中、西部地区农村老年人平等养老待遇的视角

新农保制度创新要体现东、中、西部地区农村老年人平等养老待遇的思路，主要是指不同地区老年人的养老待遇相对标准要一致或者接近，即满足农村老年人基本生活并逐步发展到体面生活基础上的替代率一致或者接近。新农保制度创新遵循这一原则，将有利于进一步消除地区差异和城乡差异。

一般而言，养老保险制度要实现地区和城乡之间待遇的平等，因为同属一国国民，就要平等享有养老权利。但在现实中，由于城乡之间和地区之间的经济发展水平不一致，导致实际养老水平也有相当大的差距，这不符合国民在待遇上的公平原则。此外，经济发达地区的农村养老保险支出多，养老保险的支出反过来

起到了一定的拉动该地区经济发展的作用，而经济欠发达地区的养老保险支出少，在一定程度上不利于推动当地经济的发展。因此，要正确处理地区间农村老年人养老待遇不平等的问题。如果没有处理好养老待遇地区差异问题，可能会出现“经济发展地区差异大导致农村养老保险支出地区差异加大，进而使地区经济发展水平的差距进一步加大”的恶性循环。由此可见，实现东部、中部、西部地区农村老年人平等养老待遇，是实现全国农村居民公平享受养老待遇、老有所养、完善社会养老保险制度和实现社会主义新农村建设的重要内容，将对贯彻落实科学发展观及构建社会主义和谐社会产生重要影响。它不仅有利于进一步优化中央和地方关系，而且也有利于缩小不同地区农村居民的贫富差距和平衡地区之间的养老保险水平。特别需要指出的是，将中、西部地区的农村居民设定在低水平的养老待遇层次上，将严重影响经济社会的和谐发展。

第三节　新农保优化模式“三账户”架构及其分析

所谓新农保优化模式是指对原有现行模式的改进，虽然不是最优化的制度模式，但与现行模式相比，可以在多个方面得到优化，能够把前面阐述的新农保现行模式制度创新的多维视角纳入其中。

一、新农保优化模式“三账户”架构特征

1. “三账户”架构描述性分析

新农保优化模式的主要创新点是由现行模式的“两账户”给付结构变成“三账户”给付结构。这三个部分分别是国家基础养老金、地方激励养老金和个人账户养老金。其中，国家基础养老金、个人账户养老金两个部分与现行模式基本相同，大的方面不做改变，只是取消了现行模式中基础养老金中的提高或增加部分，仅保留基础养老金的最低标准部分，并改称为国家基础养老金。

新设立的地方激励养老金的特征如下：一是从给付意义上进行定义；二是该账户也是虚拟的；三是这部分养老金是与国家基础养老金挂钩的，是以国家基础养老金为基数来计算；四是设定一个计发系数，与国家基础养老金一起来计算待

遇水平。该计发系数要能综合反映不同地区的经济发展水平的差异和参保人员缴费档次、缴费期限的不同。

在上述概念界定的基础上，可以进一步明确新农保优化模式的三个账户的内涵和特征：第一账户是国家基础养老金，即现行模式中的基础养老金最低标准，由中央财政负担；第二账户是地方激励养老金，即由地方财政负担的一种基础养老金，其性质与现行模式中的提高或增加的基础养老金部分相似，两者的区别在于优化模式对这部分养老金的计发和调整做了机制上的规定，并赋予了相应的经济发展激励和参保缴费激励两个功能；第三账户仍为现行模式规定的个人缴费、集体补助和政府补贴相结合方式，其个人账户养老金待遇的计发办法也保持不变，政府补贴仍由地方财政负担，资金来源也暂时保持不变。

2. 地方激励养老金的结构特征

如果把第一账户的国家基础养老金设为 P_1，第二账户的地方激励养老金设为 P_2，L 为地方激励养老金计发系数，k_0 为地方政府仅就提高参保农村居民待遇水平而设定的参数，则：

$$P_2 = P_1 \times (k_0 + L) \qquad (6-1)$$

地方激励养老金计发系数 L 分为经济发展激励和参保缴费激励两个部分：经济发展激励主要考虑不同地区农村居民人均纯收入与全国农村人均纯收入的比较情况，参保缴费激励则要综合考虑缴费档次不同的影响和缴费期限不同的影响。与上述相对应，可以用经济发展分享系数 k、缴费水平影响系数 a、缴费期限影响系数 t 来替代地方激励养老金计发系数 L，则：

$$L = k + a + t \qquad (6-2)$$

把式（6-1）、式（6-2）联系在一起，可以得到：

$$P_2 = P_1 \times (k_0 + k + a + t) \qquad (6-3)$$

现在来分析经济发展分享系数 k、缴费水平影响系数 a、缴费期限影响系数 t 的定义和计算原理。

（1）对于经济发展分享系数 k 而言，只有该地区农村居民人均纯收入高于全国农村人均纯收入水平时才可以取值。其最小值为 0，最大值为该地区农村人均纯收入与全国农村人均纯收入的差额除以全国农村人均纯收入，即（$R_{地} - R_{全}$）/$R_{全}$，$R_{地}$ 为该地区农村人均纯收入，$R_{全}$ 为全国农村人均纯收入。k 可以在0和最大值之间选择。当然，也可以选择人均消费支出指标，也可以把人均纯收入指标和人均消费支出指标按照一定的权数进行加权平均，这样反映地区间的经济发展水平或者生活水平的差别，是对参与经济发展并做出贡献、创造财富的参保者给予的合理的和必要的回报。

（2）对于缴费水平影响系数a而言，采取离散式取值，方法是：先取平均年缴费额A/N（即用个人账户累计额A除以缴费年限N），然后用平均年缴费额与规定的缴费档次相比较，根据不同情况获得a的取值。按照新农保制度的规定，具体取值如下：

$$a=\begin{cases}a_1, & 100<A/N<200\\ a_2, & 200<A/N<300\\ a_3, & 300<A/N<400\\ a_4, & 400<A/N<500\end{cases} \tag{6-4}$$

式（6-4）中存在如下关系：①$a_1<a_2<a_3<a_4$；②a_1、a_2、a_3、a_4可以呈现线性增长；③a_1、a_2、a_3、a_4具体取值可以从缴费激励效果调查中获得。

（3）对于缴费期限影响系数t而言，主要是研究缴费年限N超过最低缴费年限要求N_0的情况，体现缴费长、待遇水平高的基本原则。t具体取值时，可以有两种处理方式：一是连续式，即：

$$t=t_0\times(N-N_0)/N_0 \tag{6-5}$$

其中，t_0可以作为一定替代率条件下的制度参数；二是离散式，即：

$$t=\begin{cases}t_1, & N_0<(N-N_0)/N<N_0+NN\\ t_2, & N_0+NN<(N-N_0)/N<N_0+2NN\\ t_3, & N_0+2NN<(N-N_0)/N<N_0+3NN\\ t_4, & N_0+3NN<(N-N_0)/N<N_0+4NN\\ \cdots\cdots & \end{cases} \tag{6-6}$$

其中，N_0是可调参数，可以从15年起步，也可以从15年以后的某一年开始，具体要看参保缴费激励机制的具体设定。NN是分段用的时间间隔，可以取5年或者其他值。假定以15年作为起步年限（即$N_0=15$），每5年作为时间间隔（即NN=5），理论上的最长缴费年限是43年，则式（6-6）变为：

$$t=\begin{cases} t_1, & 15<(N-15)/N<20 \\ t_2, & 20<(N-15)/N<25 \\ t_3, & 25<(N-15)/N<30 \\ t_4, & 30<(N-15)/N<35 \\ t_5, & 35<(N-15)/N<43 \end{cases} \qquad (6-7)$$

二、优化模式地方激励养老金基本功能与运行机理

新农保优化模式与现行模式比较，可以发挥经济发展的福利作用、参保缴费的激励作用、待遇水平的调控作用、关系转移的平衡作用、财政责任的明晰作用、省级统筹的载体作用六个方面的基本功能。下面，从运行机理方面加以分析。

1. 经济发展的福利作用

经济发展的成果惠及广大农村居民是中国特色社会主义的本质要求。导致不同地区经济发展水平存在差异的因素很多，其中包括农村居民在内的全体劳动者的劳动、创造和奉献是不可或缺的重要因素。因此，在实行国家基础养老金、充分考虑各地区养老共同需求的基础上，对经济发展水平高、财政状况好的地区的农村居民养老金给予一个“增量”福利，是很好的经济激励方式，符合社会保险要坚持公平与效率、保护与激励相结合的基本原则。地方激励养老金的构建，有效地起到了把地区之间的“经济差”合理地、有限度地折算成养老金的“待遇差”的作用。其具体操作办法是：①经济发展水平好于全国平均水平的地区，有这部分分享经济发展成果的养老金，经济发展水平低于全国平均水平的地区则没有，即经济发展分享系数大于零是前提条件；②对经济发展分享系数进行“封顶”限制，即不能大于本地区农村人均纯收入与全国农村人均纯收入差额占全国农村人均纯收入的比重，避免各地自行其是；③具体的经济发展分享系数的取值，需要根据整个地区新农保的养老金水平（即总替代率水平）的设定而确定。

2. 参保缴费的激励作用

农村居民由于经济收入、教育水平、思想观念等方面的差异，其参保意愿和缴费能力也不同。新农保既然是社会保险，就要强调参保缴费义务和享受待遇权利的统一，因此，必须针对不同的义务履行情况，给予有差别的权利待遇。新农保实施中客观存在着参保人员选择低缴费、短缴费的倾向，必须建立激励机制，

促使参保人员多缴费、长缴费，实现社会保险大数法则的基本要求，同时也保证有更多的人享受到更好的社会保障待遇。通过前面的分析可知，国家基础养老金的定位是普惠式，不应该把缴费期限长短、缴费水平高低作为判别是否具备享受资格的前置条件，所以它不具备参保激励机制。个人账户养老金的计发办法决定了多缴费、长缴费带来的收益是贴现值（只计算了原始资金的时间价值）而不是领取时的购买力价值，并且水平提高不大，呈现一个斜率很小的缓坡状态（见图6－1），因此参保人员对此不敏感、不直观，激励作用有限。而地方激励养老金中考虑了缴费水平和缴费长短的因素，多缴费、长缴费的待遇落实在与国家基础养老金水平挂钩的参保激励养老金上，待遇水平较个人账户方式变化剧烈、提升较大、比较直观，容易形成激励机制。特别是在缴费年限激励方面，规定达不到最低缴费年限要求就不能享受这块待遇，等于设置了一个台阶（见图6－2），激励作用明显。当然最低缴费年限可以设得高一些，也可以在最低缴费年限后每隔一定年限设置一个台阶（见图6－3），台阶不同待遇不同，形成更好的多层次激励机制，有效地解决“缴费差”与“待遇差”的合理对应问题。

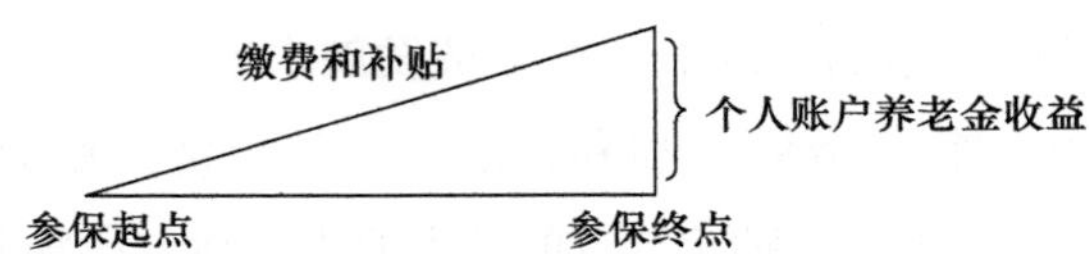

图6－1 个人账户养老金收益

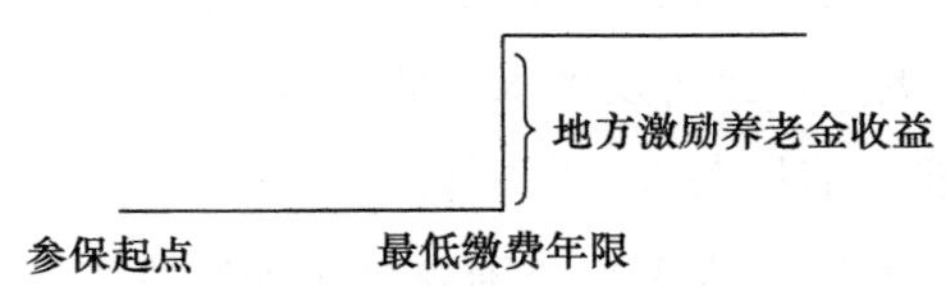

图6－2 单台阶式地方激励养老金收益

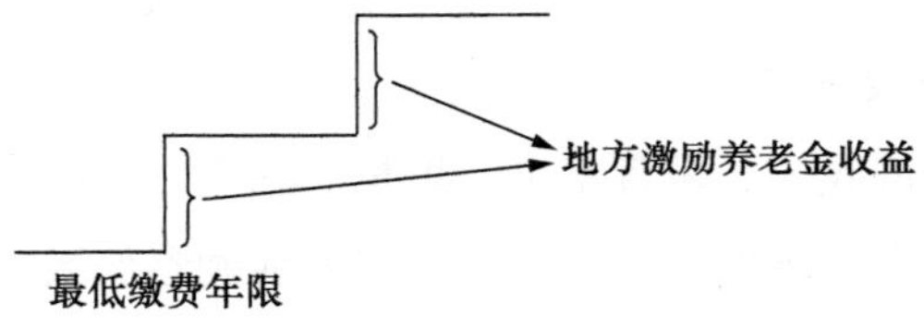

图6－3 多台阶式地方激励养老金收益

3. 待遇水平的调控作用

从新农保待遇水平看，要很好地解决试点起步待遇水平和适度待遇水平的差距问题，进而逐步地解决城乡二元社会保障待遇差别的问题。在三账户的制度模式下，新农保总的待遇水平或者说总替代率水平取决于国家基础养老金替代率、地方激励养老金替代率、个人账户养老金替代率。国家基础养老金的调整比较慎重，因为涉及全国各地区，涉及不同群体的待遇平衡；个人账户养老金替代率可调的制度参数有限，而且替代率调整空间也不大。相比而言，地方激励养老金的替代率对于总的替代率是一个很好的调控工具。它有三个可供选择的制度参数，即经济发展分享系数、缴费年限影响系数、缴费水平影响系数。对于经济发展水平好的地区，三个制度参数可以同时进行调整，同时发挥作用。对于经济发展水平一般的地区，后两个制度参数可以起作用，而且这两个参数的取值可以比经济发展水平高的地区大一些。同时，由于地方激励养老金是以国家基础养老金为计算基数的，即使上面三个参数不调整，国家基础养老金的调整也会提高地方激励养老金水平，进而间接地提高总的待遇水平。所以，地方激励养老金是调控新农保待遇水平的重要手段和有效工具。

4. 关系转移的平衡作用

为了适应人力资源跨地区自由流动和优化配置的要求，社会保险关系必须要实现关系转移接续，否则社会保险的制度壁垒会形成严重制约因素。同时社会保险关系能否顺利转移，待遇水平换算是非常重要的方面。新农保制度的特点是不存在统筹基金中历史缴费形成的积累的转移问题。国家基础养老金全国标准一致且全部由中央财政负担，地区间实现衔接毫无问题；个人账户养老金其本质属性是参保农村居民的个人资产，个人账户异地转移也毫无问题。地方财政过去投入（以缴费补贴形式体现）形成的权益均在个人账户之中，个人账户转移后权益也自动随之转移，转入地对此不会有异议。归根结底，转入地接收关系转移参保人以后增加的财政支出负担和与转入地参保人待遇平衡是其中的核心问题。而未来的财政投入形成的负担大小则与关系转移后的待遇水平有直接关系。这个待遇水平的确定要符合福利经济学当中的帕累托改进原理，即涉及的各个方面（转入地政府、转入地参保人、关系转移参保人）都满意。新农保优化模式地方激励养老金的制度设计可以实现上述目标。我们知道，关系转移无非存在两种情况：一是从富地区到穷地区，二是从穷地区到富地区。首先，关系转移参保人无论在富地区和穷地区之间如何转移，其经济发展系数均与转入地参保人一致，地方激励养老金的差异仅在于个人缴费情况。其次，如果关系转移参保人是从富地区到穷地区，它在富地区的缴费年限连续计算，缴费期限影响系数的取值与转入地参保人一致，转入地参保人对此也会无异议，同时由于保证其待遇不下降太多，关系转移参保人意见不大。最后，如果关系转移参保人是从穷地区到富地区，在计算其缴费期限影响系数时，可以将关系转移参保人过去的缴费年限清零并重新开始计算，这就保证关系转移参保人在转入后初期的待遇水平比转入地参保人低一些，但比在原参保地时要高一些，达到新参保地规定的最低缴费年限后再实现同等待遇。

5. 财政责任的明晰作用

新农保优化模式根据三个账户的不同功能定位，确定了不同的财政负担主体。国家基础养老金由中央财政负担，地方激励养老金由省级财政负担，个人账户养老金由省级财政、市级财政、县级财政共同承担。这样的财政责任的分担，有利于新农保制度的完善，特别是适应不同地区关系转移接续的需要；有利于发挥中央财政、省级财政收支相抵后财力剩余较大的作用，变中央财政、省级财政向下转移支付为直接负担；有利于调动市、县政府参与新农保建设的积极性和主动性，出资不多但责无旁贷。

6. 省级统筹的载体作用

省级统筹的关键是基金省级统一管理，省级和省级以上财政是社会保险待遇的支付主体。新农保优化模式强调地方激励养老金完全由省级财政负担，解决了省级统筹的财政体制障碍。如果实行省级统筹，还要解决对个人缴费进行财政补贴并记入个人账户的政府投入主体的问题。为便于操作，新农保制度在省级统筹情况下，对个人缴费的财政补贴部分由省支付或垫付，可以每年同市、县财政算一次账，把它们应该承担的补贴资金上缴省财政即可。

三、新农保优化模式的评价

综合本章分析，可以得到图 6 -4，该图很好地表明了新农保由现行模式到优化模式的制度创新。

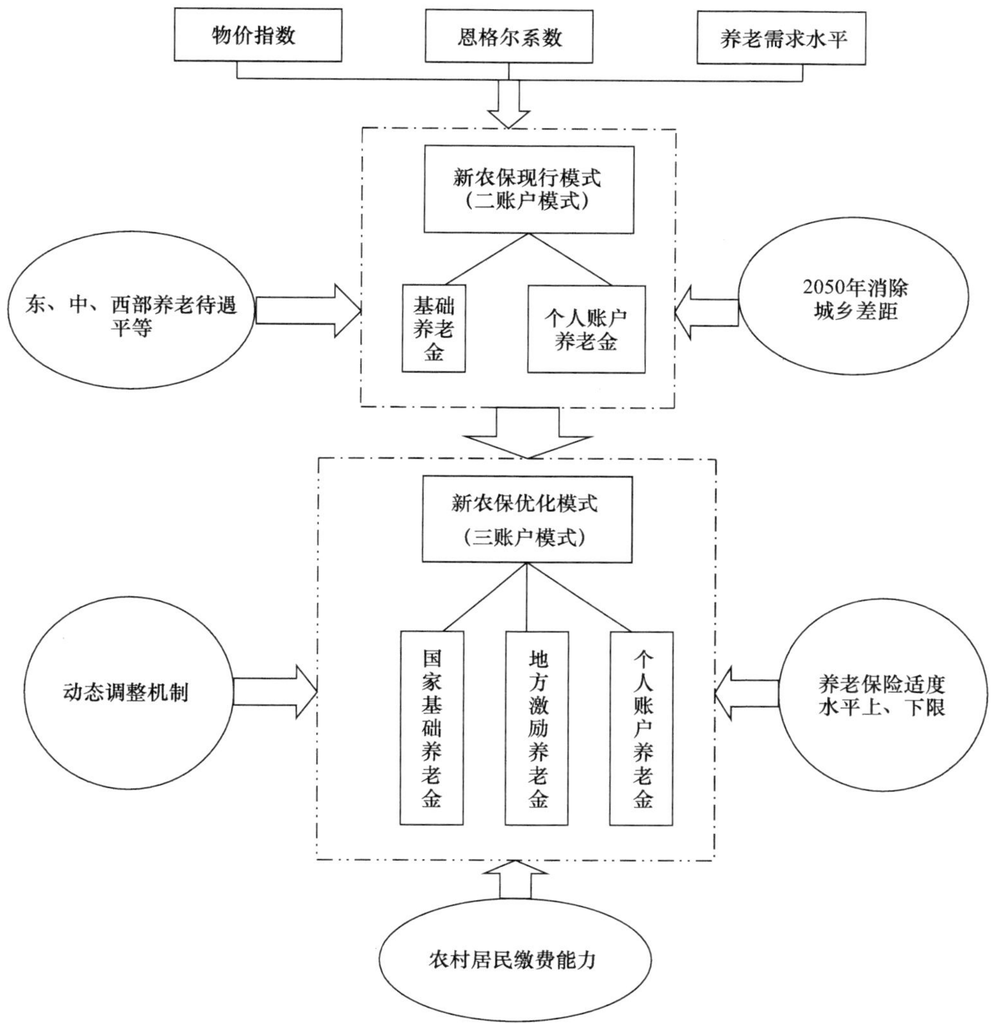

图6－4　新农保现行模式和优化模式比较

第一，新农保优化模式是对现行模式的改进和优化，没有破坏现行模式的制度架构，这样由现行模式向优化模式过渡易于操作，制度转换的成本比较低。

第二，新农保优化模式综合考虑了影响现行模式制度创新的各个因素，解决了其中一些关键问题，具有合理性。

第三，新农保优化模式提出了三个账户的架构，在地方激励养老金中设计了三个制度参数，这三个制度参数对于调控新农保总待遇水平、平衡关系转移时各地待遇水平差异来说，具有可测量、可调整的特点，具有可操作性。

第四节　农村居民缴费能力的影响因素与提高缴费档次的可行性

一、经济收入持续增加对农村居民缴费能力的影响分析

新农保基金由个人缴费、集体补助、政府补贴构成，其中政府补贴包括中央财政补贴和地方财政补贴。此处暂不考虑集体补助和政府补贴，单独分析农村居民缴纳养老保险费的能力。若将农村居民的参保意愿、受教育程度、年龄、养老方式的偏好、预期收益水平等因素考虑在内，很难通过数据来展现农村居民的缴费能力。因此，本书仅通过农村居民的家庭富裕程度即农村居民人均纯收入，来计算其缴纳新农保保费的能力。根据现有政策，新农保个人缴费分为每人每年100 元、200 元、300 元、400 元、500 元五个档次，此处暂不考虑地方政府根据当地财政情况自主增设的缴费档次。结合 2008 年各地和全国的农村居民人均纯收入情况，考察 2009 年个人缴费额占农村居民人均纯收入的比重，对现行新农保个人缴费档次进行衡量。

表 6－1　新农保个人缴费占农村居民人均纯收入比重（2008 年、2009 年）

地区	各地和全国农村居民人均纯收入（元）		最低档个人缴费占人均纯收入比重（%）		最高档个人缴费占人均纯收入比重（%）	
	2008 年	2009 年	2008 年	2009 年	2008 年	2009 年
上海	11440. 26	12482. 94	0. 87	0. 80	4. 37	4. 01
北京	10661. 92	11668. 59	0. 94	0. 86	4. 69	4. 29
浙江	9257. 93	10007. 31	1. 08	1. 00	5. 40	5. 00
天津	7910. 78	8687. 56	1. 26	1. 15	6. 32	5. 76

续表

地区	各地和全国农村居民人均纯收入（元）		最低档个人缴费占人均纯收入比重（%）		最高档个人缴费占人均纯收入比重（%）	
	2008 年	2009 年	2008 年	2009 年	2008 年	2009 年
江苏	7356.47	8003.54	1.36	1.25	6.80	6.25
广东	6399.79	6906.93	1.56	1.45	7.81	7.24
福建	6196.07	6680.18	1.61	1.50	8.07	7.48
山东	5641.43	6118.77	1.77	1.63	8.86	8.17
辽宁	5576.48	5958.00	1.79	1.68	8.97	8.39
吉林	4932.74	5265.91	2.03	1.90	10.14	9.50
黑龙江	4855.59	5206.76	2.06	1.92	10.30	9.60
河北	4795.46	5149.67	2.09	1.94	10.43	9.71
江西	4697.19	5075.01	2.13	1.97	10.64	9.85
湖北	4656.38	5035.26	2.15	1.99	10.74	9.93
内蒙古	4656.18	4937.80	2.15	2.03	10.74	10.13
湖南	4512.46	4909.04	2.22	2.04	11.08	10.19
河南	4454.24	4806.95	2.25	2.08	11.23	10.40
海南	4389.97	4744.36	2.28	2.11	11.39	10.54
安徽	4202.49	4504.32	2.38	2.22	11.90	11.10
重庆	4126.21	4478.35	2.42	2.23	12.12	11.16
四川	4121.21	4462.05	2.43	2.24	12.13	11.21
山西	4097.24	4244.10	2.44	2.36	12.20	11.78
广西	3690.34	3980.44	2.71	2.51	13.55	12.56
宁夏	3681.42	4048.33	2.72	2.47	13.58	12.35
新疆	3502.90	3883.10	2.85	2.58	14.27	12.88
西藏	3175.82	3531.72	3.15	2.83	15.74	14.16
陕西	3136.46	3437.55	3.19	2.91	15.94	14.55
云南	3102.60	3369.34	3.22	2.97	16.12	14.84
青海	3061.24	3346.15	3.27	2.99	16.33	14.94
贵州	2796.93	3005.41	3.58	3.33	17.88	16.64
甘肃	2723.79	2980.10	3.67	3.36	18.36	16.78
全国	4760.62	5153.17	2.10	1.94	10.50	9.70

资料来源：《中国统计年鉴》（2010）。

2008 年，新农保个人最低缴费档次（100 元/年），占农村居民人均纯收入的 0.87% ~3.67%，所占比例非常低，不会影响到农村居民的正常生活；而最高缴费档次（500 元/年），占农村居民人均纯收入的 4.37% ~18.36%。区别来看：最高缴费档次（500 元/年），对于相对发达省份的农村居民来说，比较容易接受，而对于西部贫困地区的省份来讲，负担较重。以农村居民人均纯收入最高的上海和最低的甘肃为例，新农保的最低缴费档次（100 元/年）仅占上海农村居民人均纯收入的 0.87%，而最高档次（500 元/年）也仅占上海农村居民人均纯收入的 4.37%；但是新农保的最低缴费档次（100 元/年）占甘肃省农村居民人均纯收入的 3.67%，而最高档次（500 元/年）占甘肃省农村居民人均纯收入的 18.36%。由此可见，对于发达地区和收入较高的农村居民来讲，不仅参保不成问题，而且可以选择较高的缴费档次参保，与之相对的，贫困地区和收入较低的农村居民也可以参保，但需按自己的缴费能力选择较低档次参保。

2009 年，新农保个人最低缴费档次（100 元/年），占各地农村居民人均纯收入的 0.80% ~3.36%，所占比例非常低，不会影响到农村居民的正常生活，而最高缴费档次（500 元/年）占各地农村居民人均纯收入的 4.01% ~16.78%。与上一年度数据对比来看，无论是最低缴费档次还是最高缴费档次，个人缴费档次所占农村居民人均纯收入的比例都在不断下降。以农村居民人均纯收入最低的甘肃省为例，新农保的最高缴费档次（500 元/年）由占 2008 年农村居民人均纯收入的 18.36% 下降到占 2009 年的 16.78%，下降了 1.58%。西部大开发战略迄今为止已经实施了 10 多年，并将继续深入实施，这样西部省份的农村居民人均纯收入水平也必将不断提高，加上东部及中部省份现有的缴费能力，综合全国平均缴费水平来看，适当提高新农保个人缴费的上限档次完全可行。

另有学者对全国 10 个省份 33 个县、市的农村地区的实地调研，综合考察了所调研地区农村居民的参保意愿和缴费承受能力，其中对农村社会养老保险存在有效需求（愿意参保且缴费承受能力大于零）的农村居民占 55.34%。对存在有效需求的农村居民进行数据分析得出结论，最高缴费承受能力超过 10 元/月的占 90%，超过 30 元/月的占 71%，超过 50 元/月的占 50.4%，超过 100 元/月的占 33.3%。综上所述，现行的新农保个人缴费标准最低档次（100 元/年），无论是经济发达地区的农村居民还是经济欠发达地区的农村居民，除特殊情况外，都有能力参保。而最高档次（500 元/年）的缴费标准，对于那些经济发达地区的农村居民或者经济欠发达地区的富裕农村居民，上限可适当提高，以满足不同经济承受能力的农村居民的养老需要。

二、提高新农保个人缴费档次可行性分析与方案设计

现行的新农保制度实行的是分档次的定额缴费制，其优点是缴费额为整数，便于新农保基金的征缴及管理；缺点是不能随着经济的发展而及时提高，缺乏自动调节的机制。国务院《关于开展新型农村社会养老保险试点工作指导意见》做出了国家应依据农村居民人均纯收入增长等情况适时调整缴费档次的原则性规定，但实际情况是农村居民人均纯收入每年都会相应增长，缴费档次如果每年进行一次调整不太现实，可行性和可操作性都不强；而若几年进行一次调整，个人账户积累的基金增速又会远低于农村居民人均纯收入的增速，这种滞后性决定了几年调整一次个人缴费档次的想法是不科学的。为此，应该建立一种新农保保费缴纳及给付的动态调整机制，使保费的缴纳与领取标准、物价指数、人均收入水平等动态经济指标建立起关联性调节机制，以防农村居民年老时领取的养老金相对贬值及预期生活水平下降。下面结合 2001 ~ 2009 年农村居民人均年收入及消费支出数据，对农村居民的个人缴费能力上限和下限进行分析。

通常情况下，农村居民收入的一部分用于与生产生活有关的近期消费，另一部分用于储蓄意义的远期消费。社会保险费的缴纳在一定意义上实现了远期消费储蓄的功能。虽然储蓄有利于农村居民的老年生活，但同时要考虑到不能让储蓄过多地挤占他们的现期消费，使他们感到现期生活负担过重，故农村居民个人所承担的社会保险缴费应不大于他们的自愿储蓄额度，因此可以通过分析农村居民自愿储蓄来确定职工缴费额度的界限。假设社保制度中个人缴费为 B_2，个人现期消费为 C，个人边际消费倾向为 c，不随收入变化的稳定的消费为 C_0，Y 为个人工资收入，则远期消费（储蓄）为 Y - C，而个人现期消费 C 为：

$$C = C_0 + c \cdot Y \tag{6-8}$$

假设农村居民的全部远期消费（储蓄）都用来缴纳社会保险费，其缴费率为：

$$B_2/Y = (Y - C)/Y \tag{6-9}$$

将式(6-8)代入式(6-9)，可得：

$$B_2/Y = (Y - C_0 - c \cdot Y)/Y \tag{6-10}$$

$$B_2/Y = 1 - c - C_0/Y \tag{6-11}$$

根据式（6－11），若已知 c、C_0 和 Y，就可以确定出职工缴费率（B_2/Y）的最上限。一般来说，c、C_0 可以根据样本数据回归分析出来。下面选取若干年份我国农村居民人均纯收入和人均消费性支出的数据，如表 6－2 所示，对式（6－8）进行回归分析。

表 6－2　2000～2009 年我国农村居民人均年收入、消费支出　　单位：元

年份	2000	2001	2002	2003	2004
人均年收入	2253. 42	2366. 40	2475. 63	2622. 24	2936. 40
人均年支出	1670. 13	1741. 09	1834. 31	1943. 30	2184. 65
年份	2005	2006	2007	2008	2009
人均年收入	3254. 93	3587. 04	4140. 36	4760. 62	5153. 17
人均年支出	2555. 40	2829. 02	3223. 85	3660. 68	3993. 45

资料来源：中华人民共和国国家统计局网站及历年《中国统计年鉴》。

结合表 6－2，对式（6－8）进行回归分析后，可得农村居民人均年收入 Y 与现期消费 C 之间的回归方程为 $C = -153.98 + 0.81Y$，对其进行显著性检验，相关系数 $r = 0.9986$。因此，在假设农村居民的全部储蓄（远期消费）都用来缴纳社会保险费的前提下，可据此方程计算出个人在不同年份可以承担的最大社会保险缴费的比例状况。通常情况下，收入是按 $1/(1+R)$ 的比例进行消费和储蓄分解的。在中国，R 约等于 6.5%[①]，将其代入 $1/(1+R)$ 这一公式可得 R = 93.9%，即在农村居民收入中，大约有 93.9% 的收入用于消费，6.1% 用于储蓄。用社会保险缴费上限分别减去工资收入中 6.1% 的储蓄，可得农村居民可承受的社会保险缴费率的下限，如表 6－3 所示。可见，社会保险中农村居民个人缴费率的高低，应该以不影响正常的现期消费为限。

① 刘钧．社会保险缴费水平的确定：理论与实证分析［J］．财经研究，2004（2）：77－78.

表 6－3　2000～2009 年农村居民可承受的新农保缴费上限与下限　　单位：%

年份	2000	2001	2002	2003	2004
农村居民可承受的缴费上限	25.83	25.51	25.22	24.87	24.24
农村居民可承受的缴费下限	19.73	19.41	19.12	18.77	18.14
年份	2005	2006	2007	2008	2009
农村居民可承受的缴费上限	23.73	23.29	22.72	22.23	21.99
农村居民可承受的缴费下限	17.63	17.19	16.62	16.13	15.89

资料来源：根据《中国统计年鉴》（2001～2010）相关数据计算得出。

以上数据可以说明，农村居民可承受的缴费上、下限，在农村居民人均纯收入的 15.89%～25.83% 区间波动；用具体数值表示，农村居民可承受的缴费水平在 358～1331 元区间。与现存的新农保制度的缴费水平相对照，可见现有的缴费水平有较大的提升空间。因此可考虑在原来基础上，按照一定的方式方法适度提高缴费水平，以保障农村居民年老时的基本生活，并减轻各级财政的负担。

可以考虑实行比例费率制，按国家农村居民人均纯收入的一定比例作为缴费的上、下限。经计算，现行的五个缴费档次占农村居民人均纯收入的比例大致为 2%、4%、6%、8%、10%。缴费上限（500 元/人/年）占 2008 年和 2009 年农村居民人均纯收入的比例具体分别是 10.50% 和 9.70%。较于城镇职工单位与个人缴费占上年度当地社会平均工资 28% 的比例差距巨大，较于城镇灵活就业人员、个体工商户、自由职业者等人员的缴费比例 20% 也有较大的提升空间。基于新农保制度运行的时间不长，直接过渡到较高的缴费档次难度较大，可以继续沿用原有的 100 元/人/年的低起点缴费，参照表 6－3 结论及灵活就业人员的缴费比例，不妨考虑将最高的缴费档次设计为 20%，从低至高，缴费档次分别设计为人均纯收入的 2%、6%、10%、15%、20%，即具体为 100 元、300 元、500 元、750 元、1000 元/人/年五个档次。

这样设置缴费档次有两个好处：一方面，可以满足不同缴费层次的农村居民的养老需要。较高档次的设置，可以防止富裕的农村居民因新农保预期收益及替代率水平较低而拒绝参保，造成参保人员的流失，不利于新农保覆盖面的扩大，而个人缴费最低档次 100 元保持不变，还能够继续满足缴费困难的低收入家庭的养老缴费需要；另一方面，个人缴费的档次差距拉开后，各地不再需要根据当地情况增设缴费档次，经济条件好的地区及个人可以选择比较高的档次缴费，条件差的地区或个人可选择比较低的档次缴费。这种设置，由于各地不需增设新的缴费档次，全国各省、市统一具体数额，便于新农保基金全国统筹的早日实现。当经济增长时，农村居民可以自动选择较高档次缴费，这时国家可以考虑将最低档次（及次低档次）取消，在最高档次上增设一个（或两个）档次，即每次调整缴费档次时，只需变动其中的一两个档次，既不需要大幅度调整缴费档次，又能保证个人缴费与经济发展水平相适应，从而保证了未来农村居民的养老金替代率在合理的水平。

本章小结

新农保现行模式具有重大理论价值，在中国农村社会养老保险制度建设史上具有里程碑意义，其影响至深、贡献巨大。在现行模式实际运行过程中，呈现出总体待遇水平偏低、缺少制度化的基础养老金动态调整机制、参保缴费激励措施显性化与吸引力不足、政府财政支持力度尚需加大、各级财政投入保证机制不健全等方面的问题，需要认真分析和着力解决。这是提出新农保现行模式制度创新的重要背景。

研究新农保现行模式的制度创新，必须要坚持多维视角观察和分析问题，综合考虑各方面因素后提出优化模式。比较可行的是要从农村居民养老金需求适度水平、基本消除城乡二元养老保障待遇差异、基础养老金动态调整机制、与农村居民缴费能力相适应、东中西部农村居民养老保障待遇平等多个视角出发，来分析解决影响新农保制度创新的关键问题。而且这些因素与各级财政新农保负担结构及其负担水平关系密切，影响直接。

新农保优化模式是对现行模式的改进和优化，其主要创新点是构建了国家基础养老金、地方激励养老金、个人账户养老金的三账户给付结构制度模式。地方激励养老金的制度设计，能够起到调控养老金待遇水平、激励参保缴费、利于实现省级统筹、易于社保关系转移接续、发挥经济激励功能、明晰各级财政责任等多方面的重要作用。将制度模式中的地方财政提高和增加基础养老金的功能，以一定的对应方式，转换为由地方激励养老金来承担，有利于发挥中央财政支持新农保的主体作用，有利于建立基础养老金的动态调整机制。新农保优化模式具有合理性和可操作性，可以根据养老金适度需求水平、地区经济发展水平差异、财政负担实际能力等要求对制度参数进行优化，因此也具有可行性。优化模式的构建，对于中国进一步完善现行模式，把新农保建设向更广领域、更深层次推进，具有重要的探索价值和借鉴意义。

第七章 基于农村养老保险优化模式的财政负担水平

第一节 基于恩格尔系数和物价指数的新农保养老金适度水平下限

一、恩格尔修正系数下的新农保养老金静态适度水平下限

一般认为，新农保农村居民的基础养老金适度水平的下限，必须要能够满足日常生活中农村老年人最低限度的食品和服务需求。而这一需求水平的测算，通常需要借助农村恩格尔系数来得到。农村恩格尔系数的变化显示了农村居民实际生活水平的改善程度，体现了农村居民消费水平和层次的变动，将对农村居民需要的基础养老金水平产生影响。传统的恩格尔系数考察的是食品支出占生活消费支出的比重。但对于老年人而言，其生活消费支出与社会平均水平相比有很大不同。主要是老年人的生活消费种类比起社会平均水平要少得多，其消费结构也简单得多。在这样的情况下，如果继续用传统的恩格尔系数作为衡量农村老年人的最低保障程度的标准，则可能会因为生活消费支出的口径误差而导致对农村老年人恩格尔系数的低估。因此，在研究新农保优化模式下农村居民基础养老金的适度需求水平下限时，有必要针对上述问题对传统的恩格尔系数进行修正，进而得到恩格尔修正系数，然后再使用恩格尔修正系数来衡量农村老年人的现实基本生

活需求，这样相对比较准确，符合客观实际。

农村老年人的基本生活需求可以概括地分为两大部分：其一是基本食品需求；其二是非食品的基本生活需求。基本食品需求可以通过农村老年人摄入热量平均水平及相关食品结构、价格水平得到。非食品的基本生活需求仅包括农村老年人生活必需的衣着、交通通信等费用支出，而不包括基本医疗服务支出（这一部分服务由新型农村合作医疗制度来解决）。由于测算的是农村老年人的最低基础养老金水平，因此可以参考农村最低收入水平户的非食品性基本生活需求，并以此为标准作为农村老年人必须得到的基本生活服务水平的最低限度。按照上述基本思路，恩格尔修正系数下的农村居民基础养老金适度需求静态水平的测算过程如下：

第一，确定农村老年人最低营养需求。根据营养学家对于老年人所需能量的分析，60～69 岁的老年人每日所需能量为 1700 千卡～2500 千卡，70～79 岁老人为 1600 千卡～2000 千卡，80 岁以上老人为 1400 千卡～1600 千卡。

第二，选取中国营养学会提出的 1800 千卡为老年人每日所需最低能量的结论。中国营养学会根据所需的能量等级，设计了维持每日能量的 10 类食品。在每日 1800 千卡能量水平的标准下折合成每年摄入量，则每年需要摄入谷类 91.25 公斤、大豆类 10.95 公斤、蔬菜 109 公斤、水果 73 公斤、肉类 18.25 公斤、乳类 109.5 公斤、蛋类 9.13 公斤、水产类 18.25 公斤、烹调油 9.13 公斤、食盐 2.19 公斤。

第三，用以上的需求量乘以相应价格水平，就可以得到农村老年人最低的食品支出水平。如果以 1984 年全国农村住户调查资料对食品价格的统计为基数（见表 7－1），则根据该基数可以对 2009 年以上食品的价格进行测算。

表 7－1　1984 年全国农村居民住户调查资料：12 类产品的价格　单位：元/公斤

粮食	蔬菜	植物油	动物油	猪肉	家禽
0.3	0.21	1.9	1.4	1.85	2.84
牛羊肉	牛羊奶	蛋类	鱼虾	食糖	水果
2.47	0.4	2.06	1.14	0.94	0.55

资料来源：根据 http：//www.baibaofp.com/“扶贫基本概念和基本知识 2004”整理得出。

根据测算的要求，需要将1984年统计的食品种类与2009年要测算的食品种类在口径上进行统一：①1984年食品标准中粮食类统一为2009年的谷类和大豆类之和；②1984年食品标准中的植物油、动物油统一为2009年的烹调油；③1984年食品标准中的家禽、牛羊肉、猪肉统一为2009年的肉类；④1984年食品标准中的食糖变为2009年的食盐。

在价格指数方面，1984年我国农村居民消费价格指数（定基指数）为100，2009年该价格指数上升为389.5。这样结合全国农村住户调查资料中各类商品的价格，可以测算得出2009年农村老年人的最低食品支出为957.2元/年。

第四，计算得出恩格尔修正系数。因为要测算农村老年人的最低养老保险水平，因此要参照2009年农村低收入组的食品支出和非食品支出情况，得到恩格尔修正系数。所谓恩格尔修正系数，就是指食品现金支出占总现金支出的比例，即（食品现金支出/总现金支出）×100%。由相关统计资料可以得到，2009年我国农村低收入组农村居民的食品现金支出为673.71元/年，非食品现金支出（衣服、交通与通信等）为325.01元/年，总现金支出为998.72元。因此，得到的恩格尔修正系数为67.46%。

第五，计算农村老年人养老保险适度水平的下限。由于已经通过计算得到2009年农村老年人的最低食品支出为957.2元/年，恩格尔修正系数为67.46%，因此得到2009年农村老年人养老保险适度水平下限为1418.9元/年，占2009年农村居民人均纯收入的比例为27.54%，折算成每月为118.24元。

二、恩格尔系数与物价指数联动下的新农保养老金动态适度水平下限

从动态分析看，影响农村居民养老保险适度水平变动的主要因素包括农村恩格尔系数和物价指数。这两个指标都表现出比较稳定的长期变化趋势，即恩格尔系数表现出不断下降的趋势，物价指数则表现出不断上升的趋势。如果把2000~2009年作为观察期，可以发现，该时期农村居民恩格尔系数的平均变动率为-1.98%，即以每年1.98%的速度下降；而同期的物价指数的平均变动率为2.42%，即以每年2.42%的速度上升。如表7-2所示。

如果假定农村老年人的最低食品支出也按照前面10年平均速度2.42%的物价涨速变化，则可以得到2010~2050年农村老年人的每年食品支出变动数据，设

表 7－2　2000～2009 年农村居民恩格尔系数及物价指数变动趋势

年份	恩格尔系数	物价指数（1984 年指数为 100）
2000	49.1	314.0
2001	47.7	316.5
2002	46.2	315.2
2003	45.6	320.2
2004	47.2	335.6
2005	45.5	343.6
2006	43.0	348.1
2007	43.1	366.9
2008	43.7	390.7
2009	41.0	389.5
平均变动率	－1.98%	2.42%

资料来源：《中国统计年鉴》2003 年、2005 年、2009 年、2010 年等各版。

其为 E。如果假定理论上修正的恩格尔系数与农村居民恩格尔系数具有相同变化趋势，即修正的恩格尔系数也以每年 1.98% 的速度下降，则可以得到 2010～2050 年农村老年人的恩格尔修正系数变动趋势，设其为 F。同时，根据《中国统计年鉴》中农村居民 2001～2009 年的人均纯收入的变动情况，计算得到此间农村人均纯收入的年均增长率为 9.63%，据此可以预测 2010～2050 年农村居民的人均纯收入的变动数据，并设其为 G，如表 7－3 所示。根据上面的假定和对未来变动数据的测算，最终可以对 2010～2050 年的农村养老保险动态适度水平进行预测，主要包括年均农保动态适度下限（农村老人最低食品支出 E/恩格尔修正系数 F）、月均农保动态适度下限［（农村老人最低食品支出 E/恩格尔修正系数 F）/12］和农保动态适度水平下限［（农村老人最低食品支出 E/恩格尔修正系数 F）/农村人均纯收入 G］。具体测算结果如表 7－3 所示。

表 7-3 恩格尔修正系数及物价指数变动下的新农保动态适度水平下限

年份	农村老人最低食品支出 E（元）	恩格尔修正系数 F（%）	农村居民人均纯收入 G（元）	年均农保动态适度下限（E/F）（元）	月均农保动态适度下限（（E/F）/12）（元）	农保动态适度水平下限（（E/F）/G）（%）
2010	980.36	66.11	5649.42	1482.92	123.58	26.25
2011	1004.08	64.79	6193.45	1549.81	129.15	25.02
2012	1028.38	63.49	6789.88	1619.70	134.98	23.85
2013	1053.27	62.22	7443.75	1692.76	141.06	22.74
2014	1078.76	60.98	8160.58	1769.10	147.43	21.68
2015	1104.87	59.76	8946.45	1848.89	154.07	20.67
2016	1131.60	58.56	9807.99	1932.28	161.02	19.70
2017	1158.99	57.39	10752.50	2019.43	168.29	18.78
2018	1187.04	56.24	11787.97	2110.51	175.88	17.90
2019	1215.76	55.12	12923.15	2205.70	183.81	17.07
2020	1245.18	54.02	14167.65	2305.18	192.10	16.27
2021	1275.32	52.94	15532.00	2409.15	200.76	15.51
2022	1306.18	51.88	17027.73	2517.81	209.82	14.79
2023	1337.79	50.84	18667.50	2631.37	219.28	14.10
2024	1370.16	49.82	20465.18	2750.05	229.17	13.44
2025	1403.32	48.83	22435.98	2874.08	239.51	12.81
2026	1437.28	47.85	24596.56	3003.71	250.31	12.21
2027	1472.06	46.89	26965.21	3139.18	261.60	11.64
2028	1507.69	45.96	29561.96	3280.76	273.40	11.10
2029	1544.17	45.04	32408.78	3428.73	285.73	10.58
2030	1581.54	44.14	35529.74	3583.38	298.61	10.09
2031	1619.82	43.25	38951.26	3744.99	312.08	9.615
2032	1659.02	42.39	42702.27	3913.90	326.16	9.166
2033	1699.16	41.54	46814.50	4090.42	340.87	8.738
2034	1740.28	40.71	51322.73	4274.91	356.24	8.329
2035	1782.40	39.90	56265.11	4467.72	372.31	7.94
2036	1825.53	39.10	61683.44	4669.22	389.10	7.57
2037	1869.71	38.32	67623.56	4879.81	406.65	7.216
2038	1914.96	37.55	74135.71	5099.9	424.99	6.879
2039	1961.30	36.80	81274.98	5329.92	444.16	6.558
2040	2008.76	36.06	89101.76	5570.31	464.19	6.252
2041	2057.38	35.34	97682.26	5821.54	485.13	5.960

续表

年份	农村老人最低食品支出E（元）	恩格尔修正系数F（%）	农村居民人均纯收入G（元）	年均农保动态适度下限（E/F）（元）	月均农保动态适度下限（（E/F）/12）（元）	农保动态适度水平下限（（E/F）/G）（%）
2042	2107.16	34.63	107089.06	6084.10	507.01	5.681
2043	2158.16	33.94	117401.74	6358.51	529.88	5.416
2044	2210.38	33.26	128707.53	6645.29	553.77	5.163
2045	2263.88	32.60	141102.06	6945.01	578.75	4.922
2046	2318.66	31.95	154690.19	7258.24	604.85	4.692
2047	2374.77	31.31	169586.85	7585.60	632.13	4.473
2048	2432.24	30.68	185918.07	7927.73	660.64	4.264
2049	2491.10	30.07	203821.98	8285.29	690.44	4.065
2050	2551.39	29.47	223450.04	8658.97	721.58	3.880

资料来源：根据《中国统计年鉴》各年版数据计算得出。

由上述测算结果可以看出，农村老人最低食品支出由2010年的980.36元提高到2050年的2551.39元，同期的恩格尔修正系数由66.11%下降到29.47%，测算得到的年均农村养老保险动态适度下限值由2010年的1482.92元上升到2050年的8658.97元，折算成每月农村养老保险动态适度下限由123.58元逐渐上升到721.58元，最终得到农村养老保险适度水平下限由2010年的26.25%逐渐下降到2050年的3.88%。

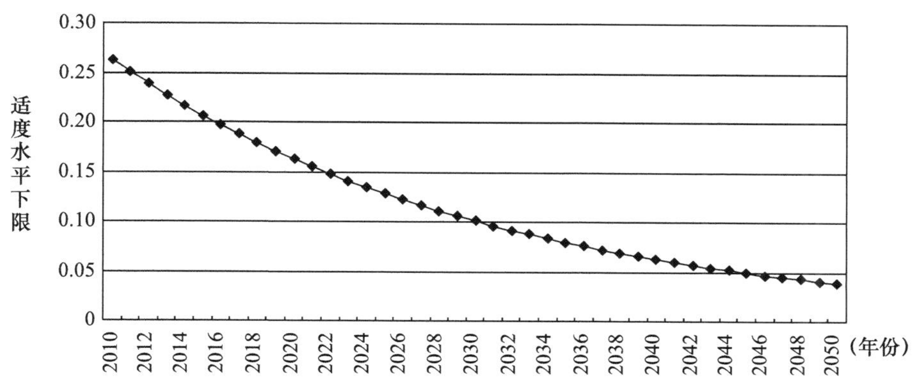

图7-1　恩格尔修正系数及物价指数变动下的新农保动态适度水平下限

分析图 7－1 可知，如果只是为了保证农村老年人的最低食品和服务支出，则农村养老保险适度水平下限会不断下降。这意味着农村老年人养老金收入有可能被完全排除在经济增长之外，特别是下限的不断降低非常不利于社会的和谐稳定，因此必须设定农村养老保险适度水平下限的最低标准。从长期来看，将2010～2050 年的下限平均值确定为适度水平下限的最低标准比较合适，该标准为 11.78% 左右。

第二节　基于扩展线性支出模型的新农保养老金适度水平上限

一、中国短期（2010～2020 年）农村养老需求及养老金动态适度水平上限

利用扩展线性支出模型（ELES 模型）可以通过测算老年人生活消费水平来测度农村养老保险的适度水平。把居民的消费支出分成必要支出和非必要支出，其中必要支出与收入水平高低无关，无论何种收入水平，必要支出量基本相同。而非必要支出与消费者的收入水平呈一定比例关系。具体而言，ELES 模型把消费者对各类商品或服务的消费支出看作收入和价格的函数，在某个时期一定的价格和收入水平下，消费者获得的人均纯收入，首先满足与收入水平无关的基本需求然后扣除基本消费以后，剩余的收入在各类商品或服务之间按一定的边际消费倾向进行分配。

设 C_i 为消费者对第 i 种商品或服务的消费支出，P_i 为第 i 种商品或服务的价格，X_i 为消费者对第 i 种商品或服务的基本需求量，β_i 为第 i 种商品或服务的边际消费倾向，Y 为人均纯收入，则单个商品的消费支出模型 C_i 表示为：

$$C_i = P_iX_i + \beta_i(Y - \sum_{i=1}^{n} P_iX_i) \qquad (7-1)$$

$$(i = 1,2,3,\cdots,n;0 \leqslant \beta \leqslant 1;\ \sum_{i=1}^{n} \beta_i \leqslant 1)$$

将上述单个商品的消费支出公式推广到所有商品和劳务，得到：

$$\sum_{i=1}^{n} C_i = \sum_{i=1}^{n} P_i X_i + \sum_{i=1}^{n} \beta_i (Y - \sum_{i=1}^{n} P_i X_i) \tag{7-2}$$

其中，$\sum_{i=1}^{n} C_i$ 为总消费支出，$\sum_{i=1}^{n} P_i X_i$ 为总必要支出，$\sum_{i=1}^{n} \beta_i (Y - \sum_{i=1}^{n} P_i X_i)$ 为总非必要支出，$\sum_{i=1}^{n} \beta_i$ 为总边际消费倾向。

从理论上我们可以利用式（7－2）并结合中国农村具体数据进行测算，但是现实中的一些因素影响了 ELES 模型测算具体问题时的有效性。主要原因有两个：其一，我国对农村居民的总消费支出，一般都简单地归纳为农户生活费用支出，并没有进一步地将其区分为必要支出和非必要支出，这导致了利用 ELES 模型进行最小二乘法估计时缺乏必要的细化数据。其二，中国农村居民消费支出数据在近期的若干年内出现异动，例如 2005 年以后，农村居民每年的总支出始终高于当年的人均纯收入。这表明农村居民净财产的绝对减少，也使得利用 ELES 模型进行测度时，模型结果难以通过检验。基于以上的分析，我们对 ELES 模型进行修正，使其能在遵循基本分析方法的同时与中国具体数据相互适合。我们将 ELES 原模型中的总必要支出替换为修正模型中的生活消费支出，将原模型中的总消费支出替换为修正模型中的总支出，将原模型中的非必要支出替换为修正模型中的基于人均纯收入的超额支出。构造的扩展性线性支出修正模型如式（7－3）所示：

$$\sum_{i=1}^{n} P_i X_i = H + \sum_{i=1}^{n} K_i C_i + \sum_{i=1}^{n} B_i (Y - \sum_{i=1}^{n} P_i X_i) \tag{7-3}$$

其中，$\sum_{i=1}^{n} P_i X_i$ 为生活消费支出，$\sum_{i=1}^{n} K_i C_i$ 为总支出，$\sum_{i=1}^{n} B_i (Y - \sum_{i=1}^{n} P_i X_i)$ 为基于人均纯收入的超额支出，K_i 为总支出影响系数，H 为其他影响变量。

为简化起见，将农村居民生活消费支出设为 A，农村居民总支出设为 B，农村居民人均纯收入设为 C。结合表 7－4 数据并经过最小二乘估计，得到如下测算结果：

$$A = -103.113 + 0.4863B + 0.1585C \tag{7-4}$$

（－1.3105）（4.4864）（1.1699）

$F = 3260.5857$　$P = 0.0001$　$R^2 = 0.9989$　修正 $R^2 = 0.9986$

表 7-4 2000~2009 年农村居民生活消费支出、人均纯收入、总支出 单位：元

年份	农村居民生活消费支出 A	农村居民总支出 B	农村居民人均纯收入 C
2000	1284.74	2140.37	2253.42
2001	1364.08	2284.62	2366.40
2002	1467.62	2437.72	2475.63
2003	1576.64	2537.42	2622.24
2004	1754.46	2863.54	2936.40
2005	2134.58	3567.31	3254.93
2006	2415.47	3931.76	3587.04
2007	2767.12	4533.13	4140.36
2008	3159.40	5257.89	4760.62
2009	3504.84	5694.82	5153.17

资料来源：《中国统计年鉴》2003 年、2005 年、2009 年、2010 年等各版。

根据老年人养老收入达到社会平均收入 60% 的国际标准，假设中国农村老年人所需要的养老保险适度水平上限也为同期农村居民人均纯收入的 60%。根据上式计算得到 2000 年农村居民修正生活费支出为 1294.9 元，占当年农村居民人均纯收入的 57.46%，则 2000 年中国农村老年人养老保险适度水平上限为 34.48%。2009 年中国农村居民修正生活费支出为 3483.02 元，占当年农村居民人均纯收入的 67.59%，农村老年人养老保险适度水平上限提高到 40.55%，相对于每年养老金数额为 2089.61 元，折算成每月的养老金数额为 174.13 元。

2000~2009 年农村居民总支出由 2140.37 元提高到 2009 年的 5694.82 元，平均每年增长 11.49%；同期农村居民人均纯收入由 2253.42 元提高到 2009 年的 5153.17 元，平均每年增长 9.63%。以 2009 年为基期，根据总支出和人均纯收入的历史平均变动趋势能够预测未来几年农村居民的总支出和人均纯收入。其中农村居民人均纯收入由 2010 年的 5649.42 元提高到 2020 年的 14167.66 元，同期农村居民总支出由 6321.25 元提高到 17948.69 元，依据式（7-4），测算得出农村居民生活费支出由 2010 年的 3866.31 元提高到 2020 年的 10870.90 元。由此可得，年均农村养老保险动态适度上限由 2010 年的 2319.79 元提高到 2020 年的 6522.54 元，折算成每月的农村养老保险动态适度上限由 193.32 元提高到

543.55 元，最终得到农村养老保险动态适度水平上限由 2010 年的 41.06% 逐渐上升到 2020 年的 46.04% 。

表 7－5　总支出和人均纯收入变动下的新农保动态适度水平上限　单位：元，%

年份	农村居民人均纯收入 L（元）	农村居民总支出 K（元）	农村居民生活费支出 M（元）	生活费支出占人均纯收入比重（M/L）（%）	年均农保动态适度上限（60% 调整）（M×60%）（元）	月均农保动态适度上限（M×60%/12）（元）	农保动态适度水平上限（M×60%/L）（%）
2010	5649.42	6321.25	3866.31	68.44	2319.79	193.32	41.06
2011	6193.46	7016.59	4290.71	69.27	2574.42	214.54	41.57
2012	6789.89	7788.41	4760.59	70.11	2856.35	238.03	42.07
2013	7443.76	8645.14	5280.86	70.94	3168.52	264.04	42.57
2014	8160.59	9596.10	5856.92	71.77	3514.15	292.85	43.06
2015	8946.45	10651.67	6494.80	72.60	3896.88	324.74	43.56
2016	9808.00	11823.36	7201.16	73.42	4321.00	360.06	44.05
2017	10752.51	13123.92	7983.32	74.25	4790.00	399.17	44.55
2018	11787.97	14567.56	8849.48	75.07	5309.69	442.47	45.04
2019	12923.16	16169.99	9808.67	75.90	5885.20	490.43	45.54
2020	14167.66	17948.69	10870.90	76.73	6522.54	543.55	46.04

资料来源：根据《中国统计年鉴》各年版数据计算得出。

从微观静态角度考察，新农保制度开始实施的 2009 年，我国农村养老保险适度水平的上限与下限（即合意养老金与同期人均纯收入的比值）分别为 40.55% 与 27.54% 。折算成每月的适度养老金数额的上限与下限应为 174.13 元与 118.24 元。从微观动态角度考察，2010～2020 年的农村养老保险适度水平上下限差距有逐渐扩大的趋势。2010 年的农村养老保险适度水平上、下限分别为 41.06% 与 26.24% ，而 2020 年农村养老保险适度水平上、下限扩大为 46.04% 与 16.23% 。

二、中国长期（2010～2050年）农村养老需求及养老金动态适度水平上限

表7-6　2010～2050年总支出和人均纯收入变动下的新农保动态适度水平上限

年份	农村居民人均纯收入L（元）	农村居民总支出K（元）	农村居民生活费支出M（元）	年均农保动态适度上限（60%调整）（M×60%）（元）	月均农保动态适度上限（M×60%/12）（元）	农保动态适度水平上限（M×60%/L）（%）
2010	5649.42	6321.25	3866.31	2319.79	193.32	41.06
2011	6193.46	7016.59	4290.71	2574.42	214.54	41.57
2012	6789.89	7788.41	4760.59	2856.35	238.03	42.07
2013	7443.76	8645.14	5280.86	3168.52	264.04	42.57
2014	8160.59	9596.10	5856.92	3514.15	292.85	43.06
2015	8946.45	10651.67	6494.80	3896.88	324.74	43.56
2016	9808.00	11823.36	7201.16	4321.00	360.06	44.05
2017	10752.51	13123.92	7983.32	4790.00	399.17	44.55
2018	11787.97	14567.56	8849.48	5309.69	442.47	45.04
2019	12923.16	16169.99	9808.67	5885.20	490.43	45.54
2020	14167.66	17948.69	10870.90	6522.54	543.55	46.04
2021	15525.69	20995.91	12568.02	7540.81	628.40	48.60
2022	17020.24	23407.55	13977.69	8386.61	698.88	49.30
2023	18658.65	26096.20	15544.86	9326.92	777.24	50.00
2024	20454.79	29093.67	17287.22	10372.33	864.36	50.70
2025	22423.83	32435.44	19224.41	11534.65	961.22	51.40
2026	24582.41	36161.05	21378.31	12826.99	1068.91	52.20
2027	26948.78	40314.59	23773.25	14263.95	1188.66	52.90
2028	29542.95	44945.22	26436.30	15861.78	1321.81	53.70
2029	32386.84	50107.73	29397.59	17638.55	1469.88	54.50
2030	35504.49	55863.22	32690.63	19614.38	1634.53	55.20
2031	38922.25	62279.80	36352.73	21811.64	1817.63	56.00
2032	42669.02	69433.40	40425.39	24255.23	2021.27	56.80
2033	46776.46	77408.68	44954.80	26972.88	2247.74	57.70

续表

年份	农村居民人均纯收入 L（元）	农村居民总支出 K（元）	农村居民生活费支出 M（元）	年均农保动态适度上限(60%调整）（M×60%）（元）	月均农保动态适度上限（M×60%/12）（元）	农保动态适度水平上限（M×60%/L）（%）
2034	51279.30	86300.03	49992.36	29995.41	2499.61	58.50
2035	56215.59	96212.65	55595.27	33357.16	2779.76	59.30
2036	61627.07	107263.86	61827.19	37096.31	3091.36	60.20
2037	67559.47	119584.44	68758.97	41255.38	3437.94	61.10
2038	74062.93	133320.18	76469.46	45881.68	3823.47	61.90
2039	81192.44	148633.65	85046.43	51027.86	4252.32	62.80
2040	89008.26	165706.06	94587.55	56752.53	4729.37	63.80
2041	97576.45	184739.44	105201.54	63120.92	5260.07	64.70
2042	106969.44	205959.04	117009.43	70205.65	5850.47	65.60
2043	117266.63	229615.97	130145.90	78087.53	6507.29	66.60
2044	128555.05	255990.20	144760.90	86856.53	7238.04	67.60
2045	140930.13	285393.83	161021.33	96612.79	8051.06	68.60
2046	154496.47	318174.82	179113.00	107467.80	8955.65	69.60
2047	169368.74	354721.12	199242.72	119545.63	9962.13	70.60
2048	185672.66	395465.22	221640.74	132984.44	11082.04	71.60
2049	203546.04	440889.27	246563.39	147938.03	12328.17	72.70
2050	223139.97	491530.84	274296.02	164577.61	13714.80	73.80

资料来源：根据《中国统计年鉴》各年版数据计算得出。

根据以上的测算可知，新农保优化模式中每位农村居民的养老需求上限处于动态变化中，所构成的农村居民人均养老金需求上限由2010年的2319.79元逐渐递增到2050年的164577.61元，2010～2050年的人均养老需求上限均值为39254.97元。2010～2050年农村居民养老金需求适度水平上限从41.06%逐渐提升至73.80%。

结合上节研究内容，我们发现农村养老保险适度水平下限与养老需求适度水平上限的差距出现了逐渐扩大的趋势。对于上下限差距的不断扩大，可以从经济学角度加以分析：我们所测度的农村养老保险适度水平下限只是以最低食品和服务支出作为基本参照，而随着经济的发展和收入的提高，最低食品和服务支出比重会绝对下降，这是经济发展中的普遍规律；衡量农村养老保险适度水平上限时，其参照系为全部需求支出。随着经济的发展，消费者对产品的需求种类增多、需求层次提升，这方面的变化构成了养老保险适度水平上限不断提高的主要动因。由于农村养老保险水平上限的不断上升会加重财政压力进而影响到农村养老保险制度的长期可持续运行，因此需要确定一个上限的标准值，从长期来看，将2010～2050年上限的平均值确定为适度水平上限的最高标准比较合适，该标准为56.04%。这意味着，2010～2050年农村养老保险需求适度水平上下限应处于11.78%～56.04%区间。

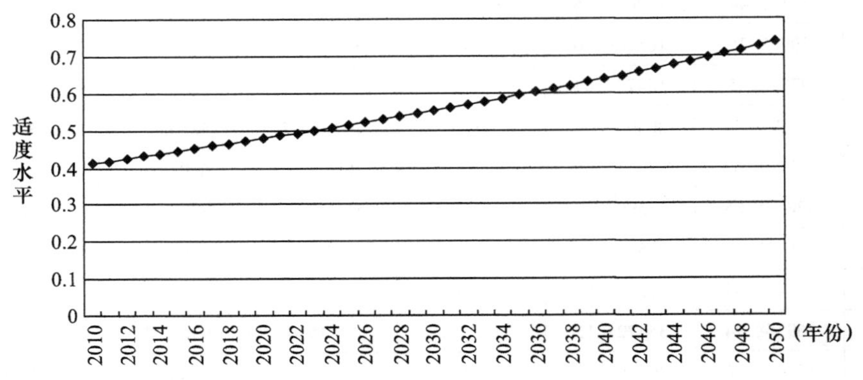

图7－2　2010～2050年农村养老需求及养老金动态适度水平上限

第三节　优化模式基础养老金适度需求下的中央财政负担水平

一、中央财政支付优化模式基础养老金的必要性和可能性

新农保优化模式提出由中央财政承担基础养老金的支付责任，并且基础养老金水平要达到适度需求水平，并建立与恩格尔系数、物价指数相关联的动态调整机制。从价值判断的角度来看，这样的制度设计主要基于以下三个方面的考虑：

第一，中国经济发展已经实现跨越，中央财政形成了高积累和强支付能力。在经济高速增长的背景下，我国政府财力得到了极大充实，财政收入连年大幅度增长，财政收入总量由1994年的5218.10亿元提高到2009年的68518.30亿元，增长了12倍。在总量增长的同时，从财政收入结构来看，2009年中央财政收入占财政总收入的一半以上。这意味着国家财富的分配过度集中于政府，尤其是中央政府。因此，政府有义务返利于民，特别是返利于二元经济结构下长期贫困的广大农村居民，通过财政来支付农村居民的基础养老金，将是进一步调节城乡收入差距有力的收入再分配手段。

第二，我国社会保障财政投入的总量还不高，而且在城乡分配中处于失衡状态。从社会保障财政支出结构来看，我国政府的财政支出一直存在着社会保障支出规模过小、城乡社会保障投入不平衡等问题。1996年美国的社会保障支出占联邦财政支出的比重是48.8%，占GDP的比重为16.5%；同期英国的比重分别为54.9%和22.8%，法国为55.3%和30.1%，德国为52.1%和29.7%。而我国在将社会保障补助支出项目、抚恤和社会福利救济费等全部财政补助项目加总后，其占财政支出的比重在2006年达到7.5%，远远低于发达国家水平。我国的财政社会保障支出不仅规模小，而且支出的结构失衡，即社会保障支出的大部分用于城镇社会保障，用于农村社会保障的部分很少。在财政资金投入量一定的情况下，这种城乡二元社会保障结构严重地影响了农村居民的实际利益。

第三，新农保优化模式对基础养老金的功能定位决定了中央财政必须承担这个责任。我国政府目前对60岁以上农村老人每人每月55元的基本养老金是一种具有普惠性质的财政补助，其实质等同于国际上的非缴费型养老金。这种形式相对于传统社会保险项目下的缴费型养老金而言，具有以国家税收为融资来源，采取按年龄分类进行普惠给付的特点。这种养老金项目最早兴起于深受艾滋病和疫病之害的非洲国家，在这一地区的许多国家中当青壮年劳动力死于疾病时，老年人就需要承担起抚养幼儿和维持家庭生存的重任，因此就兴起了这种不用缴费的养老金模式。据统计，用于非缴费型的养老金一般占到该国当年GDP的1%左右，最高不超过2%。对南非以及巴西等国家的研究表明，非缴费型的养老金项目明显提升了老年人在家庭中的实际地位，不仅使老年人自身生存得到了保证，而且也提高了家庭的整体抗风险能力，有时还会使幼儿的受教育情况及入学机会得到改善。这充分表明了普惠型养老金对于经济落后地区的老年人及其家庭的重要作用。参照国际平均水平，我国用于老年人的普惠型养老金，在理论上应该达到 GDP 的 1%。由于目前我国年均财政收入占 GDP 比重约为 20%，因此以财政收入为比较基准，普惠型养老金总额应为财政收入的 5%。

二、中国短期（2010～2020 年）基础养老金适度水平与中央财政负担水平分析

根据辽宁大学课题组的相关测算结果，得到 2010～2020 年我国农村 60 岁以上人口数，也就是未来 10 年各个年份预计领取待遇的农村居民人数。在这个人口结构预测成果的基础上，可以按照新农保现行模式（每人每月 55 元基础养老金给付）和本章前面基于优化模式测算的最低基础养老金适度水平，测算现行模式和优化模式下不同给付水平的财政补贴总额。两者的比较结果如表 7－7 所示。基本方法是：①人均年均新农保适度水平下限＝（农村 60 岁以上老人每年最低食品支出/恩格尔修正系数）×100；②年均养老金需求适度水平下限总额＝中央财政补贴总额＝人均年均新农保适度水平下限×60 岁以上农村人口老人数；③人均养老金适度水平上限＝农村年均生活消费支出×60%；④年均养老金适度水平上限总额＝人均养老金适度水平上限×60 岁以上农村人口老人数；⑤年均养老金需求上下限差额＝年均养老金适度水平上限总额－年均养老金需求适度水平下限总额；⑥人均养老金需求差额＝年均养老金需求上下限差额/60 岁以上农村人口老人数。

表 7－7　新农保现行模式和优化模式下的中央财政补贴总额比较

年份	农村 60 岁以上人口数（万人）	现行模式下财政给付总额（亿元）	优化模式下财政给付总额（亿元）
2010	8880.34	45.54	102.31
2011	9221.52	47.53	111.57
2012	9609.49	49.60	121.66
2013	9991.50	51.77	132.67
2014	10301.38	54.03	144.66
2015	10508.81	56.38	157.75

续表

年份	农村60岁以上人口数（万人）	现行模式下财政给付总额（亿元）	优化模式下财政给付总额（亿元）
2016	10761.43	57.80	169.00
2017	10923.06	59.26	181.04
2018	11033.99	60.75	193.95
2019	11168.08	62.29	207.75
2020	11386.48	63.86	222.55

资料来源：根据前面相关章节数据及本章计算方法得到。

前面的分析是基于给付标准来研究财政补贴总额，即财政支持能力。现在则要在先确定财政对新农保的投入责任的前提下，研究该给付标准的负担能力。根据国际经验，普惠型养老金总额应为财政收入的5%。如果按照这一比例，未来年份的财政资金是否有能力对农村养老保险进行补贴呢？以下设计两种给付方案来判断财政支付能力：方案一，假设财政收入的5%全部用于农村60岁以上老年人的基本养老金给付；方案二，根据《2005年全国1%人口抽样调查数据》资料，农村60岁以上老年人占全国60岁以上老年人口的比重为53%，则假设公共财政是按照人口结构进行分配的，即对农村60岁以上老年人的补贴不超过财政收入5%中的53%部分，即为财政收入的2.65%。

在方案一的设计中，2010～2020年财政收入的5%用于农村居民的普惠型养老金给付，则每年应该用于新农保基础养老金补贴的金额分别为3906.61亿元、4479.60亿元、5151.29亿元、5924.87亿元、6811.50亿元、7825.78亿元、8985.23亿元、10310.25亿元、11824.29亿元、13554.25亿元、15530.89亿元。在农村老人每人每月55元基本养老金给付情况下的财政补贴总额仅分别相当于以上数据的1.67%、1.52%、1.37%、1.25%、1.13%、1.03%、0.92%、0.82%、0.73%、0.66%、0.59%；根据优化模式基础养老金适度水平数据，则养老金需求总额占以上财政补贴额比重分别为3.74%、3.56%、3.37%、3.20%、3.03%、2.88%、2.69%、2.51%、2.34%、2.19%、2.05%。

在方案二的设计中，2010～2020年财政收入的2.65%用于农村居民的普惠型养老金给付，则每年应该用于新农保基础养老金补贴的金额分别为2068.91亿元、2374.19亿元、2730.19亿元、3140.18亿元、3610.10亿元、4147.66亿元、4762.17亿元、5464.43亿元、6266.87亿元、7183.75亿元、8231.37亿元。农村老人每人每月55元基本养老金给付情况下的财政补贴总额仅分别相当于以上数据的3.14%、2.86%、2.60%、2.35%、2.14%、1.94%、1.73%、1.55%、1.38%、1.24%、1.11%。根据优化模式基础养老金适度水平数据，养老金需求总额占以上财政补贴额比重分别为7.06%、6.71%、6.37%、6.04%、5.72%、5.43%、5.07%、4.73%、4.42%、4.13%、3.86%。

根据方案一和方案二的测算结果可知，无论是目前农村老人每人每月55元基本养老金给付标准，还是本章前面测算的优化模式下的养老金需求，都没有达到国际上产生良性外部效应的普惠型给付水平，而且养老金给付和需求占财政应有补贴的比重还出现逐年下降的趋势，因此我国的财政完全有能力满足当前制度给付标准，也有能力满足农村居民的最低养老保险需求。

三、中国长期（2010~2050年）基础养老金适度水平和中央财政负担水平分析

新农保现行模式规定由财政支付60岁以上农村老人每人每月55元基本养老金。这是一种具有普惠性质的保障制度，既与世界银行“五支柱”保障架构中的“零支柱”设想暗合，也是我国经济发展到比较成熟阶段所出现的一种必然趋势，具有明显的进步意义。每月55元的养老补贴占2009年农村老年人最低生活支出的46.51%，这一比例比较高，会对缓解农村老年贫困、保障老年人基本生活起到很大作用。但是如果保持这一给付水平不变，到2020年其比重将下降到28.69%，而到2050年这一比重会下降到7.62%，对农村老年人基本生活的支撑作用就会基本丧失。因此可以认为，目前基本养老金在短期内对改善农村老年人生活有重要作用，但长期来看还需要不断增加。所以应设计基础养老金给付调整机制，使之与经济发展水平相适应。同时要结合本章对农村养老保险适度水平的测算结果，实施更加科学的养老金给付，以保证有效改善农村老年人的生活水平。以下将基于新农保优化模式，测算中央财政对适度基础养老金的负担水平。具体测算结果如表7-8所示。

表 7-8　新农保优化模式下适度基础养老金中央财政负担水平

年份	中央财政适度基础养老金补贴额（亿元）	适度基础养老金补贴占中央财政收入比重	适度基础养老金补贴占中央财政支出比重
2010	1227.93	0.0301	0.0665
2011	1339.28	0.0287	0.0581
2012	1460.73	0.0273	0.0511
2013	1593.19	0.0259	0.0455
2014	1737.67	0.0252	0.0406
2015	1895.25	0.0238	0.0364
2016	2030.70	0.0231	0.0322
2017	2175.82	0.0217	0.0287
2018	2331.32	0.0210	0.0259
2019	2497.93	0.0196	0.0231
2020	2676.45	0.0189	0.0210
2021	2884.53	0.0182	0.0196
2022	3108.79	0.0175	0.0182
2023	3350.49	0.0175	0.0168
2024	3610.97	0.0168	0.0154
2025	3891.71	0.0161	0.0147
2026	4204.08	0.0161	0.0140
2027	4541.51	0.0154	0.0133
2028	4906.03	0.0154	0.0126
2029	5299.81	0.0154	0.0119
2030	5725.20	0.0147	0.0119
2031	6061.41	0.0147	0.0112
2032	6417.36	0.0140	0.0105
2033	6794.22	0.0140	0.0098
2034	7193.21	0.0133	0.0098
2035	7615.63	0.0133	0.0091
2036	7983.37	0.0126	0.0084
2037	8368.87	0.0126	0.0084
2038	8772.98	0.0119	0.0077

续表

年份	中央财政适度基础养老金补贴额（亿元）	适度基础养老金补贴占中央财政收入比重	适度基础养老金补贴占中央财政支出比重
2039	9196.62	0.0119	0.0077
2040	9640.70	0.0112	0.0077
2041	10093.43	0.0112	0.0070
2042	10567.42	0.0112	0.0070
2043	11063.67	0.0105	0.0070
2044	11583.22	0.0105	0.0070
2045	12127.16	0.0105	0.0063
2046	12847.65	0.0105	0.0063
2047	13610.95	0.0105	0.0063
2048	14419.59	0.0105	0.0063
2049	15276.27	0.0105	0.0063
2050	16183.85	0.0105	0.0063
均值	8705.88	0.0161	0.0364

资料来源：经测算得出。

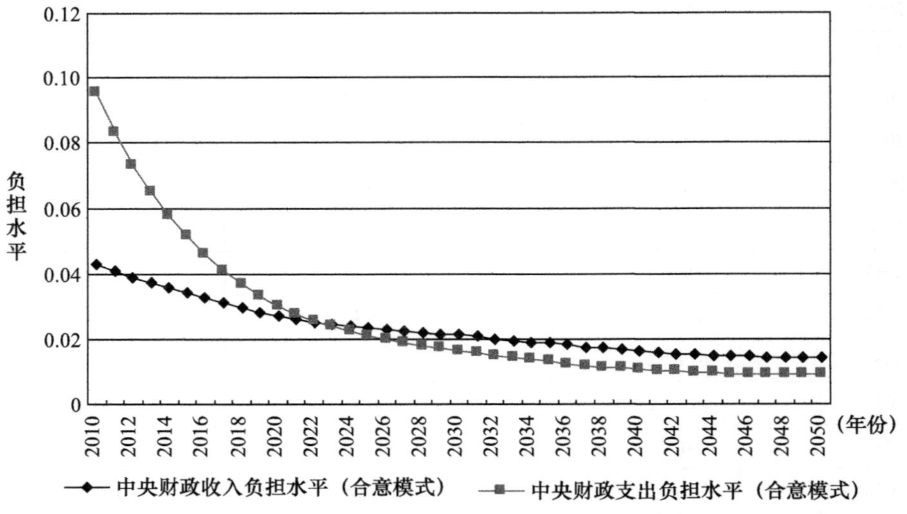

图7－3　新农保优化模式下适度基础养老金中央财政收支负担水平

根据以上的测算可知：①新农保优化模式给予每位农村老年人的基础养老金是适度的，而且这一适度给付额也是动态的，远远高于现行模式中每月55元的水平。②从财政负担总量来看，由此所构成的农村老年人基础养老金总需求由2010年的1227.93亿元逐渐递增到2050年的16183.85亿元，2010~2050年的基础养老金均值为8705.88亿元。③从财政收入口径看，中央财政收入中的适度基础养老金负担水平由2010年的3.01%逐渐下降到2050年的1.05%，2010~2050年中央财政收入的新农保适度基础养老金负担水平均值为1.61%。④从财政支出口径看，中央财政支出中的适度基础养老金负担水平由2010年的6.65%逐渐下降到2050年的0.63%，2010~2050年中央财政支出的新农保基础养老金负担水平均值为3.64%。⑤从财政收支比较看，中央财政支出中的适度基础养老金负担水平在初期高于财政收入负担水平，但在后期其下降速度快于财政收入负担水平，在2023年财政支出负担水平开始低于财政收入负担水平。

从财政的支付能力角度来分析，按照普惠型养老金总额应为财政收入5%的国际经验，农村老人每月55元的基本养老金以及按照优化模式基础养老金适度需求水平的支付总额，都只占到同期财政收入很低的比例，而且养老金支付增长速度还呈现出低于财政收入增长速度的特点。因此在理论上，优化模式对基础养老金适度水平及其动态调整机制的要求，不会对财政运行造成很大的支付压力。当然，财政还要有许多关系国计民生的其他支出，因此新农保基础养老金的支出可能会对财政构成现实压力，这就需要协调基本养老金增长比重与财政收入增长比重的关系，优化财政支出结构，降低行政管理费增长过快的势头并压缩基本建设支出。

第四节　基于养老金需求缺口的东部、中部、西部地区地方财政负担水平

一、新农保优化模式下全国范围养老金需求差额

新农保优化模式与现行模式的根本差别就是，现行模式的养老金给付水平来

自政策规定，而优化模式的养老金给付的判断则来自现实中农村居民对维持基本生活和满足生存体面的适度养老需求。维持基本生活需要的养老金给付就是适度水平下限，而满足生存体面的养老金给付就是适度水平上限。政府财政在优化模式中发挥两方面的作用：其一是中央财政承担属于适度水平下限的基础养老金给付；其二是地方财政承担养老适度水平上限与下限的差额部分，即承担农村居民养老需求缺口。这部分政府补贴主要用于地方激励养老金，使参保的农村居民养老待遇的总替代率水平能够在基础养老金替代率、个人账户养老金替代率已经确定的基础上，始终处于养老金适度水平区间之中，并根据财政的负担能力和政府的价值目标，把参保激励养老金的替代率确定在一个合理的水平上。因此，首先要测算农村居民在新农保优化模式下的养老需求差额。

表7－9　新农保优化模式下全国范围养老金需求差额

年份	养老金需求适度水平下限总额（亿元）	养老金需求适度水平上限总额（亿元）	适度水平上下限间的需求差额（亿元）	人均养老金需求差额（元）
2010	1227. 92	1927. 58	699. 65	591. 45
2011	1339. 28	2240. 22	900. 93	729. 79
2012	1460. 73	2602. 99	1142. 26	886. 59
2013	1593. 19	3023. 93	1430. 73	1064. 09
2014	1737. 67	3512. 36	1774. 68	1264. 74
2015	1895. 25	4079. 07	2183. 81	1491. 28
2016	2030. 70	4653. 16	2622. 46	1746. 75
2017	2175. 82	5307. 47	3131. 64	2034. 58
2018	2331. 32	6053. 21	3721. 89	2358. 55
2019	2497. 92	6903. 18	4405. 24	2722. 91
2020	2676. 46	7871. 96	5195. 51	3132. 36
2021	2884. 53	9028. 79	6144. 25	3592. 16
2022	3108. 79	10355. 14	7246. 34	4108. 16
2023	3350. 48	11875. 86	8525. 37	4686. 88
2024	3610. 97	13619. 50	10008. 52	5335. 59

续表

年份	养老金需求适度水平下限总额（亿元）	养老金需求适度水平上限总额（亿元）	适度水平上下限间的需求差额（亿元）	人均养老金需求差额（元）
2025	3891.71	15618.76	11727.05	6062.39
2026	4204.08	17953.05	13748.97	6876.29
2027	4541.51	20635.96	16094.44	7787.33
2028	4906.03	23719.63	18813.59	8806.70
2029	5299.81	27264.03	21964.22	9946.87
2030	5725.19	31338.12	25612.92	11221.70
2031	6061.41	35302.95	29241.54	12646.65
2032	6417.36	39769.73	33352.36	14238.93
2033	6794.22	44802.15	38007.92	16017.72
2034	7193.21	50472.03	43278.82	18004.35
2035	7615.63	56860.33	49244.69	20222.61
2036	7983.37	63426.81	55443.44	22698.96
2037	8368.87	70752.95	62384.07	25462.90
2038	8772.98	78926.90	70153.91	28547.24
2039	9196.62	88047.06	78850.44	31988.55
2040	9640.70	98223.31	88582.61	35827.55
2041	10093.43	109439.50	99346.07	40109.57
2042	10567.42	121939.50	111372.10	44885.09
2043	11063.67	135870.60	124806.90	50210.31
2044	11583.22	151397.10	139813.90	56147.87
2045	12127.16	168702.40	156575.20	62767.45
2046	12847.65	190226.30	177378.70	70146.69
2047	13610.95	214502.20	200891.30	78372.01
2048	14419.59	241882.70	227463.10	87539.70
2049	15276.27	272765.60	257489.30	97756.92
2050	16183.85	307599.90	291416.10	109143.00

资料来源：经测算得出。

根据测算可知，养老金需求适度下限总额从2010年的1227.92亿元逐渐提高到2050年的16183.85亿元，年均增长6.84%；养老金需求适度上限总额增长速度远高于适度下限增长速度，从2010年的1927.58亿元上升到2050年的307599.90亿元，年均增长13.90%；由二者得到的上下限间的养老需求差额的增长速度更是惊人，2010年为699.65亿元，到2050年则提高到291416.10亿元，年均增长16.73%；同期人均年均养老金需求差额的增长速度虽然不及总体需求差额的增长速度，但增长的速度也很快，由2010年的591.45元上升到2050年的109143元，年均增长14.32%。

二、新农保优化模式下东部地区养老补贴地方财政负担水平

测算东、中、西部各地区地方财政对养老补贴的负担水平首先应确定各地区在不同年份的老年人口，其次要确认实际所需要的人均每月补贴额，最后还需要不同地区各年份的财政收入与支出总额。综合以上思想，可得地方财政收入对养老补贴的负担水平公式为：

$$SF_i^k = \frac{NL_i^k \times BY_k \times 12}{S_i^k} \tag{7-5}$$

$i = 2010, 2011, \cdots, 2050$；$k = 1, 2, 3$

其中，SF_i^k 表示东、中、西部各地区财政收入负担水平，当 $k = 1$ 时，表示东部地区；当 $k = 2$ 时，表示中部地区；当 $k = 3$ 时，表示西部地区。BY_k 表示东、中、西部各地区人均每月养老需求补贴额，i 表示2010～2050年期间的具体年份。NL_i^k 表示东、中、西部各地区在各年的农村60岁以上老人数。S_i^k 表示东、中、西部各地区不同年份的财政收入。

地方财政支出对养老补贴的负担水平公式为：

$$ZF_i^k = \frac{NL_i^k \times BY_k \times 12}{Z_i^k} \tag{7-6}$$

其中，ZF_i^k 表示东、中、西部各地区财政支出负担水平，当 $k = 1$ 时，表示东部地区；当 $k = 2$ 时，表示中部地区；当 $k = 3$ 时，表示西部地区。BY_k 表示东、中、西部各地区人均每月养老需求补贴额，i 表示2010～2050年期间的具体年份。NL_i^k 表示东、中、西部各地区在各年的农村60岁以上老人数。Z_i^k 表示东、中、西部各地区不同年份的财政支出。

当 k = 1 时，上述公式表示东部地区的地方财政收入与支出的负担水平，分别表示为 $SF_i^1 = \frac{NL_i^1 \times BY_1 \times 12}{S_i^1}$ 和 $ZF_i^1 = \frac{NL_i^1 \times BY_1 \times 12}{Z_i^1}$。

表 7－10　优化模式下东部地区人均月补贴额及地方财政负担水平

年份	东部人均需要的每月补贴额（元）	东部养老金总需求差额（亿元）	总需求差额占东部财政收入比重	总需求差额占东部财政支出比重
2010	70.41	219.989	0.0091	0.00644
2011	86.88	283.283	0.0105	0.00665
2012	105.54	359.163	0.0112	0.00679
2013	126.67	449.869	0.0126	0.00686
2014	150.56	558.019	0.0140	0.00693
2015	177.53	686.665	0.0147	0.00700
2016	207.94	824.586	0.0161	0.00700
2017	242.21	984.69	0.0168	0.00693
2018	280.78	1170.281	0.0175	0.00693
2019	324.15	1385.153	0.0189	0.00686
2020	372.90	1633.639	0.0196	0.00686
2021	427.63	1931.958	0.0210	0.00693
2022	489.06	2278.486	0.0217	0.007
2023	557.96	2680.657	0.0231	0.00714
2024	635.19	3147.004	0.0245	0.00721
2025	721.71	3687.369	0.0259	0.00735
2026	818.60	4323.13	0.0273	0.00756
2027	927.06	5060.622	0.0294	0.00777
2028	1048.41	5915.609	0.0308	0.00805
2029	1184.15	6906.27	0.0329	0.00833
2030	1335.91	8053.542	0.035	0.00861
2031	1505.55	9194.5	0.0371	0.00882
2032	1695.11	10487.08	0.0385	0.00903
2033	1906.87	11950.95	0.0406	0.00924
2034	2143.37	13608.29	0.042	0.00952
2035	2407.45	15484.15	0.0441	0.00987

续表

年份	东部人均需要的每月补贴额（元）	东部养老金总需求差额（亿元）	总需求差额占东部财政收入比重	总需求差额占东部财政支出比重
2036	2702.25	17433.24	0.0462	0.01008
2037	3031.29	19615.61	0.0483	0.01036
2038	3398.48	22058.7	0.0504	0.01071
2039	3808.16	24793.18	0.0525	0.01106
2040	4265.18	27853.29	0.0546	0.01148
2041	4774.94	31237.68	0.0574	0.0119
2042	5343.46	35019.05	0.0602	0.01239
2043	5977.41	39243.4	0.063	0.01288
2044	6684.27	43962.1	0.0658	0.01344
2045	7472.31	49232.41	0.0693	0.01407
2046	8350.79	55773.71	0.0735	0.01498
2047	9330.00	63166.85	0.0784	0.01589
2048	10421.39	71521.9	0.084	0.01694
2049	11637.73	80963.13	0.0896	0.01813
2050	12993.22	91630.83	0.0959	0.01939
均值	—	—	0.0399	0.0098

资料来源：经测算得出。

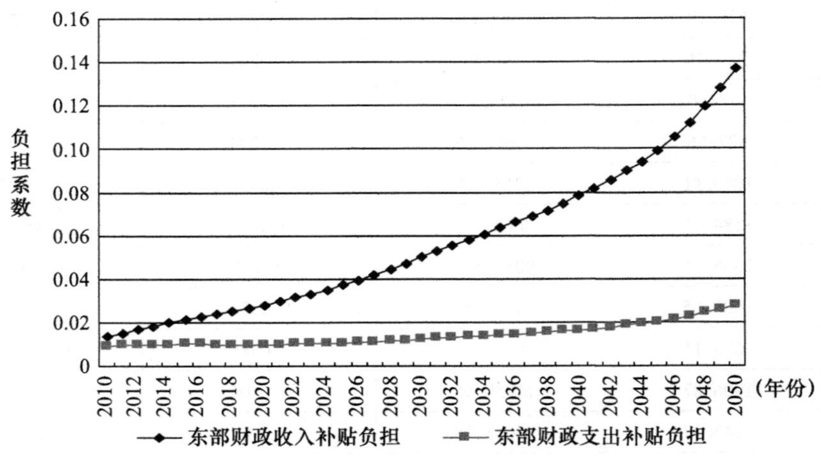

图7－4　优化模式下东部地区地方财政收支负担水平

根据以上的测算可知：①新农保优化模式中，地方财政要满足农村居民适度养老需求从而减小甚至弥补城乡差异，其所要支付的财政补贴远远高于目前每人30元的标准，由此所构成的东部农村居民养老需求缺口由2010年的219.989亿元逐渐递增到2050年的91630.83亿元。②东部地方财政收入中的农村居民养老需求缺口负担水平由2010年的0.91%逐渐上升到2050年的9.59%，而同期东部地方财政支出的负担水平始终低于财政收入负担水平，东部地方财政支出的养老需求负担水平由2010年的0.644%缓慢上升到2050年的1.939%。③2010～2050年东部地方财政收入的养老补贴负担水平均值为3.99%，而东部地方财政支出的养老补贴负担水平均值为0.98%。

三、新农保优化模式下中部地区养老补贴地方财政负担水平

根据式（7－5）和式（7－6），当k＝2时，上述公式表示中部地区的地方财政收入与支出的负担水平，分别表示为 $SF_i^2=\frac{NL_i^2\times BY_2\times 12}{S_i^2}$ 和 $ZF_i^2=\frac{NL_i^2\times BY_2\times 12}{Z_i^2}$。

表7－11　优化模式下中部地区人均月补贴额及地方财政负担水平

年份	中部人均需要的月补贴额（元）	中部养老金总需求差额（亿元）	总需求差额占中部财政收入比重	总需求差额占中部财政支出比重
2010	29.98	251.86	0.0336	0.0129
2011	38.60	324.31	0.0371	0.0133
2012	48.95	411.18	0.0406	0.0135
2013	61.31	515.03	0.0448	0.0137
2014	76.05	638.84	0.0483	0.0139
2015	93.58	786.12	0.0518	0.0140
2016	112.38	944.03	0.0546	0.0140
2017	134.20	1127.32	0.0581	0.0139
2018	159.50	1339.80	0.0609	0.0138
2019	188.78	1585.80	0.0637	0.0138
2020	222.65	1870.28	0.0665	0.0138

续表

年份	中部人均需要的月补贴额（元）	中部养老金总需求差额（亿元）	总需求差额占中部财政收入比重	总需求差额占中部财政支出比重
2021	263.31	2211.81	0.0707	0.0139
2022	310.54	2608.53	0.0742	0.0141
2023	365.35	3068.96	0.0784	0.0142
2024	428.91	3602.86	0.0826	0.0145
2025	502.56	4221.50	0.0868	0.0148
2026	589.20	4949.35	0.0924	0.0151
2027	689.72	5793.67	0.0980	0.0156
2028	806.25	6772.51	0.1036	0.0161
2029	941.27	7906.67	0.1099	0.0167
2030	1097.63	9220.13	0.1169	0.0173
2031	1253.13	10526.37	0.1218	0.0177
2032	1429.30	12006.18	0.1274	0.0181
2033	1628.82	13682.09	0.1330	0.0186
2034	1854.70	15579.51	0.1393	0.0191
2035	2110.37	17727.10	0.1463	0.0198
2036	2376.01	19958.53	0.1519	0.0203
2037	2673.45	22457.02	0.1582	0.0209
2038	3006.42	25254.01	0.1645	0.0215
2039	3379.11	28384.58	0.1715	0.0222
2040	3796.18	31887.97	0.1792	0.0231
2041	4257.45	35762.60	0.1876	0.0239
2042	4772.82	40091.71	0.1960	0.0249
2043	5348.57	44927.98	0.2058	0.0259
2044	5991.69	50330.20	0.2156	0.0270
2045	6709.99	56363.94	0.2261	0.0283
2046	7601.52	63852.78	0.2408	0.0301
2047	8609.14	72316.85	0.2562	0.0320
2048	9747.87	81882.16	0.2737	0.0341
2049	11034.64	92691.25	0.2919	0.0364
2050	12488.57	104904.37	0.3122	0.0389
均值	—	—	0.1309	0.0196

资料来源：经测算得出。

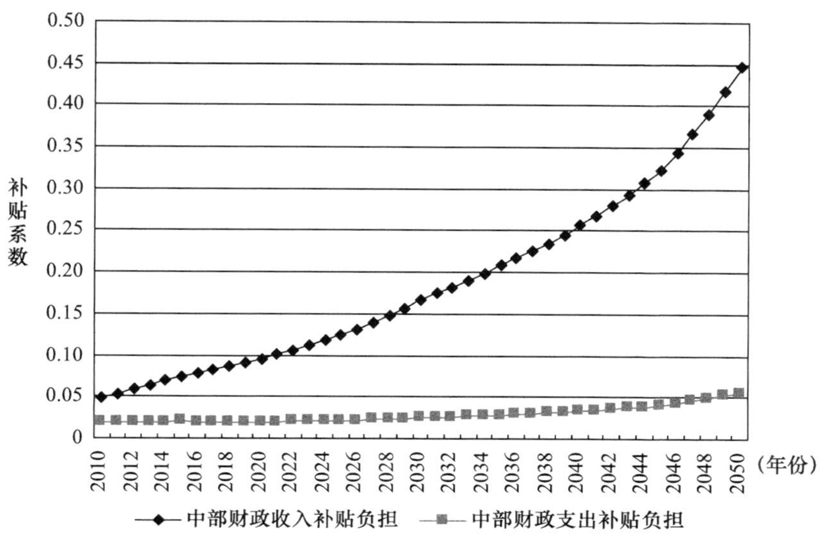

图7－5　优化模式下中部地区地方财政收支负担水平

根据以上的测算可知：①新农保优化模式中，地方财政要满足农村居民适度养老需求从而减小甚至弥补城乡差异，其所要支付的财政补贴远远高于目前每人每年30元的标准，由此所构成的中部农村居民养老需求缺口由2010年的251.86亿元逐渐递增到2050年的104904.37亿元；②中部地方财政收入中的农村居民养老需求缺口负担水平由2010年的3.36%快速上升到2050年的31.22%，而同期中部地方财政支出的负担水平始终低于财政收入负担水平，中部地方财政支出的养老需求负担水平由2010年的1.29%缓慢上升到2050年的3.89%；③2010～2050年中部地方财政收入的养老补贴负担水平均值为13.09%，而中部地方财政支出的养老补贴负担水平均值为1.96%。

四、新农保优化模式下西部地区养老补贴地方财政负担水平

根据式（7－5）和式（7－6），当k＝3时，上述公式表示西部地区的地方财政收入与支出的负担水平，分别表示为 $SF_i^3=\frac{NL_i^3\times BY_3\times 12}{S_i^3}$ 和 $ZF_i^3=\frac{NL_i^3\times BY_3\times 12}{Z_i^3}$。

表7-12　优化模式下西部地区人均月补贴额及地方财政负担水平

年份	西部人均需要的月补贴额（元）	西部养老金总需求差额（亿元）	总需求差额占西部财政收入比重	总需求差额占西部财政支出比重
2010	27.11	227.79	0.0308	0.0105
2011	34.92	293.33	0.0336	0.0105
2012	44.27	371.91	0.0371	0.0112
2013	55.45	465.82	0.0406	0.0112
2014	68.78	577.81	0.0434	0.0112
2015	84.64	711.02	0.0469	0.0112
2016	101.64	853.84	0.0497	0.0112
2017	121.38	1019.63	0.0518	0.0112
2018	144.26	1211.81	0.0546	0.0112
2019	170.75	1434.30	0.0567	0.0112
2020	201.38	1691.60	0.0595	0.0112
2021	238.15	2000.50	0.0630	0.0112
2022	280.87	2359.33	0.0665	0.0112
2023	330.44	2775.77	0.0700	0.0119
2024	387.93	3258.67	0.0735	0.0119
2025	454.54	3818.20	0.0777	0.0119
2026	532.92	4476.52	0.0819	0.0126
2027	623.83	5240.18	0.0868	0.0126
2028	729.22	6125.51	0.0917	0.0133
2029	851.34	7151.32	0.0973	0.0133
2030	992.77	8339.31	0.1036	0.0140
2031	1133.42	9520.74	0.1078	0.0147
2032	1292.76	10859.19	0.1127	0.0147
2033	1473.21	12375.00	0.1176	0.0154
2034	1677.51	14091.15	0.1232	0.0154
2035	1908.76	16033.58	0.1288	0.0161
2036	2149.02	18051.82	0.1337	0.0168
2037	2418.05	20311.63	0.1393	0.0168
2038	2719.21	22841.41	0.1449	0.0175
2039	3056.30	25672.91	0.1512	0.0182

续表

年份	西部人均需要的月补贴额（元）	西部养老金总需求差额（亿元）	总需求差额占西部财政收入比重	总需求差额占西部财政支出比重
2040	3433.52	28841.61	0.1582	0.0189
2041	3850.72	32346.08	0.1652	0.0196
2042	4316.86	36261.62	0.1729	0.0203
2043	4837.60	40635.88	0.1806	0.0210
2044	5419.28	45522.00	0.1897	0.0217
2045	6068.96	50979.32	0.1988	0.0231
2046	6875.32	57752.72	0.2121	0.0245
2047	7786.69	65408.19	0.2254	0.0259
2048	8816.63	74059.70	0.2408	0.0280
2049	9980.46	83835.93	0.2569	0.0294
2050	11295.50	94882.17	0.2751	0.0315
均值	—	—	0.1526	0.0210

资料来源：经测算得出。

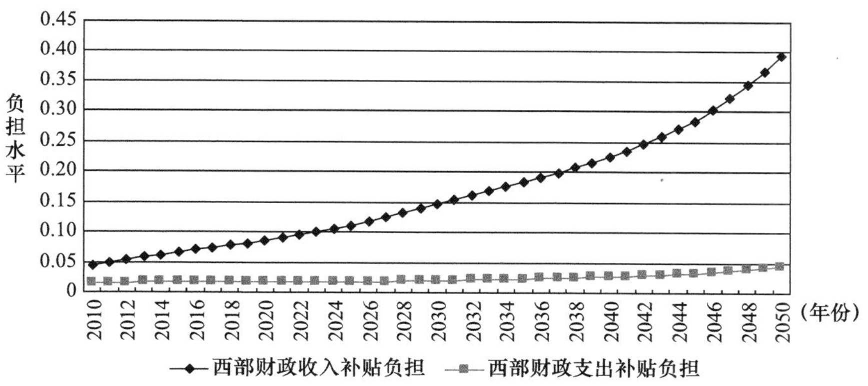

图7-6　优化模式下西部地区地方财政收支负担水平

根据以上的测算可知：①新农保优化模式中，地方财政要满足农村居民适度养老需求从而减小甚至弥补城乡差异，其所要支付的财政补贴远远高于目前每人30元的标准，由此所构成的西部农村居民养老需求缺口由2010年的227.79亿元逐渐递增到2050年的94882.17亿元；②西部地方财政收入中的农村居民养老需求缺口负担水平由2010年的3.08%快速上升到2050年的27.51%，而同期西部地方财政支出的负担水平始终低于财政收入负担水平，西部地方财政支出的养老需求负担水平由2010年的1.05%缓慢上升到2050年的3.15%；③2010～2050年西部地方财政收入的养老补贴负担水平均值为15.26%，而西部地方财政支出的养老补贴负担水平均值为2.10%。

本章小结

根据恩格尔修正系数，为了保证农村老年人的最低食品和服务支出，必须设定农村养老保险适度需求水平下限的最低标准。这也是优化制度模式要求基础养老金达到适度水平并建立动态调整机制的理论依据。

基于新农保优化模式的制度设计，建立起与恩格尔修正系数、物价指数联动的制度化、指数化的适度基础养老金水平确定机制和动态调整机制意义重大，对完善新农保制度、提高农村居民福利水平、激励农村居民参保缴费都将发挥积极作用。从长期来看，2010～2050年的养老保险适度水平下限平均值为11.78%。利用修正的扩展线性支出模型测算得到新农保适度水平上限。农村养老保险适度水平上限不是无限上升的，从长期来看，2010～2050年的养老保险适度水平上限平均值为56.04%。

经过测算可知，在具有动态调整机制的新农保优化模式下，中央财政收入的适度基础养老金负担水平由2010年的3.01%逐渐下降到2050年的1.05%，而在此期间中央财政支出中的基础养老金负担水平在初期高于财政收入负担水平，但在后期其下降速度快于财政收入负担水平，在2023年财政支出负担水平开始低于财政收入负担水平。中央财政支出的负担水平由2010年的6.62%逐渐下降到2050年的0.63%。2010～2050年中央财政收入的新农保适度基础养老金负担水平均值为1.61%，而中央财政支出的新农保基础养老金负担水平均值为3.64%。也就是说，即使是新农保优化模式把现行模式确定的农村老年人每人每月55元基础养老金的起步水平提高到适度水平，并建立动态调整机制，中央财政也完全有能力承担起支付责任，而且运行比较平稳。

由适度水平上下限的差额可以得到农村居民养老保险具体需求差额，这部分差额通过地方财政补贴给予弥补。从东、中、西部三个地区来看，东部地方财政收入中的农村居民养老需求缺口负担水平由2010年的0.91%逐渐上升到2050年的9.59%，而同期东部地方财政支出的负担水平始终低于财政收入负担水平，东部地方财政支出的养老需求负担水平由2010年的0.64%缓慢上升到2050年的1.93%。2010～2050年东部地方财政收入的养老补贴负担水平均值为3.99%，而东部地方财政支出的养老补贴负担水平均值为0.98%。中部地方财政收入中的农村居民养老需求缺口负担水平由2010年的3.36%快速上升到2050年的31.22%，而同期中部地方财政支出的负担水平始终低于财政收入负担水平，中部地方财政支出的养老需求负担水平由2010年的1.29%缓慢上升到2050年的3.89%。2010～2050年中部地方财政收入的养老补贴负担水平均值为13.09%，而中部地方财政支出的养老补贴负担水平均值为1.96%。西部地方财政收入中的农村居民养老需求缺口负担水平由2010年的3.08%快速上升到2050年的27.51%，而同期西部地方财政支出的负担水平始终低于财政收入负担水平，西部地方财政支出的养老需求负担水平由2010年的1.05%缓慢上升到2050年的3.15%。2010～2050年西部地方财政收入的养老补贴负担水平均值为15.26%，而西部地方财政支出的养老补贴负担水平均值为2.10%。

第八章 动态调整机制下的中央与地方财政分担结构

第一节 养老保险财政支出最优规模的可持续性分析

养老保险财政补贴的规模不仅取决于财政收入规模，也取决于财政支出规模和结构。因此，分析农民养老保险财政补贴是否具有可行性，不仅要从财政收入角度考虑，也要考虑财政支出规模和结构的直接影响。财政支出受众多因素制约，要对财政支出规模和结构变动趋势进行准确预测，理论上很难做到。本节试图从内生增长理论出发，来研究养老保险财政支出最优规模的理想状态，在此基础上将现实状态下农民养老保险财政补贴水平与理想状态下养老保险财政补贴水平进行比较，以从财政供给视角分析新策略下农民养老保险财政补贴是否具有可行性。

一、养老保险财政支出最优规模测算

对财政支出最优规模的研究有多个视角：福利经济学与公共选择理论角度、政府与市场相互作用的角度，以及经济增长的角度。从财政支撑能力的可持续性来说，以经济增长视角研究财政支出最具现实意义。20 世纪 80 年代，以卢卡斯（1985）、罗默（1986，1987，1990）和巴罗（1990，1992）等为代表的学者提

出了内生增长理论。其中，巴罗（1990）建立的以政府支出为中心的内生增长模型能很好地从理论上说明政府对经济存在一个最优的干预程度，其认为财政支出规模是经济增长率的凹函数，而凹函数的特性决定了政府财政的最优支出规模。本节即以此为理论基础，从经济增长视角来研究我国养老保险财政支出的最优规模。

在不考虑财政支出分类的情况下，柯布—道格拉斯产出函数如下：

$$Y = AK^{\alpha}L^{\beta}G^{\gamma} \tag{8-1}$$

其中，Y 为国内生产总值，K 代表资本存量，L 代表劳动力数量，G 代表财政支出。对式（8－1）两边同时取对数，得：

$$\ln Y = \alpha\ln K + \beta\ln L + \gamma\ln G \tag{8-2}$$

可知，α、β 和 γ 分别为资本、劳动和政府财政支出的边际产出弹性，财政支出的边际产出弹性可以表示为 $\gamma = MPG \cdot \frac{G}{GDP}$，设财政支出相对规模为 $F = \frac{G}{GDP}$，则 $\gamma = MPG \cdot F$。由于政府每提供一单位公共服务就要使用一单位的社会资源，即公共服务的边际成本为 1，而财政支出的边际收益为 MPG，因此，在不存在税收扭曲的情况下，决定最优财政支出规模的理论条件为 MPG＝1。若 MPG＞1，则财政提供的公共服务不足；若 MPG＜1，则财政支出的公共服务过度；只有当 MPG＝1 时，最优财政支出规模为 F＝γ。卡洛斯（1996）也在静态框架下证明了这一结论，并且这种结论具有普遍性。

当考虑财政支出类别时，即假设政府为社会提供的公共物品是由不同类型财政支出分别提供的。因研究需要，这里将政府财政支出分为养老保险财政支出和其他财政支出两大类，此时柯布—道格拉斯函数表达如下：

$$Y = AK^{\alpha}L^{\beta}G_1^{\gamma_1}G_2^{\gamma_2} \tag{8-3}$$

其中，G_1 为养老保险财政支出，G_2 为其他财政支出，γ_1 和 γ_2 分别为二者的边际产出弹性。两边取对数，并与式（8－2）比较可得：

$$\gamma\ln G = \gamma_1\ln G_1 + \gamma_2\ln G_2 \tag{8-4}$$

式（8－4）两边同时除以系数 γ，可得：

$$\ln G = \frac{\gamma_1}{\gamma}\ln G_1 + \frac{\gamma_2}{\gamma}\ln G_2 \tag{8-5}$$

由于 γ 表示政府财政支出在 MPG = 1 时的最优财政规模，即 $\gamma=\frac{G}{GDP}$，同理可知，$\gamma_1=\frac{G_1}{GDP}$和 $\gamma_2=\frac{G_2}{GDP}$分别为养老保险财政支出和其他财政支出相对 GDP 最优规模比重，$\frac{\gamma_1}{\gamma}$为养老保险财政支出相对财政总支出最优规模比重。

由于 γ_1、γ_2 和 γ 三者之间满足 $\gamma_1+\gamma_2=\gamma$，通过变换，可进一步得出养老保险财政支出最优规模的回归方程如下：

$$\ln\frac{G}{G_2}=\frac{\gamma_1}{\gamma}\ln\frac{G_1}{G_2}+\varepsilon_t \tag{8-6}$$

样本数据来源于《中国统计年鉴》、《中国财政年鉴》及《劳动和社会保障年鉴》，鉴于 1980 ~2008 年养老保障支出统计数据较系统全面，因此样本区间选择 1980 ~2008 年，处理后的数据如表 8 – 1 所示。

表 8 –1　养老保险财政支出最优规模测算源数据

年份	ln（G/G_2）	ln（G_1/G_2）	年份	ln（G/G_2）	ln（G_1/G_2）
1980	0. 0418795	–3. 151947	1995	0. 2123676	–1. 441375
1981	0. 0562799	–2. 849147	1996	0. 2175984	–1. 414333
1982	0. 0612712	–2. 761654	1997	0. 2156029	–1. 424579
1983	0. 0639366	–2. 717725	1998	0. 2132447	–1. 436798
1984	0. 0644045	–2. 710197	1999	0. 2028178	–1. 492325
1985	0. 0754195	–2. 546743	2000	0. 1888046	–1. 571155
1986	0. 0813168	–2. 468469	2001	0. 1773044	–1. 639926
1987	0. 0965009	–2. 289565	2002	0. 1814445	–1. 614712
1988	0. 1170151	–2. 086374	2003	0. 1842988	–1. 597633
1989	0. 1200352	–2. 059352	2004	0. 1723911	–1. 670556
1990	0. 137524	–1. 914407	2005	0. 1682096	–1. 697261
1991	0. 1485502	–1. 831638	2006	0. 1673682	–1. 698212
1992	0. 1679314	–1. 699059	2007	0. 1637964	–1. 702141
1993	0. 1786019	–1. 631966	2008	0. 1592869	–1. 710456
1994	0. 1986464	–1. 515262			

资料来源：《中国统计年鉴》、《中国财政年鉴》和《劳动和社会保障年鉴》。

对变量数据序列进行平稳性检验，得单位根检测结果如表 8－2 所示。

表 8－2　变量平稳性检验结果

变量	ADF 值	AEG 临界值	检验形式（C，T，N）	单整阶数
ln（G/G_2）	0.686647	－3.603202	（C，T，0）	1
Δln（G/G_2）	－2.250218	－1.955681 *	（0，0，0）	0
ln（G_1/G_2）	－0.237234	－3.603202	（C，T，0）	1
Δln（G_1/G_2）	－4.588157	－4.394309 **	（C，T，0）	0

注：C、T、N 分别表示检验中是否带有常数项、时间趋势项和滞后阶数。* 表示显著性水平为 5%，** 表示显著性水平为 1%。

由检验结果可知，两个变量均为一阶单整序列，说明二者可能存在协整关系。因此，对两变量直接进行回归分析。回归结果 DW 值为 0.035，可知方程存在高度自相关现象。检验残差序列自相关性，得残差自相关图，如图 8－1 所示。

Autocorrelation	Partial Correlation		AC	PAC	Q-Stat	Prob
		1	0.904	0.904	23.774	0.000
		2	0.810	-0.035	43.674	0.000
		3	0.701	-0.138	59.208	0.000
		4	0.578	-0.140	70.266	0.000
		5	0.439	-0.170	76.949	0.000
		6	0.301	-0.091	80.247	0.000
		7	0.156	-0.132	81.184	0.000
		8	0.020	-0.076	81.199	0.000
		9	-0.094	0.014	81.580	0.000
		10	-0.209	-0.118	83.561	0.000
		11	-0.300	-0.016	87.919	0.000
		12	-0.374	-0.043	95.188	0.000

图 8－1　回归模型残差自相关图

可见，模型存在明显的自相关性，分别在方程中加入一阶和二阶自回归项并对残差进行检验可知，该模型为二阶自回归模型，方程如下：

$$\ln\frac{G}{G_2}=\underset{(12.6)}{0.1153}\ln\frac{G_1}{G_2}+\left[AR(1)=\underset{(11.7)}{1.4},\ AR(2)=\underset{(-3.35)}{-0.4}\right] \tag{8-7}$$

$R^2=0.997$，DW $=1.504$

对残差序列平稳性进行检验，得其 ADF 值为－5.175，而 1% 水平的临界值

为 -2.661（检验形式不含常数项和时间趋势项，滞后阶数为0）。由此可见，残差序列平稳，变量之间存在显著的协整关系，方程成立。根据方程可知$\frac{\gamma_1}{\gamma}=0.1153$，即在满足政府财政支出自然效率的条件下，养老保险财政支出最优规模为11.53%。

与养老保险财政支出最优规模相比，现阶段养老保险财政支出水平仍然过低（见表8-3）。2008年养老保险财政支出比重仅为5.5%，尚未达到最优规模标准11.53%的一半。可见，目前财政对养老保险财政补贴力度仍有待于进一步提高。我国财政社会保障规划也明确提出，在“十二五”期间加大社保财政投入力度，将目前社会保障支出占财政支出的10%逐步提高到25%左右。按照养老保险财政支出占社保财政支出比重50%测算，到“十二五”期末养老保险财政支出比重将达到12.5%，这个比例与上文测得的养老保险财政支出最优规模基本相同。

表8-3　1999~2008年养老保险财政支出比重

年份	养老保险财政支出（亿元）	社会保障财政支出（亿元）	财政总支出（亿元）	养老保险财政支出占社会保障财政支出比重（%）	养老保险财政支出比重（%）
1999	563.58	1197.44	13805.87	47.07	4.08
2000	777.22	1517.57	15886.50	51.21	4.89
2001	967.69	1987.40	18902.58	48.69	5.12
2002	1306.12	2689.10	22053.15	48.57	5.92
2003	1388.87	2712.24	24649.95	51.21	5.63
2004	1547.88	3185.57	28486.89	48.59	5.43
2005	1742.06	3787.11	33930.28	46.00	5.13
2006	2219.15	4394.11	40422.73	50.50	5.49
2007	2841.9	5447.16	49781.35	52.17	5.71
2008	3443.37	6804.29	62592.66	50.61	5.50

资料来源：《中国财政年鉴》（2009）。

二、养老保险财政支出最优规模下城乡养老保险财政供给额测算

上文测得在满足财政支出自然效率条件下，现阶段养老保险财政支出最优规

模为 11.53%，进而可由 2009 年财政支出规模测定养老保险财政支出绝对额，以及每位老人可得到的财政补贴数额。而本书研究的是农民养老保险财政支出，因此，需要将财政对城镇和农村居民补贴分离开来考虑。

财政对城乡老人养老保险补贴标准是在二者实际养老需求基础上制定的。这里需考虑以下几方面问题：①实际需求范围：城镇居民基本医疗保险和新型农村合作医疗保险解决了城乡老人就医问题，同时相对年轻人来说，老人极少存在住房问题。因此，就养老实际需求来说，主要包括衣食行支出。②城乡消费差异：由于城乡居民消费价格不同，因此相等面值货币在城乡购买力也不同，但在城乡居民名义消费支出中已经暗含了城乡居民购买力差异，因此这里无须重复考虑。③老年抚养比差异：目前城乡养老保险模式都是部分基金积累制，城乡老年抚养比不同，财政补贴的标准也应有所不同，对于老年抚养比较高的应该提高财政补贴标准。

城乡养老保险财政供给比测定公式如下：

$$\phi_t = c_t \cdot o_t = \frac{CON_{ct}}{CON_{rt}} \times \frac{ODC_{ct}}{ODC_{rt}} \tag{8-8}$$

其中，ϕ_t 指 t 年城乡养老保险财政供给比；$c_t = \frac{CON_{ct}}{CON_{rt}}$，指 t 年城乡衣食行消费支出比，$CON_{ct}$ 和 CON_{rt} 分别指 t 年城镇和农村居民衣食行消费支出；$o_t = \frac{ODC_{ct}}{ODC_{rt}}$，指 t 年城乡老年抚养比比值，$ODC_{ct}$ 和 ODC_{rt} 分别指 t 年城镇和农村老年抚养比，其中城镇男女领取养老金年龄分别定为 60 岁和 55 岁，而农村居民定为 60 岁。

按上述公式，测算 2009 年各区域城乡养老保险财政供给比，如表 8－4 所示。

总体来看，东部地区养老保险财政供给比要低于中西部地区，主要原因在于中西部地区城乡居民衣食行消费支出差距相对东部地区要大。绝大多数省份城乡老年抚养比比值大于 1，说明现阶段城镇老年抚养比仍然高于农村，即相对于农村居民来说，城镇劳动年龄人口缴费负担要大于农村。以全国来说，城乡养老保险财政供给比为 3.03，说明养老保险财政给农民补贴 1 个单位，要给城镇居民补贴 3.03 个单位。

表 8－4　2009 年城乡养老保险财政供给比测算

区域		衣食行消费支出（元）		老年抚养比（%）		城乡养老保险财政供给比
		城镇	农村	城镇	农村	
	全国	7445.31	2771.45	12.71	13.73	3.03
东部发达	东部发达	9636.48	3700.28	14.07	18.03	2.03
	北京	10499.64	4595.37	12.47	13.47	2.12
	天津	8735.46	2654.01	15.24	9.69	5.18
	上海	12436.56	5347.66	17.36	23.00	1.76
	江苏	7793.49	3273.46	13.99	18.98	1.75
	浙江	10510.01	4253.67	12.73	17.68	1.78
东部其他	东部其他	8124.31	2480.77	11.36	13.28	2.80
	河北	5592.11	1764.39	12.25	11.59	3.35
	辽宁	7512.86	2315.67	16.08	12.97	4.02
	福建	8502.01	3166.1	11.99	15.60	2.06
	山东	7222.77	2417.8	11.79	14.25	2.47
	广东	10269.43	3177.01	8.46	12.86	2.13
	海南	6638.23	2104.66	11.21	13.54	2.61
中部	中部	6017.06	2038.99	12.55	13.10	2.83
	山西	5329.7	1832.69	10.72	10.92	2.86
	吉林	6361.89	2014.08	12.82	9.50	4.26
	黑龙江	5723.9	2104.11	12.75	8.77	3.95
	安徽	6144.84	1999.79	12.03	16.11	2.29
	江西	6079.73	2067.54	11.01	11.97	2.70
	河南	5577.48	1756.11	13.29	11.79	3.58
	湖北	6324.52	2171.02	12.14	14.68	2.41
	湖南	6554.62	2491.27	14.31	16.62	2.27
西部	西部	6618.99	1891.52	13.91	13.62	3.57
	贵州	5750.88	1394.37	12.25	12.40	4.07
	云南	7149.91	1860.45	13.48	11.68	4.44
	内蒙古	7186.85	2316.79	10.56	11.35	2.89
	广西	6583.83	1940.21	11.97	14.37	2.83
	重庆	7268.75	2001.05	17.22	15.79	3.96
	四川	6986.6	2261.7	15.86	18.18	2.69

续表

区域		衣食行消费支出（元）		老年抚养比（%）		城乡养老保险财政供给比
		城镇	农村	城镇	农村	
西部	西藏	6730.85	1681.57	10.71	9.19	4.66
	陕西	6270.01	1683.61	13.67	13.06	3.90
	甘肃	5423.35	1537.26	13.75	10.36	4.68
	青海	5568.16	1729.93	10.53	9.08	3.73
	宁夏	6056.44	2017.27	10.50	8.60	3.67
	新疆	5942.03	1806.58	11.37	7.79	4.80

资料来源：城乡居民衣食行消费支出数据来自《中国统计年鉴》（2010），城乡老年抚养比数据来自《中国人口统计年鉴》（2010）。

表8－5　养老保险财政支出最优规模下农民养老保险财政供给额度测算

区域		养老保险财政供给比	城乡养老保险财政供给月额度（元）		区域		养老保险财政供给比	城乡养老保险财政供给月额度（元）	
			城镇	农村				城镇	农村
全国		3.03	582	192	中部	安徽	2.29	539	235
东部发达	东部发达	2.03	518	255		江西	2.70	565	209
	北京	2.12	525	248		河南	3.58	605	169
	天津	5.18	648	125		湖北	2.41	547	227
	上海	1.76	493	281		湖南	2.27	537	237
	江苏	1.75	493	281	西部	西部	3.57	604	169
	浙江	1.78	495	278		贵州	4.07	621	152
东部其他	东部其他	2.80	570	204		云南	4.44	631	142
	河北	3.35	596	178		内蒙古	2.89	574	199
	辽宁	4.02	619	154		广西	2.83	571	202
	福建	2.06	521	252		重庆	3.96	618	156
	山东	2.47	551	223		四川	2.69	564	209
	广东	2.13	526	247		西藏	4.66	637	137
	海南	2.61	559	214		陕西	3.90	616	158
中部	中部	2.83	571	202		甘肃	4.68	637	136
	山西	2.86	573	201		青海	3.73	610	163
	吉林	4.26	626	147		宁夏	3.67	608	166
	黑龙江	3.95	617	156		新疆	4.80	640	133

注：根据养老保险财政支出最优规模11.53%和上文测得的城乡养老保险财政供给比测算而得。

结合上文测得的现阶段养老保险财政支出最优规模 11.53%，可以得到最优支出规模下每位老人养老保险财政供给额，并按照城乡养老保险财政供给比进行分摊，即可求出每一位农民养老保险财政供给额。最优养老保险财政支出规模下，2009 年全国老年人人均养老保险财政供给额度为每人每月 386.74 元，按照表 8－5 各区域城乡养老保险财政供给比测算结果，可以得到各区域城乡老人人均养老保险财政供给月额度。由测算结果可知，最优养老保险财政支出规模下，2009 年人均养老保险财政供给月额度为：农民 192 元，城镇居民 582 元。东部地区城乡财政供给比要小于中、西部地区，这与东部地区农村居民消费水平相对较高有关。

第二节　基础养老金动态调整与财政适度负担水平分析

基础养老金缺乏动态调整机制会导致其养老效果逐年下降。由于农村居民基本生存水平与农民人均纯收入紧密相关，同时物价的变动也会对实际消费水平产生明显影响，因此有必要依据农民人均纯收入增长率和 CPI 增长率对农村基础养老金进行动态设计，以得到符合实际的农村养老需求。

对基础养老金进行动态调整的主要原因是人均收入增长及物价变动，调整的目的是使农村老年人口的养老金购买力不下降，维持其基本生活需要。因此，设计基础养老金动态调整模型为：

$$B(t)=[1+h(t)]B(t-1) \tag{8-9}$$

其中，B（t）、B（t－1）分别为 t 期和 t－1 期基础养老金，h（t）为调整指数。基础养老金根据 CPI 增长率与农民人均纯收入增长率之和进行指数化设计：

$$h(t)=\pi(t-1)+g(t-1) \tag{8-10}$$

其中，$\pi(t-1)$为 t－1 期的农村 CPI 增长率，$g(t-1)$为 t－1 期农民人均纯收入增长率。对参数设计的假设前提是，基础养老金在调整前期主要受 CPI 增长率影响，调整中期则主要受到 CPI 和人均纯收入增长率的双重影响，而调整后期则主要受到人均纯收入增长率的影响。根据中国农村社会经济发展实际状况，并借鉴国际经验，设计基础养老金的调整方案为：在初始期(2012～2020年)，按照指数恒等于CPI增长率的原则进行调整，即 $h(t)=\pi(t-1)$，该时期的调整指数设定为3%；在过渡期(2021～2030年)，调整指数 $h(t)=\pi(t-1)+g(t-1)$，该时期的指数设定为17%；在完善期(2031～2050年)，调整指数为 $h(t)=g(t-1)$，该时期的指数设定为14%。

随着动态调整机制的应用，调整后的基础养老金给付额与未调整相比，其偏离程度随时间推移而不断增大。2015年调整后的基础养老金是未调整的1.09倍，差额为11.10元；到2020年二者的倍数提高到1.27倍，差额也上升到14.67元；2030年二者的倍数达到6.09倍，差额达到279.9元；而到2050年二者的倍数更提高到34.13倍，差额也上升为1821.93元。不断上升的倍数及金额差距表明，未调整的基础养老金将无法与以人均纯收入代表的经济发展水平相适应，同时也难以抵消物价变动的影响。

财政用于社会保障支出的规模是有其限度的，即存在着财政适度负担水平问题。如果超过了适度水平，则会导致社会保障支出过多，削弱了财政对其他领域的支付能力；但如果低于适度水平过多，则可能导致社会保障的“安全网”作用不能充分发挥，使弱势群体的生存受到影响，多数国民也不能公平地享受到经济发展成果。所以，对社会保障的财政适度负担水平进行测算是至关重要的。养老保险是社会保障制度的重要组成部分，从所需资金量上构成了社会保障制度的核心。财政适度负担水平的模型公式为：

$$C_S = S_{CZ} \times Y_{SB} \times (I_1/I) \quad (8-11)$$

其中，C_S 为财政适度负担水平系数，S_{CZ} 为财政社会保障支出比重，Y_{SB} 为养老保险支出占社会保障支出比重，I_1 为农村老年人口数量，I 为全国老年人口数量。农村养老保险财政适度负担水平的测算思路是：首先，计算财政社会保障支出比重。其次，判断财政社会保障支出中用于养老保险的支出比重。最后，测算农村老年人口占全国老年人口的比重。在养老保险支出的人口构成中，包括农村老年人和城市老年人两类。从公平角度出发，假设需要给予两类人相同水平的养老金，则给付比例可以等同于两类人占全国老年人口的比重。农村老年人占全国老年人口比重决定了养老金在城乡的分配比例，表明养老保险支出总额中有多少份额养老金分到农村老年人手中。

从式（8－11）可知，财政适度负担水平系数受到三方面因素的影响：其一，财政社会保障支出比重。2012 年我国财政社会保障（含社保、就业、医疗）支出比重约为 15%，以此作为测算基数。由于目前发达国家的财政社会保障支出比重平均水平约为 40%，我们将发达国家水平作为未来目标值，即 2050 年财政社会保障支出比重达到 40% 水平。对该比重的变化趋势进行判断和设计：初始期（2012～2020 年）财政社会保障支出比重由 15% 逐步提高到 20%；过渡期（2021～2030 年）该比重由 20% 逐步提高到 30%；完善期（2031～2050 年）该比重由 30% 逐步提高到 40%。其二，养老保险支出占社会保障支出比重。该比重具有与财政适度负担水平系数同向变动的规律，但是该比重随经济发展水平和社会保障完善程度而逐步提高，达到一定标准后将维持在一个较为稳定的水平上。从国际规律来看，养老保险所需资金约占社会保障资金总额的一半，因此在式（8－11）中设定该支出比重为 50%。其三，农村老年人口占全国老年人口比重，该比重越大则财政适度负担水平系数就越大。

财政的社会保障支出能力与规模，从根本上取决于财政收入水平。以此为基础，设计中央财政与地方财政社会保障支出结构为：初始期（2012～2020 年）二者的支出结构为 5∶5；过渡期（2021～2030 年）二者的支出结构为 5.5∶4.5；完善期（2031～2050 年）二者的支出结构为 6∶4。其中，中央财政适度负担水平模型公式为：

$$ZC_S = \frac{C_{ZS} \times C_S \times K_t^Z}{Z_{ZS}} \qquad (8-12)$$

$t = 1，2，3$

其中，ZC_S 为中央财政适度负担水平系数；C_{ZS} 为财政总收入；C_S 为财政适度负担水平系数；K_t^Z 为中央与地方社会保障财政支出结构比例系数，其中的上标 Z 表示社会保障支出中的中央财政比重；Z_{ZS} 为中央财政收入。t 取值 1、2、3，分别代表初始期、过渡期和完善期三个阶段。

依据对 2012～2050 年中央财政收入的预测，可以对中央财政适度负担水平系数进行测算，得到的结果如表 8－6 所示。

表 8-6　中央财政适度负担水平系数　　单位：亿元，%

年份	中央财政适度负担规模（依据中央与地方财政支出结构比例）	中央财政适度负担水平系数
2012	2364.90	4.08
2020	4939.04	4.72
2021	6459.72	4.80
2025	9132.12	5.23
2030	12909.80	5.79
2031	15333.84	6.13
2035	17550.60	6.32
2040	19876.30	6.17
2045	22248.70	5.96
2050	25727.30	5.94

资料来源：根据对中央财政的预测数据及式（8-12）计算得出。

中央财政适度负担水平系数呈现出先上升后下降的趋势。在初始期（2012～2020年），财政适度负担水平系数由2012年的4.08%上升到2020年的4.72%，总体上升了0.64个百分点。在过渡期（2021～2030年），由2021年的4.80%上升到2030年的5.79%，总体上升了0.99个百分点。在目标期（2031～2050年），财政适度负担水平系数呈现稳中有降的变化态势，由2031年的6.13%下降到2050年的5.94%，总体下降了0.19个百分点。

第三节　农村基础养老金的中央财政负担水平

一、基础养老金中央财政负担模型及现实水平

某一年度的中央财政的基础养老金负担水平＝（中央财政对东部地区基础养老金每人每月补贴额×12×东部地区农村60岁以上老人数＋中央财政对中、西部地区基础养老金每人每月补贴额×12×中、西部地区农村60岁以上老人数）/

中央财政收入。其测算公式为：

$$SF_i^z = \frac{JY_k \times 12 \times NL_i^k}{S_i^z} \quad (8-13)$$

$i = 2012, 2013, \cdots, 2050; k = 1, 2$

其中，SF_i^z 表示中央财政的基础养老金负担水平；JY_k 表示中央财政对基础养老金的每月补贴额，当 $k=1$ 时，表示中央财政对东部地区基础养老金人均月补贴额，当 $k=2$ 时，表示中央财政对中、西部地区基础养老金人均月补贴额；NL_i^k 表示农村 60 岁以上老人数，其中当 $k=1$ 时表示东部地区，当 $k=2$ 时表示中、西部地区；i 表示具体年份；S_i^z 表示中央财政收入额。

二、基础养老金动态调整下的中央财政负担模型及水平预测

设计基础养老金动态调整下的中央财政负担模型，主要参考中央财政所能提供的养老金在农民养老中发挥的作用。养老作用的衡量标准是替代率，包括养老金总替代率和中央财政替代率。依据经验，农村老年人的土地和子女供养能够提供约 10% 的替代率，同时替代率为 60% 时老年人达到合意的养老水平，因此农村养老金替代率为 50% 即可。从未来发展目标来看，农村个人账户部分应提供 25% 的替代率，因此余下 25% 的替代率需由中央财政和地方财政的补贴构成。其补贴的原则是，前期阶段由中央财政支付大部分补贴，地方财政则提供小部分的补贴；后期阶段，中央财政补贴规模将大幅度下降，而地方财政的补贴规模应大幅度提升。现实情况表明，当前财政补贴的替代率距 25% 的目标替代率显然有很大差距，因此根据现阶段农村实际替代率结构以及未来财政补贴的原则，可对替代率进行如下假设：初始期（2012～2020 年）的基础养老金总替代率为 8%，其中中央财政替代率为 6%，地方财政替代率为 2%；过渡期（2021～2030 年）的总替代率由 9% 提高到 12%，其中 2021 年中央财政替代率为 7%，地方财政替代率为 2%，此后逐渐提升，到 2030 年中央财政替代率为 9%，地方财政替代率为 3%；目标期（2031～2050 年）的总替代率由 12% 提高到 25%，其中 2031 年中央财政替代率为 9%，地方财政替代率为 3%，此后逐渐提升，到 2050 年中央财政替代率为 10%，地方财政替代率为 15%。

对动态调整后的基础养老金中央财政负担水平测算方法如式（8－14）所示：

$$ZC_{DT}=\frac{DT_J\times I_1\times\frac{TZ_t}{TJ_t}}{Z_{ZS}},\ t=1,\ 2,\ 3 \quad (8-14)$$

其中，ZC_{DT}为动态调整后的基础养老金中央财政支出水平，DT_J 为动态调整的农民人均年均基础养老金，I_1 为农村老年人口数，TZ_t 为中央财政替代率，TJ_t 为基础养老金总替代率，Z_{ZS}为中央财政收入。t 取值 1、2、3，分别代表初始期、过渡期和目标期三个时期。根据替代率假设以及中央财政收入预测结果，能够测算基础养老金动态调整下的中央财政负担水平。测算结果如表 8－7 所示。

表 8－7　农村基础养老金动态调整下的中央财政负担规模及水平

单位：亿元,%

阶段	年份	调整后的农村基础养老金总额	根据替代率应由中央财政负担的基础养老金	基础养老金调整后的中央财政负担水平
初始期（2012～2020 年）	2012	764.53	573.39	0.99
	2013	874.19	655.64	1.00
	2014	996.81	747.61	1.00
	2015	1130.91	848.18	1.15
	2020	2017.22	1512.92	1.31
过渡期（2021～2030 年）	2021	2198.44	1714.78	1.27
	2025	3444.03	2686.35	1.54
	2030	5998.15	4498.61	2.02
目标期（2031～2050 年）	2031	6567.09	4925.32	2.03
	2035	9406.48	6181.48	2.22
	2040	13407.80	7469.24	2.32
	2045	18822.90	8889.18	2.38
	2050	28366.00	11356.10	2.62

资料来源：根据农村基础养老金调整数据、中央财政收入预测数据及式（8－14）计算得出。

基础养老金动态调整下的中央财政负担水平表现出在波动中总体上升的趋势。在初始期（2012～2020 年），基础养老金财政支付水平由 2012 年的 0.99% 上升到 2020 年的 1.31%，总体上升了 0.32 个百分点；在过渡期（2021～2030 年），出现一定波动，但总体保持了上升趋势，由 2021 年的 1.27% 上升到 2030

年的2.02%，总体上升了0.75个百分点；在目标期（2031～2050年），基础养老金中央财政支付水平出现了缓慢的提升，由2031年的2.03%上升到2050年的2.62%，总体上升了0.59个百分点。

第四节　中央财政负担水平适度性检验

基础养老金动态调整后，中央财政负担出现了比较明显的上升趋势。这种上升趋势能够达到何种水平？是否对中央财政的承受力构成影响？这些问题都要求对基础养老金的中央财政负担水平做出适度性检验。基础养老金动态调整下的中央财政负担水平的适度性检验公式为：

$$ZC_S - ZC_{DT} \geqslant 0 \quad 或 \quad ZC_S - ZC_{DT} < 0 \tag{8-15}$$

其中，ZC_S为中央财政适度负担水平，ZC_{DT}为调整后基础养老金中央财政负担水平，当二者的差额大于等于零时，通过适度性检验，表明中央财政可以承受；当二者差额小于零时，未通过适度性检验，表明中央财政不能承受。测算结论如表8-8所示。

表8-8　基础养老金动态调整下的中央财政负担水平适度性检验　单位：%

阶段	年份	中央财政适度负担水平（ZC_S）	调整后基础养老金中央财政负担水平（ZC_{DT}）	中央财政适度负担水平与基础养老金调整后负担水平的差额（ZC_S-ZC_{DT}）
初始期（2012～2020年）	2012	4.08	0.99	3.09
	2013	4.13	1.00	3.13
	2014	4.25	1.00	3.25
	2015	4.34	1.15	3.19
	2020	4.72	1.31	3.41
过渡期（2021～2030年）	2021	4.80	1.27	3.53
	2025	5.23	1.54	3.69
	2030	5.79	2.02	3.77

续表

阶段	年份	中央财政适度负担水平（ZC_S）	调整后基础养老金中央财政负担水平（ZC_{DT}）	中央财政适度负担水平与基础养老金调整后负担水平的差额（ZC_S-ZC_{DT}）
目标期（2031～2050年）	2031	6.13	2.03	4.10
	2035	6.32	2.22	4.10
	2040	6.17	2.32	3.85
	2045	5.96	2.38	3.58
	2050	5.94	2.62	3.32

资料来源：根据表8－6和表8－7相关数据计算得出。

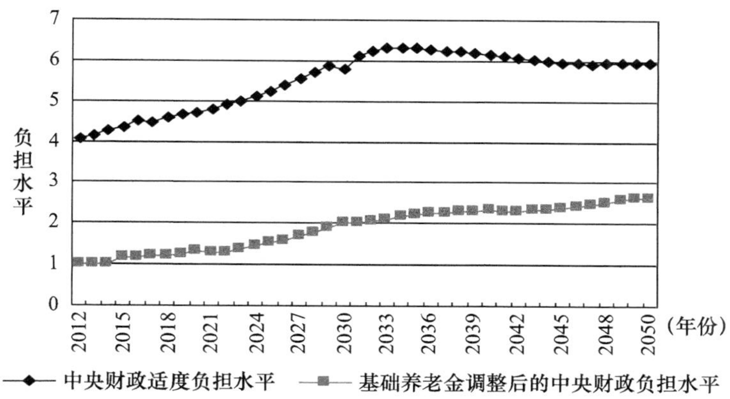

图8－2　基础养老金动态调整下的中央财政负担水平适度性检验

从表8－8和图8－2可知，在适度性检验结果中，差额大于零，通过检验。从图8－2中可以发现，在2012～2050年间，农村基础养老金动态调整下的中央财政负担水平远低于中央财政适度负担水平，且二者差距变化稳定。在初始期（2012～2020年），中央财政适度负担水平与调整后基础养老金中央财政负担水平的差额，由2012年的3.09%上升到2020年的3.41%，上升0.32个百分点；在过渡期（2021～2030年），二者差距出现了缓慢增长，由2021年的3.53%上升到2030年的3.77%，上升0.24个百分点；在目标期（2031～2050年），二者差额变动平稳，略有下降，由 2031 年的 4.10% 下降到 2050 年的 3.32%，下降 0.78 个百分点。从二者差距的总体态势来看，2012 ~ 2050 年间始终保持在 3% ~ 4% 的水平上，变动非常稳定。

农村基础养老金需要设立动态调整机制，以克服因物价及收入水平变动所带来的养老水平下降问题。参考国际经验，设计与 CPI 增长率、人均纯收入增长率相挂钩的调整机制，可以得到农村基础养老金的未来给付水平。其规模逐渐超过未经调整的养老金额度，且二者差距有加速扩大的趋势。通过构建中央财政对农村基础养老金的适度负担水平模型，可知中央财政能够承担较大的农村养老金支付责任。动态调整后的农村基础养老金总体规模，占中央财政的负担比重显著提升，但与中央财政适度负担水平相比，尚有很大差距，且变动幅度非常稳定，表明中央财政对动态调整后的农村基础养老金仍有很强的负担能力。

第五节　财政分担水平的测算前提与模型

上节已经论述：从国际经验来看，替代率为 60% 能够满足老年人基本养老需求；已有研究表明，我国农村老年人从土地和子女供养中获得的养老保障约实现了 10% 的替代率，这表明为满足农村老人基本养老需求，新农保养老金需要实现 50% 的替代率。基于新农保制度在农民养老问题上的重要作用，也可以对新农保制度在替代率方面设计出新方案：新农保制度结构中包括基础养老金和个人账户两大部分，其中基础养老金由中央财政负责支付；农民个人缴费所形成的个人账户养老金与基础养老金之和在达到一定替代率后，如距离 50% 的目标替代率尚有差距，则缺口由地方财政弥补。

假设新农保制度实现了全覆盖，即全部农民都加入了新型农村养老保险制度，而且参保农民都选择相同的参保档次；新农保制度运行之初，缴费档次分 100 ~ 500 共五个档次，本书选取了 100 元档次和 500 元档次两个极端值，来判断 100 元档次和 500 元档次的绝对分担水平及二者间的相对分担空间，其他缴费档次的财政分担水平都处于这一相对分担空间中。依据新农保政策规定，缴费年限设计为 15 ~ 40 年；由于新型农村社会养老保险制度的制度性缴费正式实施于

2010 年，因此按 15 年为最低缴费年限的规定，最早能够领取个人账户养老金的年份为 2025 年，因此对未来新农保制度的测算从 2025 年开始。

为使财政资金能够达到预计替代率，必须首先对个人账户中养老金人均年积累额进行测算，其测算方法为：

假设 j 为个人账户缴费额，w_t 为各年农民劳动力人均总收入，A 为缴费期（15～40 年），r 为利率，固定缴费额条件下，p 为退休后各年个人账户养老金①，t 为缴费年限，s 为个人账户养老金替代率，则个人账户精算平衡公式为：

$$\sum_{t=1}^{A} j \times (1+r)^t = \sum_{t=0}^{11} p \times (1+r)^t \quad (8-16)$$

养老金人均年均积累额 p_t 为：

$$p_t = s_t \times w_t \quad (8-17)$$

地方财政应补贴的差额等于个人账户资金需求总额与个人账户资金已积累总额的差，个人账户资金积累总额 GJ_t^z 等于人均个人账户积累额与农村老年人口数的乘积。P_t^k 为个人账户的人均积累额，k 为缴费档次，本书设定 k_1 为 100 元档次，k_2 为 500 元档次；I'_t 为农村老年人口数。因此地方财政应补贴的差额 DB_t^c 的测算公式为：

$$DB_t^c = GX_t^z - GJ_t^z = JD_t^z \times \gamma - P_t^k \times I'_t \quad t = 2025, 2026, \cdots, 2050 \quad (8-18)$$

其中，DB_t^c 为地方财政应补贴的差额，GX_t^z 为个人账户资金需求总额，GJ_t^z 为个人账户资金已积累总额。从替代率等比例变动的原则出发，个人账户资金需求总额 GX_t^z 等于动态调整后基础养老金与替代率转变系数 γ 的乘积：γ 为替代率转变系数，在个人账户和基础养老金各提供 25% 替代率的假设前提下，$\gamma = 1:1$。γ 可以选取任意的比例组合，具体取值取决于政府对财政资金的规划或者中央财政和地方财政的实际支付能力，此处设计 $\gamma = 1:1$，是一种比较理想和简便的组合。

根据以上分析，则地方财政的分担水平公式为：

$$DC_t^f = \frac{DB_t^c}{(DB_t^c + JD_t^z)} \times 100\%; \quad t = 2025, 2026, \cdots, 2050 \quad (8-19)$$

式（8－19）中，DC_t^f 为地方财政分担水平系数，DB_t^c 为地方财政应补贴的差额，JD_t^z 为动态调整后的基础养老金（在 $\gamma = 1:1$ 时，该值等同于个人账户资金需

① 现行农村社会养老保险规定的个人账户养老金发放方式为，个人账户积累额除以 139 等额发放，所以我们按照等额年金的方式进行测算。

求总额)，t 为年份。

中央财政的分担水平公式为：

$$ZC_t^f = (1 - DC_t^f) \times 100\% \qquad (8-20)$$

式（8－20）中，ZC_t^f 为中央财政分担水平系数，DC_t^f 为地方财政分担水平系数。

一、替代率转变系数 γ＝1∶1 下的财政分担水平测算

将农民缴费档次分为100元档次和500元档次，利率的假设条件为年均3%，结合2025～2050年的中国农村老年人口数，在替代率转变系数 γ＝1∶1 的前提下，基础养老金和个人账户各为25%替代率，可以对中央和地方财政的分担水平进行预测。

1. 100元缴费档次下的中央财政与地方财政分担水平

农民全部选择100元缴费档次的情况下，中央财政与地方财政分担水平的具体测算结果如表8－9所示。

表8－9　100元缴费档次下、替代率转变系数 γ＝1∶1 时的财政分担水平　　单位：元，亿元，%

年份	缴费年限	100元档次下的人均年均积累 p_t	100元档次下的个人账户已积累额	25%替代率下个人账户资金需求总额	地方财政应补差额	100元档次下的中央财政分担水平	100元档次下的地方财政分担水平
2025	15	243	322.17	2430.273	2108.099	53.55	46.45
2030	20	351	526.76	6031.178	5504.423	52.28	47.72
2035	25	476	741.6	9633.746	8892.146	52.00	48.00
2040	30	621	912.92	13986.46	13073.54	51.69	48.31
2045	35	790	1079.3	19999.6	18920.28	51.39	48.61
2050	40	985	1342.5	30698.45	29355.92	51.12	48.88

资料来源：经测算得出。

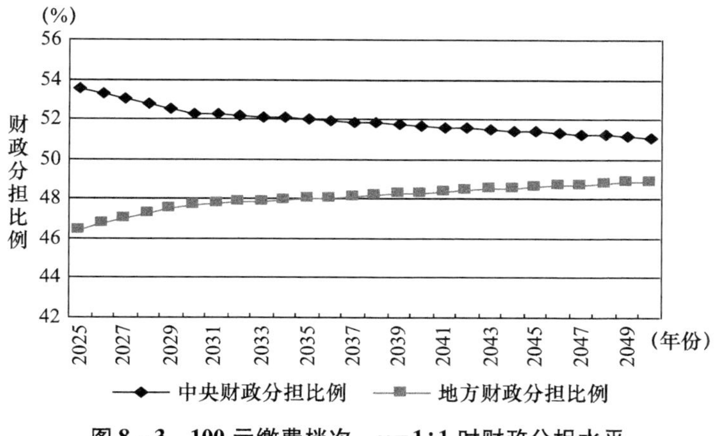

图 8－3　100 元缴费档次、γ＝1∶1 时财政分担水平

在农民全部选择 100 元缴费档次、基础养老金实现动态调整及替代率转变系数 γ＝1∶1 的假设前提下，自开始领取个人账户养老金的 2025 年起，当年中央财政和地方财政的分担水平大约为 54%∶46%，此后表现出中央财政分担水平逐渐下降、地方财政分担水平逐年上升的趋势，到 2050 年二者的分担水平大约为 51%∶49%。

2. 500 元缴费档次下的中央财政与地方财政分担水平

农民全部选择 500 元缴费档次的情况下，γ＝1∶1（基础养老金和个人账户替代率各为 25%）时的财政分担水平测算结果如表 8－10 所示。

表 8－10　500 元档次下替代率比例 γ＝1∶1 时的财政分担水平

单位：元，亿元，%

年份	缴费年限	500 元档次下的人均年均积累	500 元档次下的个人账户积累总额	25% 替代率下个人账户资金需求总额	地方财政应补差额	500 元档次下的中央财政分担水平	500 元档次下的地方财政分担水平
2025	15	990	1312.56	2430.273	1117.713	68.5	31.5
2030	20	1431	2147.54	6031.178	3883.637	60.83	39.17
2035	25	1941	3024.04	9633.746	6609.703	59.31	40.69
2040	30	2533	3723.73	13986.46	10262.74	57.68	42.32
2045	35	3219	4397.89	19999.6	15601.71	56.18	43.82
2050	40	4015	5472.32	30698.45	25226.13	54.89	45.11

资料来源：经测算得出。

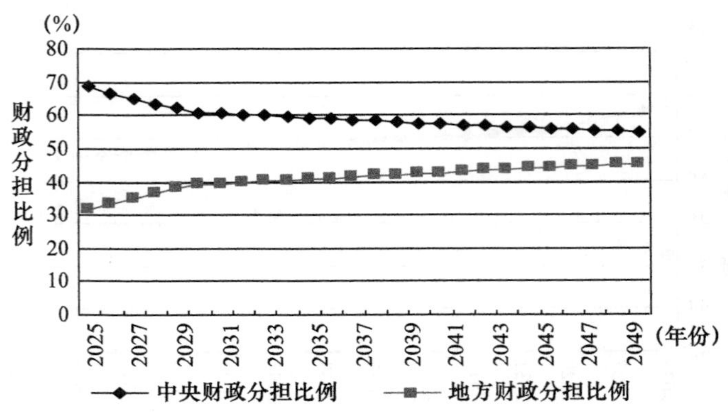

图 8－4　500 元缴费档次、γ＝1∶1 时的财政分担水平

在农民全部选择 500 元缴费档次、基础养老金实现动态调整及替代率转变系数 γ＝1∶1 的假设前提下，从开始领取个人账户养老金的 2025 年开始，当年中央财政和地方财政的分担水平大约为 68.5%∶31.5%，此后表现出中央财政分担水平逐渐下降、地方财政分担水平逐年上升的趋势，到 2050 年二者的分担水平大约为 55%∶45%。

3. 中央财政与地方财政分担水平的变动区间

以上分析的假设条件之一是，全体参保农民全部选择 100 元缴费档次或者全部选择 500 元缴费档次，其作用是判断两个极值下财政所负担的最小值和最大值，进而判断中央财政和地方财政在极值下的分担水平。在现行制度运行中，参保农民对缴费档次的选择是散落在 100～500 元区间的，因此现实中的中央财政和地方财政分担水平分布在 100 元和 500 元缴费档次所确定的区间内。

在替代率转变系数 γ＝1∶1 的条件下，在对新农保制度进行补贴的财政资金中，中央财政的分担水平变动区间如图 8－5 所示。

图 8－5 表明，2025 年新农保财政资金补贴中，中央财政分担水平位于 54%～69% 区间；而 2035 年中央财政分担水平将位于 52%～60% 区间；到 2050 年中央财政的分担水平将位于 51%～55% 区间。

在替代率转变系数 γ＝1∶1 的条件下，在对新农保制度进行补贴的财政资金中，地方财政的分担水平变动区间如图 8－6 所示。

图 8－6 表明，2025 年新农保财政资金补贴中，地方财政分担水平位于 32%～46% 区间；而 2035 年地方财政分担水平将位于 41%～48% 区间；到 2050 年地方财政的分担水平将位于 45%～49% 区间。

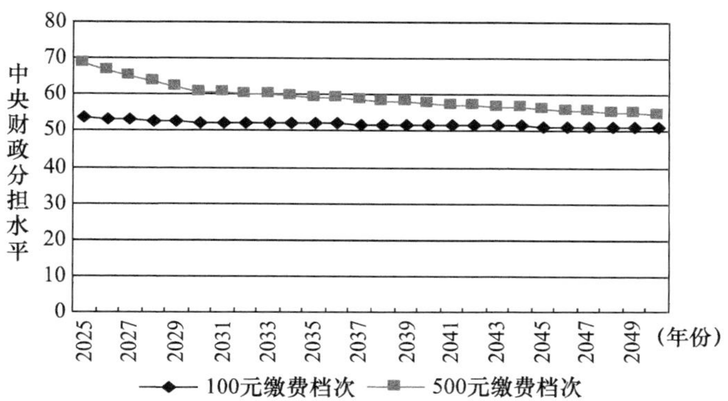

图 8－5　γ＝1∶1 条件下中央财政分担水平的变动区间

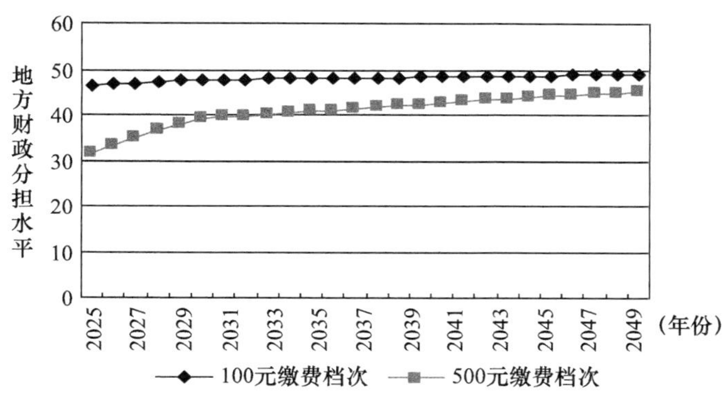

图 8－6　γ＝1∶1 条件下地方财政分担水平的变动区间

本章小结

由以上的分析和测算能够得到如下结论：①对新农保基础养老金必须设计动态调整机制。因为随着物价水平和人均收入水平的不断上升，新农保现行制度下的基础养老金所能达到的养老水平将逐渐下降。养老效果的减退将降低新农保制度的吸引力，不利于新农保制度由“制度全覆盖”向“人口全覆盖”的发展进程。②中央财政和地方财政的分担水平主要取决于预期的替代率比例 γ。这意味着为实现合理的财政负担结构和水平，必须事先对替代率比例进行设计，即设计符合现实养老需求和财政适度支持能力的替代率比例，将有利于实现财政分担结构的合理化。③参保农民对个人账户缴费档次的选择将显著影响中央财政与地方财政的分担水平。即在参保农民全部选择 100 元缴费档次时，虽然中央财政的负担稍重于地方财政，但总体上中央财政与地方财政的分担水平较为平均；在参保农民全部选择 500 元缴费档次时，中央财政与地方财政的分担水平出现较大失衡，其中中央财政的负担明显重于地方财政。因此，在预期替代率下，如果政府倾向于减轻中央财政负担，则可以鼓励农民自由选择缴费档次（因为在现行新农保制度下，农民将会更多地选择低缴费档次），而如果要减轻地方财政负担，则可以鼓励农民选择高缴费档次。

第九章　城乡居民养老保险制度统筹方案与效果探讨

城乡居民基本养老保险制度（本书简称为“城乡保”）是2014年2月国务院《关于建立统一的城乡居民基本养老保险制度的意见》（国发〔2014〕8号文件）出台后开始正式运行的。该项制度来源于新型农村社会养老保险（简称为“新农保”）和城镇居民社会养老保险（简称为“城居保”）两项制度，使城乡居民在待遇标准、缴费档次、管理服务等环节实现了统一。城乡保基础养老金在制度运行前期为55元/人/月，2015年初提高到70元/人/月，同时各地区也就政策所规定的缴费档次及地方财政补贴进行着有益的探索。城乡保制度的设计原则之一是“保障基本生活”，现实中较低的养老金给付额度正是基于这一原则的。但是，当前的给付额度是否能够保证基本生活？“保基本”究竟包括了哪些项目？什么水平是“基本水平”？以上都是保证城乡保制度“保基本”目标的顺利实现以及制度进一步完善所必须解决的问题。

本书针对以上问题，根据政策执行的现实情况将食物需求作为“保基本”的最低线，称为“食品线”，作为城乡居民养老金适度水平的下限；将包括衣着、居住、医疗、家庭设备及文娱活动等的基本消费需求看作基本养老需求，称为“基本生活线”，作为城乡居民养老金适度水平的上限。在分别探讨城乡差异性养老需求的基础上，按照适度上下限的变化规律，设计城乡均一的养老金标准。从制度的长期可持续运行角度出发，将物价指数与人均收入作为自变量，构建柯布—道格拉斯型养老金调整函数，测算不同适度水平方案下的养老金调整参数比例。

第一节 “保基本”的内涵与城乡居民养老金适度区间

我国社会养老保险制度在设计与政策实施时的一个显著特点就是格外关注养老金给付水平。无论是改革于20世纪90年代初的城镇职工养老保险制度，还是2009年建立的新农保以及2014年经制度合并形成的城乡居民基本养老保险制度，都在给付水平上明确提出“保障基本生活”（本书将其简称为“保基本”）。何为“保基本”？本书认为，“基本”是指不包括额外需求的基本消费需求。可将其划定为两条线，其中的“最低线”是指能够满足老年人基本食品需求的限度，这一基准不仅是与我国经济发展阶段、社会保障制度完善程度、人均收入水平以及物价变动的可能性等因素紧密相关，而且尤为重要的是，这是与我国当前养老金实际给付额度最为贴近的水平。我国在实施诸如社会救济等措施时，往往遵循长期形成的习惯做法，即每日每人1斤粮食，用以保障受助者的基本生存。我国政府在2009年推出新农保制度时，作为主食的大米的单价在1.8元/斤~2.0元/斤区间，如将一个月按30天计算，则人均的大米消费将在54元~60元区间，这与新农保制度每月55元的基础养老金是极为接近的。这表明制度设计之初，在给付水平上所参照的目标很可能是主要食品（粮食，如大米等主食）的价格。因此本书将城乡居民养老金下限设定为食品线就具有较高的合理性。此外，在测算“保基本”两条线中的“最高线”时，其所含项目不仅包括衣、食、住、医等物质生活，而且也包括文娱活动等精神生活，是比较全面的城乡居民基本生活消费指标。无论最低线还是最高线，满足的都是“基本”生存或“基本”生活，其“保基本”的特点是非常明显的，由于没有超额消费，因此从生存或生活的角度看，它们是“适度”的。本书将“最高线”和“最低线”确定为养老金适度需求的上、下限，将二者之间的区间定义为城乡居民养老金“适度区间”。当然，由于城乡居民生活水平、消费结构等的变化具有一定规律性，在确定城乡适度养老金水平时，也会产生城乡某些具有重要意义的线（食品线或基本生活线等）重合的情况，此时城乡养老金适度水平就不再是一个区间，而可以用“线”的形式表现出来。

一、基于 ELES 模型的城乡居民养老金适度区间

利用 ELES 模型（扩展线性支出模型）能够对城乡居民的基本消费支出做出测算。该模型也常用于对居民最低生活保障水平的测算。当新农保制度开始实施时，就有学者认为“低保线的实质是为居民提供最基本的生存保障，而新农保制度的推出也正是为了保障老年居民的基本生活，二者有一定的可比性，因此可参照低保水平衡量及合理确定农村居民养老金水平”（杨翠迎，2012）。本书也是基于这种考虑，认为基本消费支出是居民用于生存（或生活）的必需支出，与性别、年龄等客观条件无关，因此该水平等同于城乡老年人的基本养老需求。

按照城乡居民年人均消费支出水平，可将城镇居民分为最低收入户、较低收入户、中等偏下户、中等收入户、中等偏上户、较高收入户、最高收入户七种类型，而农村居民则分为低收入户、中低收入户、中等收入户、中高收入户和高收入户五种类型；居民消费支出分为食品、衣着、居住、家庭设备及用品、交通通信、文教娱乐、医疗保健、其他商品共八类。本书利用 2002 ~ 2011 年相关数据建立线性回归模型，估计出参数 a_i 和 b_i，然后利用参数和当年纯消费支出 I' 就可以对我国城乡居民养老需求的理论值进行测算。

表 9 - 1　城乡居民养老需求标准参数 a 和 b（以 2002 ~ 2011 年为例）

年份	城乡类别	参数	食品	衣着	居住	家庭设备及用品	交通通信	文教娱乐	医疗保健	其他
2002	城镇	a	574.98	64.77	-38.80	-139.97	-248.77	-136.18	-11.36	-65.19
		b	0.279	0.085	0.111	0.088	0.146	0.172	0.073	0.043
		R^2	0.992	0.963	0.981	0.999	0.990	0.998	0.998	0.991
	农村	a	276.20	0.211	-131.97	-15.93	-2.39	-80.51	-21.06	-24.55
		b	0.312	0.057	0.235	0.052	0.058	0.113	0.126	0.044
		R^2	0.995	0.998	0.993	0.998	0.998	0.997	0.997	0.996

续表

年份	城乡类别	参数	食品	衣着	居住	家庭设备及用品	交通通信	文教娱乐	医疗保健	其他
2003	城镇	a	712.03	41.88	-87.54	-176.89	-292.69	-106.55	-23.06	-67.14
		b	0.259	0.089	0.122	0.091	0.156	0.160	0.076	0.043
		R^2	0.989	0.975	0.974	0.995	0.987	0.998	0.995	0.996
	农村	a	283.44	-1.43	-125.07	-22.96	-3.09	-99.13	-16.76	-14.98
		b	0.310	0.057	0.222	0.053	0.061	0.134	0.130	0.029
		R^2	0.991	0.999	0.990	0.994	0.997	0.995	0.995	0.999
2004	城镇	a	901.33	34.48	-27.15	-159.48	-467.88	-184.31	-12.54	-84.44
		b	0.248	0.089	0.106	0.079	0.184	0.170	0.075	0.045
		R^2	0.985	0.977	0.995	0.997	0.971	0.998	0.993	0.993
	农村	a	349.19	-5.44	-145.34	-33.19	-5.90	-111.19	-32.12	-16.00
		b	0.312	0.05	0.214	0.056	0.062	0.139	0.128	0.029
		R^2	0.988	0.999	0.986	0.990	0.999	0.996	0.998	0.998
2005	城镇	a	964.53	40.96	58.73	-140.99	-697.20	-161.55	51.97	-116.45
		b	0.242	0.094	0.094	0.074	0.216	0.158	0.068	0.050
		R^2	0.979	0.980	0.998	0.999	0.957	0.998	0.969	0.989
	农村	a	328.45	-10.29	-102.41	-28.18	0.34	-117.75	-52.99	-17.13
		b	0.326	0.062	0.184	0.054	0.065	0.141	0.136	0.028
		R^2	0.993	0.999	0.994	0.998	0.996	0.998	0.999	0.999
2006	城镇	a	1039.18	74.49	34.09	-135.19	-798.22	-173.49	72.54	-113.41
		b	0.235	0.093	0.100	0.073	0.227	0.158	0.062	0.049
		R^2	0.979	0.980	0.996	0.998	0.962	0.999	0.968	0.995
	农村	a	333.46	-8.20	-138.59	-23.21	2.39	-100.66	-52.95	-12.22
		b	0.312	0.062	0.214	0.052	0.066	0.137	0.126	0.026
		R^2	0.996	0.999	0.993	0.999	0.996	0.999	0.992	0.999
2007	城镇	a	1249.34	99.36	48.76	-136.69	-936.64	-259.36	60.07	-124.83
		b	0.234	0.092	0.093	0.073	0.234	0.159	0.063	0.048
		R^2	0.978	0.979	0.995	0.999	0.973	0.997	0.983	0.995
	农村	a	414.02	-2.03	-167.27	-27.32	18.42	-120.51	-94.65	-20.64
		b	0.302	0.060	0.229	0.054	0.059	0.139	0.124	0.029
		R^2	0.995	0.999	0.995	0.999	0.999	0.999	0.998	0.999

续表

年份	城乡类别	参数	食品	衣着	居住	家庭设备及用品	交通通信	文教娱乐	医疗保健	其他
2008	城镇	a	1391.71	32.64	82.73	-177.32	-875.72	-403.44	134.10	-184.68
		b	0.251	0.099	0.095	0.077	0.207	0.157	0.057	0.054
		R^2	0.983	0.992	0.996	0.999	0.981	0.994	0.975	0.992
	农村	a	504.43	-2.91	-250.84	-21.70	12.11	-139.56	-88.79	-12.73
		b	0.299	0.058	0.253	0.053	0.063	0.136	0.110	0.024
		R^2	0.992	0.999	0.990	0.999	0.998	0.996	0.998	0.998
2009	城镇	a	1487.16	94.69	80.32	-169.25	-1082.97	-378.41	138.75	-170.29
		b	0.240	0.095	0.093	0.078	0.229	0.151	0.058	0.053
		R^2	0.982	0.990	0.994	0.999	0.982	0.996	0.985	0.996
	农村	a	496.16	-1.82	-217.78	-5.19	18.22	-166.13	-100.90	-22.57
		b	0.285	0.058	0.255	0.052	0.067	0.142	0.110	0.026
		R^2	0.993	0.999	0.992	0.996	0.999	0.996	0.999	0.999
2010	城镇	a	1699.23	97.64	123.60	-163.74	-1232.93	-423.16	115.89	-216.53
		b	0.226	0.098	0.090	0.079	0.242	0.153	0.055	0.053
		R^2	0.978	0.991	0.997	0.999	0.985	0.997	0.993	0.988
	农村	a	579.54	-4.60	-231.74	-3.70	18.08	-221.17	-114.18	-22.21
		b	0.278	0.061	0.243	0.054	0.070	0.155	0.109	0.026
		R^2	0.993	0.999	0.995	0.993	0.998	0.992	0.999	0.999
2011	城镇	a	1916.79	53.46	82.12	-191.53	-1200.95	-475.73	170.19	-354.36
		b	0.232	0.105	0.088	0.080	0.223	0.154	0.052	0.062
		R^2	0.977	0.994	0.992	0.999	0.991	0.997	0.992	0.976
	农村	a	532.19	-27.88	-205.24	-34.52	147.47	-226.15	-154.37	-31.49
		b	0.301	0.070	0.223	0.065	0.055	0.148	0.105	0.029
		R^2	0.996	0.999	0.995	0.995	0.988	0.995	0.999	0.999

资料来源：根据《中国统计年鉴》（2003~2012）数据测算得出。

将求得的2002~2011年a和b参数值，代入ELES模型公式，可以得到相应年份城乡居民养老金需求的理论值。城乡居民养老金适度下限来自于对食品消费的判断，因此通过分别计算城乡居民食品支出领域的$\sum a$、$\sum b$，结合2002~2011年历年的食品消费支出，就可以计算出城乡居民的食品线，即得到养老金适度水平下限。同理，可以计算得到城乡居民同期的基本生活消费，即得到养老金适度水平上限。城乡居民养老金适度水平的上、下限如表 9-2 所示。

表 9-2　城乡居民养老金理论值（括号内数值为养老金的需求替代率）

单位：元/人/月

年份	城镇养老金下限：城镇食品线	城镇养老金上限：城镇基本生活线	农村养老金下限：农村食品线	农村养老金上限：农村基本生活线
2002	78.76（12%）	254.01（40%）	34.36（17%）	76.42（37%）
2003	88.56（13%）	265.34（38%）	35.51（16%）	80.97（37%）
2004	105.06（13%）	296.08（38%）	42.66（17%）	91.03（37%）
2005	112.04（13%）	331.03（38%）	44.47（16%）	106.48（39%）
2006	119.47（12%）	360.13（37%）	45.32（15%）	117.87（39%）
2007	141.70（12%）	413.61（36%）	53.38（15%）	134.32（39%）
2008	163.93（12%）	469.84（36%）	63.04（16%）	152.53（38%）
2009	172.18（12%）	509.66（36%）	62.45（15%）	166.4（39%）
2010	189.31（12%）	561.27（35%）	70.49（14%）	182.57（37%）
2011	216.06（12%）	631.63（35%）	74.79（13%）	217.55（37%）

资料来源：根据表 9-1 数据计算得出。

由表 9-2 可知，2002 年城镇居民养老金适度下限为月均 78.76 元，适度上限为 254.01 元；2011 年养老金适度下限增长为月均 216.06 元，适度上限上升到 631.63 元。尽管养老金适度上、下限的绝对差额相较 2002 年有明显增加，但二者相差的倍数出现缩减的变化，由 2002 年的 2.20 倍下降到 2011 年的 1.92 倍。农村居民适度养老金水平的相差倍数方面表现出与城镇不同的趋势，2002 年农村居民养老金适度下限为月均 34.36 元，适度上限为 76.42 元；2011 年养老金适度下限增加到 74.79 元，适度上限为 217.55 元。养老金适度上、下限相差的倍数有所提高，由 2002 年的 1.22 倍提高到 2011 年的 1.91 倍。这表明农村居民基本生活消费的绝对数值尽管远远比不上城镇居民，但其增长幅度大于城镇居民，同时基本生活消费对农村居民的影响程度也要大于城镇居民。

替代率是能够有效衡量养老金水平的指标，本章使用了需求替代率指标，其含义是指城乡居民基本需求支出与同期城乡人均纯收入的比值。从需求替代率情况看，2002～2011年城镇居民适度养老金下限的替代率在12%～13%区间波动，适度养老金上限替代率在35%～40%区间波动；同期，农村居民适度养老金下限的替代率处于13%～17%区间，适度养老金上限替代率则在37%～39%区间变化。从适度养老金替代率的平均水平看，2002～2011年城镇居民养老金适度水平的替代率区间为12%～37%，同期农村居民养老金适度水平的替代率区间为15%～38%，农村居民养老金适度区间的相对比例要比城镇居民稍高。

二、城乡居民统一养老金标准的方案设计

当前制度上将城乡居民的基础养老金规定为统一的标准，即从2009年的55元/人/月提高到2015年的70元/人/月。从现有的研究文献可知，一些学者从城乡居民消费差异的角度提出了统一给付标准的相对性，认为由于收入水平、消费结构、消费习惯、文化风俗或者地区差异等原因，城乡居民所获得的基础养老金应该是有差别的（杨翠迎、郭光芝，2012）；或者认为城乡居民养老金均等化并不是保险水平绝对相同，而是相对水平上的协调（陈曦等，2014）。本书认为，以上学者的研究对于设计更为合理的养老金标准具有重要意义，但是出于制度设计的简洁性和易操作性，同时考虑到制度运行的现实情况以及制度统筹的大目标，认为设计并保持城乡居民统一水平的养老金是更为合理的做法。以下将按照城乡居民统一养老金的思路，设计符合基本养老需求的养老金方案。根据ELES模型得到的城乡居民养老金适度区间，如图9－1所示。基于图9－1所表现出的养老金适度水平的变化特点，下文设计了两种城乡居民养老金适度水平的方案。

方案一：城镇食品线（城镇养老下限）与农村基本生活线（农村养老上限）所确定的“城乡居民养老金适度线”

从图9－1城乡居民养老金需求的比较中可以发现比较有趣的现象：农村居民养老金适度上限（即农村居民基本生活线）几乎与城镇居民养老金适度下限（即城镇居民食品线）重合。换言之，城镇居民的食品消费基本等同于同期农村居民基本生活消费，这不仅使我们感性地认识到存在至今的城乡二元差距，也能使我们找到城乡居民养老金均一化的标准。这两条线具有重要的意义，它们是城乡居民现实生活中都能够达到的、客观存在的消费线，因此由二者的均值所确定的养老金水平，将易于被城乡居民接受。从这个角度看，城乡居民养老金适度水平将不是一个区间，而是会转化为由二者均值所确定的一条线，称为“城乡居民

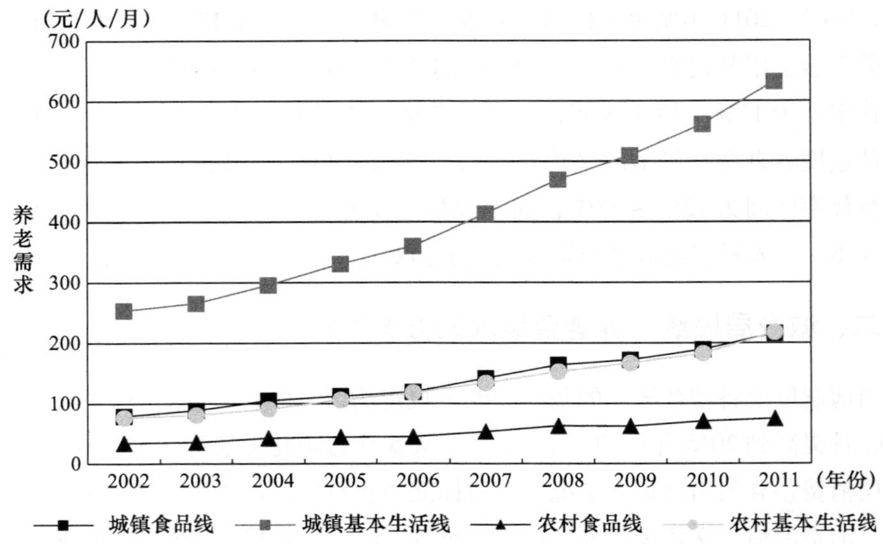

图 9-1　城乡居民养老金需求比较

养老金适度线”。由此得到的 2002~2011 年城乡居民每月养老金统一标准分别为 78 元、85 元、98 元、109 元、119 元、138 元、158 元、169 元、186 元、217 元，替代率分别为 9.9%、9.6%、9.5%、9.2%、8.6%、8.2%、8.0%、7.9%、7.4%、7.4%。特别需要注意的是，由于这一养老金标准的给付水平很低，因此可以将其看作是城乡保制度的基础养老金部分。至于居民能否获得更高的养老金给付，则取决于个人账户的缴费档次以及地方财政的补贴情况。

方案二：由城乡食品线均值构成下限，城乡基本生活线均值构成上限的“城乡居民养老金适度区间”

与方案一当中将适度水平确定为一条线的形式不同，方案二仍然遵循了适度水平是一个区间的思路，将城乡居民食品线的均值确定为适度下限，而将城乡居民基本生活线的均值确定为适度上限。之所以采用比较简单的均值法，主要是考虑制度设计的“宜简不宜繁”原则，因此没有在适度水平的确定过程中加入城乡老年人口比例、地区经济差异等因素，以便于保持制度的简洁性。

根据方案二的设计原则，可以对养老金适度水平区间进行测算，得出如下结论：2002~2011 年城乡居民每月养老金适度下限分别为 57 元、62 元、74 元、

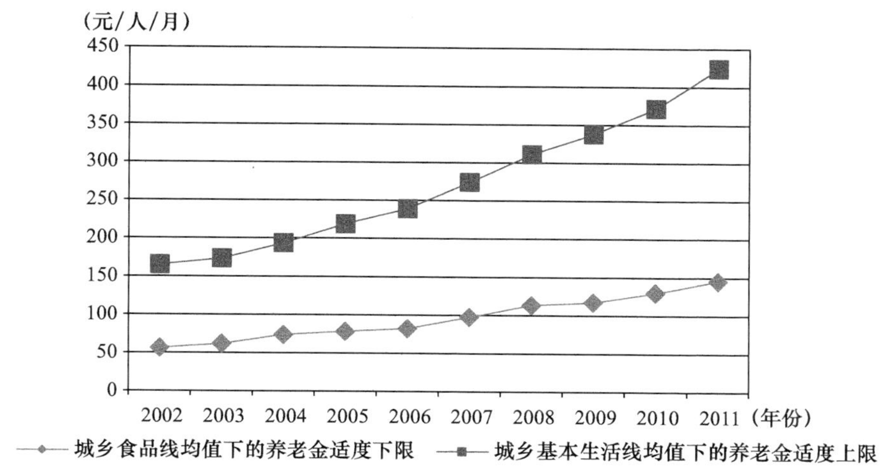

图 9－2　方案二下的城乡居民养老金适度水平区间

78 元、82 元、98 元、113 元、117 元、130 元、145 元，同期每月的养老金适度上限分别为 165 元、173 元、194 元、219 元、239 元、274 元、311 元、338 元、372 元、425 元。因为基础养老金的作用在于保障居民基本生存，这与城乡食品线均值所确定的养老金适度下限的功能是一致的，因此本书认为城乡食品线均值所确定的适度下限就是理论上应该由基础养老金负担的部分；而适度下限与适度上限之间的区域，需要由个人账户及地方财政补贴来共同弥补。只有如此，才能使城乡保制度发挥出“保基本”的作用。从需求替代率来看，养老金适度下限的替代率在 5.0% ～7.2% 区间变动，而养老金适度上限的替代率在 14.5% ～21.1% 区间变化。如表 9－3 所示。

表 9－3　以城乡保制度框架为基准的方案二下的养老金替代率　　单位：%

功能 年份	上限：保障基本生活 总体替代率	下限：保障生存 基础养老金替代率	补充区间：养老需求的补充 “个人账户＋地方财政”替代率
2002	21.1	7.2	13.9
2003	19.7	7.1	12.6
2004	18.8	7.2	11.6
2005	18.5	6.6	11.9
2006	17.4	6.0	11.4

续表

功能 年份	上限：保障基本生活 总体替代率	下限：保障生存 基础养老金替代率	补充区间：养老需求的补充 “个人账户＋地方财政”替代率
2007	16.3	5.8	10.5
2008	15.8	5.7	10.0
2009	15.8	5.5	10.3
2010	14.9	5.2	9.7
2011	14.5	5.0	9.5

资料来源：根据表9－2数据及方案二设计思路计算得到。

城乡保制度如果达到保障城乡居民基本生活的目的，即达到养老金适度上限水平，那么这就是一个合意的制度。因此尽管探讨均值的意义不大，但是通过测算均值也可以对合意制度的替代率有一个概括的认知。经测算可知，2002～2011年养老金替代率总体均值为17.3%，其中基础养老金的替代率均值（适度下限）为6.1%，“个人账户＋地方财政补贴”的替代率均值（达到适度上限）为11.1%。从替代率角度看，无论总体替代率还是基础养老金替代率都很低，这与国内部分学者认为的“应该与城镇职工基本养老保险替代率保持一致”的观点，是存在较大差距的。造成这种情况的原因是，一方面，作为替代率分子的居民养老需求，从性质上属于基本需求范畴，消费项目以及水平比较固定，不会有很大的增长幅度；另一方面，作为替代率分母的人均收入，则随着经济的发展而快速提升，这就导致了替代率整体较低且不断下降的问题。

第二节　柯布—道格拉斯型的城乡居民养老金调整机制设计

一、我国物价与收入的基本情况及变动趋势

根据养老金指数化调整的国际经验与国内实践可知，对养老金给付水平进行调整需要考虑物价、收入或者两者的混合变动情况。以物价和收入的混合变动作

为指数化调整依据，能够对养老需求的影响因素做出综合性考虑，在指标选取上具有全面性，因此以下采用混合调整指数。其中对物价因素选取了直接影响养老金水平的居民消费价格指数，对收入因素选取了人均 GDP 指标。以上两项指标的变动情况如表 9 –4 所示。

表 9 –4 居民消费价格指数、人均 GDP 及以城乡保制度框架为基准的基础养老金需求

年份	居民消费价格定基指数（以 1978 年为 100）	人均 GDP（元）	方案一下的基础养老金（元/人/月）	方案二下的基础养老金（元/人/月）
2002	433.5	9398	78	57
2003	438.7	10542	85	62
2004	455.8	12336	98	74
2005	464.0	14185	109	78
2006	471.0	16500	119	82
2007	493.6	20169	138	98
2008	522.7	23708	158	113
2009	519.0	25608	169	117
2010	536.1	30015	186	130
2011	565.0	35181	217	145

资料来源：《中国统计年鉴》（2005，2009，2012）及本书中对城乡养老金适度水平方案一、方案二的设计。

由于基础数据在量纲上不统一，因此对数据做定基处理后，取自然对数，得到表 9 –5。

表 9 –5 对居民消费价格指数、人均 GDP 及基础养老金的数据处理

年份	居民消费价格定基指数	人均 GDP	方案一下的基础养老金	方案二下的基础养老金
2002	0.000	0.000	0.000	0.000
2003	0.012	0.115	0.088	0.092
2004	0.050	0.272	0.234	0.267
2005	0.068	0.412	0.342	0.325

续表

年份	居民消费价格定基指数	人均 GDP	方案一下的基础养老金	方案二下的基础养老金
2006	0.083	0.563	0.425	0.376
2007	0.130	0.764	0.576	0.545
2008	0.187	0.925	0.713	0.696
2009	0.180	1.002	0.780	0.730
2010	0.212	1.161	0.874	0.831
2011	0.265	1.320	1.028	0.944

资料来源：对表 9－4 数据进行定基和取对数处理后计算得到。

二、柯布—道格拉斯型的养老金指数化调整结构与比例

假设影响养老金给付水平的仅有居民消费价格和人均 GDP 两个因素，则可以设计柯布—道格拉斯型函数，对物价和收入两个因素在养老金给付中的贡献率进行测算，从而测度出物价和收入因素在不同的养老金适度给付方案中的合理构成比例。

设养老金指数化调整公式为柯布—道格拉斯函数：

$$P_{pension} = A \cdot R_{price}^{\alpha} \cdot I_{income}^{\beta} \qquad (9-1)$$

其中，$P_{pension}$为养老金，R_{price}为物价指数（本书选择的指标为居民消费价格指数），I_{income}为收入指数（本书选择的指标为人均 GDP），α 和 β 分别代表物价和收入两个参数对养老金给付水平的影响弹性。

对式（9－1）做对数变换，可得：

$$\ln P_{pension} = \ln A + \alpha \cdot \ln R_{price} + \beta \cdot \ln I_{income} \qquad (9-2)$$

根据式（9－2）可以对方案一、方案二的基础养老金调整机制进行分析，分别可以得到如下计量结果。

方案一下的柯布—道格拉斯型养老金指数化调整公式：

$$\ln P_{pension} = 0.0138 + 0.5537\ln R_{price} + 0.6527\ln I_{income} \qquad (9-3)$$

（1.4510）（1.2697）　（7.5259）

$R^2 = 0.9986$　　$F = 2495$　　$P = 0.0001$

从方案一的物价和收入的弹性系数来看，式（9－3）中两个弹性系数之和约为1.2。将物价和收入参数的系数之和矫正为1，则物价和收入参数相应的弹性系数分别为0.45和0.55。表明在将方案一作为城乡保合意制度的背景下，对基础养老金给付水平进行调整时，需要45%参照物价参数，55%参照收入参数。

方案二下的柯布—道格拉斯型养老金指数化调整公式：

$$\ln P_{pension} = 0.0332 + 1.1291 \ln R_{price} + 0.4795 \ln I_{income} \quad (9-4)$$

$$(1.9387)\quad(1.4399)\quad(3.0749)$$

$R^2 = 0.9947 \quad F = 656.65 \quad P = 0.0001$

在方案二中物价和收入参数的两个弹性系数之和约为1.6，将其矫正为1。根据相对应的比例，物价和收入两个参数相应的弹性系数分别转化为0.7和0.3。表明如果在方案二的制度背景下对养老金进行指数化调整，则合理的调整结构应该是7∶3的比例，即调整指数中物价部分占70%，收入部分占30%。

基于前述分析，为构建更为合理的城乡居民养老保险制度，需要在以下方面做出努力：

（1）用科学的测量方法确定城乡居民的养老需求。居民的养老需求是一个客观指标，是与基本消费需求紧密挂钩的。由于具有消费特性，因此通过已成定式的测算方法可以判断具体水平。出于制度的设计原则及政策目标的差异，可以采用不同的测算工具。但在判断基本消费时，ELES模型具有明显优点，既可以对整体的基本生活需求进行测算，也能从消费构成项目上进行分项测算，因此可以达到客观衡量居民多层次养老需求的目的。如果说在城乡保制度设计之初，要考虑制度具有的福利刚性、扩大覆盖面的速度、中央与地方财力的制约等因素的话，那么随着制度的进一步完善，就有必要确立起更为科学的测算模型，对基本养老需求及城乡保替代率结构等问题进行深入研究，以利于城乡保制度未来的发展。

（2）以“城乡保”制度成熟度及经济发展状况来设计养老金适度给付方案。由于制度目标存在差异性，同时制度的有效运行也会直接受到财力的制约，因此可以根据不同时期的目标及财力状况设计养老金给付方案。在制度运行初期，可以设计一个最低水平的给付标准，如满足主食需求的标准；在制度运行过程中，也可相继参考诸如农村居民基本食品线支出、城乡居民食品线均值、农村居民基本生活消费与城镇居民食品线均值、城乡居民基本生活线均值等指标，分别设计某一时期的养老金给付方案，以达到与同时期的政策目标及经济发展水平相适应的目的。

（3）依据养老金适度水平的上、下限来优化央地财政及个人账户的负担结构。城乡保制度未解决的问题之一就是如何确定央地财政合理分担结构，以及个人账户与地方财政的搭配比例。通过测算养老金适度水平的上、下限，就能够对制度结构及比例做出判断。如以方案一（农村居民基本生活消费与城镇居民食品线均值）作为制度的假设目标，中央财政既可以按照“城乡居民养老金适度线”全额支付，也可以以农村居民食品线为限承担相应责任，而剩余区间可由地方财政和个人账户共同构成；在以方案二为制度设计的前提下，中央财政承担的基础养老金额度是城乡居民食品线均值（适度养老金下限），而未达到城乡居民基本生活线均值（适度养老金上限）的部分则由地方财政和个人账户补足。这样就有利于解决央地财政和个人账户的负担比例问题。

（4）设计合理的目标替代率，以确保替代率的稳定性。从实证结果可知，由于人均收入增长速度远远快于基本消费的增长速度，因此尽管基本消费绝对数额不断上升，但对应的替代率却是长期下降的。不断下降的替代率不利于有效改善居民养老水平，同时也造成了与其他养老保险制度对接的困难度。所以要根据经济发展水平及消费结构的调整，按照城乡居民养老金适度水平的不同划分标准，逐步提高养老金给付水平，增加养老项目，分阶段地设计相应时期的目标替代率，使替代率始终保持一个比较稳定的态势，来推动城乡居民养老水平的提升。

（5）结合养老金适度水平方案确定养老金调整机制。要设计由物价与收入因素构成的混合型养老金调整指数，避免采取简单地仅钉准单一因素的调整或者由物价和收入各占 50% 比例的调整结构。因为从不同方案的设计中可以看出，不同基准来源的养老金其物价与收入的影响作用是有很大差异的。在方案一中，由于养老金适度水平设计为农村居民基本生活消费与城镇居民食品线均值，所以这一制度设计下的物价与收入因素的影响度分别为 45% 和 55%；但在方案二下，由于基础养老金为城乡居民食品线均值，因此物价和收入因素在其中的作用分别占到了 70% 和 30%。对此，针对不同的养老金适度水平方案，需要设计出更加合理的参数比例，以利于养老金维持稳定购买力、央地财政承担合理的支付比例及城乡保制度的长期可持续运行。

本章小结

本章对城乡保制度的适度养老金水平及相关调整机制进行了研究。首先确定了养老金“保基本”的内涵：出于对当前制度实际给付水平的考察，将满足基本食品需求的水平确定为养老金适度水平下限；将满足基本生活需求的水平确定为养老金适度水平上限；将上、下限之间的区间确定为城乡保养老需求适度区间。在利用 ELES 模型测算之后，得出了 2002 ~2011 年城镇居民养老金适度水平的替代率区间为 12% ~37%，同期农村居民养老金适度水平的替代率区间为 15% ~38% 的结论。在此基础上，基于城乡统一养老金标准的出发点，对城乡保制度设计了两种方案：其一是根据城镇居民养老金下限与农村居民养老金上限二者水平极为接近的特点，将养老金适度水平划为一条线，称为“城乡居民养老金适度线”。同期替代率在 7.4% ~9.9% 区间。其二是从城乡一体化角度出发，将城乡居民食品线的均值设为城乡养老金适度水平下限，将城乡居民基本生活线均值设为城乡养老金适度水平上限，进而得到“城乡居民养老金适度区间”。此时养老金适度下限的替代率在 5.0% ~7.2% 区间，而养老金适度上限的替代率在 14.5% ~21.1% 区间。根据对城乡居民养老保险适度水平的制度设想，本章设计了基础养老金的指数化调整机制，得出了方案一下基础养老金按照 45% 物价指数与 55% 收入指数的比例、方案二下按照 70% 物价指数与 30% 收入指数的比例进行调整的结论。

第十章 辽宁省农村养老保险财政负担水平及城乡统筹效果分析

第一节 辽宁省城乡居民基本养老保险的基本模式与运行状况

一、城乡居民养老保险制度模式

1. 新型农村社会养老保险和城镇居民社会养老保险制度

辽宁省于2009年12月出台了《关于开展新型农村社会养老保险试点的指导意见》，开始新农保的试点工作。两年后，2011年6月3日辽宁省积极响应党中央国务院的号召，出台了《关于开展城镇居民社会养老保险试点意见》，积极探索新型养老保险模式，完善了与社会保障制度相适应的相关政策配套设施，为之后城乡居民养老保险的实施奠定了坚实的基础。新农保和城居保的制度模式如表10－1所示。

2. 统一的城乡居民基本养老保险制度

新农保和城居保制度自全面实施启动以来，取得了可喜的成果，领取养老金的城乡居民达2.18亿人，其中包括城乡老年居民1.38亿人。为了进一步增加人口的自由流动，提高居民的社会安全感，达到城乡居民对政府改善民生的稳定预期，也为了进一步优化政府财政支出结构，完善相关基础设施建设，提高管理服

表 10－1　新农保和城居保的制度模式比较

<table>
<tr><th colspan="2"></th><th>城居保</th><th>新农保</th></tr>
<tr><td colspan="2">参保对象</td><td>年满 16 周岁（不含在校学生）、未参加城镇职工基本养老保险的农村居民</td><td>年满 16 周岁（不含在校学生）、没有参与职工养老保险的城镇非从业居民</td></tr>
<tr><td rowspan="3">缴费模式</td><td>个人缴费</td><td>每年 100 元至 500 元五个档次可以选择，多缴多得</td><td>每年 100 元至 1000 元 10 个档次可以选择，多缴多得</td></tr>
<tr><td>集体补助</td><td>不做硬性规定，有条件的村集体可适当补助</td><td>无</td></tr>
<tr><td>政府补贴</td><td colspan="2">给予符合领取条件的参保人全额补助基础养老金，其中中央财政对于东部地区给予 50% 的补助，给予西部地区全额补助</td></tr>
<tr><td colspan="2">养老金待遇</td><td colspan="2">由基础养老金和个人账户养老金组成。基础养老金为每月 55 元，地方政府可根据实际情况进行调整，实行多缴多得的原则。个人账户养老金的月计发标准为个人账户全部储蓄额除以 139</td></tr>
</table>

资料来源：根据辽宁省关于新农保、城居保的相关文件整理得出。

务的水平，遵循中共十八大以及二中、三中全会对于建立城乡居民养老保险制度的要求，依据《中华人民共和国社会保险法》的规定，在总结新农保和城居保试点经验的基础上，决定将新农保与城居保制度在全国范围内合并实施，建立统一的城乡居民基本养老保险制度（以下简称“城乡居民养老保险制度”）。辽宁省于 2014 年 6 月正式出台了《辽宁省人民政府关于建立统一的城乡居民养老保险制度的实施意见》。

参保范围：对于年满 16 周岁的公民，如果其不属于事业单位和国家机关工作人员，且不包含在职工养老保险保障的范围内，其可以在户籍所在地参加城乡居民养老保险。

基金筹集：城乡居民养老保险基金来源于个人缴费、集体补助以及政府补贴。辽宁省在个人缴费方面共设立了 12 个档次，分别为 100 元到 1000 元 10 个档次，再加上 1500 元和 2000 元两个档次。参保人可自主选择缴费档次。原则上实行多缴多得的理念。在集体补助方面辽宁省提倡经济条件较好的村集体适当对参保人进行补助，具体补助金额必须由民主的方式统一确定。另外，补助金额应适当，必须在规定的最高缴费档次以下。在政府补贴方面，城乡居民养老保险中所给付的基础养老金全部由政府统一负担，根据省政府的基础养老金补贴规定，省级以上财政补助标准为80%，市、县两级财政补贴标准为20%。对于严重残疾群体可代其缴纳保险费用。

养老保险待遇：由基础养老金和个人账户组成，支付终身。基础养老金的给付水平原则上应根据辽宁省的经济社会发展、物价变动等因素进行动态调整。个人账户养老金计发标准以账户储存额除以139计算。

二、城乡居民基本养老保险运行现状

辽宁省城乡居民养老保险制度实施至今已经取得了阶段性的成果，截至2014年初辽宁省城乡居民养老保险参保人数已达到了1046.9万人，领取待遇的人数也突破了350万人，城乡居民养老金的收入达42.8亿元，基金支出31.1亿元，累计结余42亿元。对我国31个省份城乡居民养老保险的研究发现，全国各省份缴费档次最低分为10档，本节对辽宁省和全国31个省份的政策内容进行整理，形成汇总表，如表10－2所示。

表10－2　辽宁省与其他省份的城乡居民养老保险政策比较

	辽宁省	全国31个省份
缴费档次	100元至1000元（每档100元）和1500元、2000元共12个档次	16个省份在国家设立档次基础上向上增设缴费档次
多缴多补	最低档次标准缴费的，补贴标准不低于每人每年30元；500元及以上档次标准缴费的，补贴标准不低于每人每年70元	19个省份在国家补贴标准上增加了缴费补贴
长缴多得	省级层面尚未建立（省内部分地区有建立）	20个省份结合实际建立可操作的长缴多得机制
基础养老金标准	85元	28个省份在国家70元的标准上适当提高
重度残疾人代缴政策	对重度残疾人等缴费困难群体，市、县两级政府可为其代缴部分或全部最低标准的养老保险费	全部落实代缴政策
丧葬补助制度	省级层面未建立（省内部分地区有建立）	18个省份建立具体制度

资料来源：根据中华人民共和国人力资源和社会保障部网站资料整理得出。

由表 10－2 可以看出，辽宁省的城乡居民养老保险制度虽然在全省范围内实现了全部覆盖，但是制度在实施过程中仍然存在很多问题，如城乡居民养老保险统筹层次较低，没有在省级实现多缴多得和长缴多得，统筹层次较低，财政投入少。辽宁省的城乡居民养老保险的具体实施政策、目前的待遇支付水平基本居于全国的中等水平。

三、城乡居民基本养老保险存在的问题

1. 财政投入力度不足，保障水平有待于提高

表 10－3 是辽宁省部分城市 2009～2013 年的社会保障和就业支出情况，虽然辽宁省是于 2014 年正式建立城乡居民养老保险制度的，但是在此之前政府对于社会保障的支出特点仍对之后的城乡居民养老金的财政支出具有借鉴作用。

表 10－3　辽宁省 2009～2013 年部分地区社保就业支出占财政支出的比重

单位：%

地区	2009 年	2010 年	2011 年	2012 年	2013 年
沈阳	17.84	18.34	17.12	16.36	16.36
大连	16.29	15.09	14.86	13.77	12.33
鞍山	24.53	20.82	19.16	19.19	18.86
抚顺	28.86	31.19	25.39	22.18	24.92
本溪	20.45	18.61	18.33	15.50	20.39
丹东	21.01	18.16	18.27	16.75	17.23
锦州	23.88	21.69	21.46	18.36	19.63
铁岭	11.86	10.89	16.86	14.13	12.04
朝阳	20.87	19.37	19.94	18.63	17.69
营口	23.02	19.13	16.86	15.98	15.89
阜新	26.37	25.14	22.88	16.77	15.30
辽阳	24.78	22.65	18.05	17.85	17.34
葫芦岛	24.87	20.49	18.94	18.90	19.41

资料来源：数据根据《辽宁统计年鉴》（2010～2014）整理得出。

通过表 10－3 可以看出，2009～2013 年，在横向上辽宁省各城市社会保障支

出占地区财政支出的比重差别逐渐缩小，虽然各城市的社会保障支出总额呈现出增长的趋势，但辽宁省各地区社会保障支出占财政收入的比重仍然较低。纵向比较来看，2009～2013年，辽宁省各城市的社会保障与就业支出占财政支出的比重均呈现不同程度的下降趋势，这种趋势与现实中财政对于社会保障投入规模不断加大的情况是相互矛盾的，从一定程度上说明尽管社会保障与就业的支出规模在扩大，但仍低于辽宁省整体的经济发展速度。

表10－4　2009～2013年辽宁省GDP、省级财政收入情况　　单位：%

年份	GDP增产率	省级财政收入增长率	社会保障与就业支出增长率
2009	11.30	17.34	10.23
2010	21.33	26.24	11.92
2011	20.43	31.57	13.36
2012	11.78	17.48	10.70
2013	9.53	7.68	13.23

资料来源：数据根据《辽宁统计年鉴》（2010～2014）整理得出。

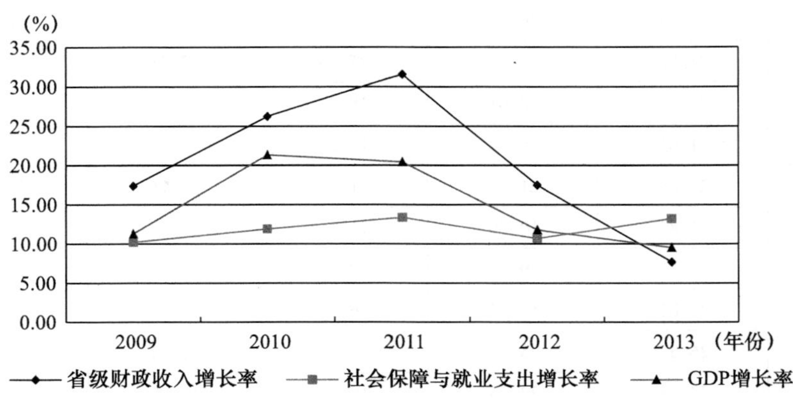

图10－1　辽宁省GDP、财政收入、社会保障与就业支出增长率趋势

由图10－1可以看出，社会保障与就业的财政支出增长率变化幅度不是很大，但是省级财政收入的增长率却变化较大，这就说明辽宁省没有及时根据财政收入对社会保障与就业支出做出相应的调整。2011 年省级财政收入呈现下滑趋势，但是社会保障支出由于其刚性支出的作用下降幅度较小。总体上而言，辽宁省财政社会保障与就业支出所占财政支出的份额较低，需要进一步提高财政对于社会保障与就业支出额及其所占比重。

辽宁省城乡居民养老保险遵循“保基本、广覆盖”的原则，当前城乡居民养老保险已经在辽宁省实现了全覆盖，但由于各地区的经济发展速度不同，辽宁省很多地区的保障水平依然较低，无法从实质上解决辽宁省城乡居民的养老问题。截至 2015 年，辽宁省城乡居民养老保险的基础养老金都已在 70 元以上，绝大多数地区达到了每月 85 元，但是这样的保障水平与居民实际养老需求相比是明显不够的。

表 10－5 2010～2013 年辽宁省城乡居民低保情况

年份	城镇居民低保情况			农村居民低保情况		
	保障金额（万元）	保障人数（万人）	人均水平（元/人·月）	低保金额（万元）	保障人数（万人）	人均水平（元/人·月）
2010	370893.6	126	245.3	115315.6	92.4	104
2011	363298.5	118.4	255.7	130740.5	93.6	116.4
2012	374404.7	105.3	296.3	139750.6	90.7	128.4
2013	361731.36	96.4	312.7	141136.2	88.1	133.5

资料来源：数据根据《辽宁省经济和社会发展统计公报》整理得出。

由表 10－5 可以看出，辽宁省城乡居民低保人数都呈现逐渐下降的趋势，城乡居民月均低保水平呈现逐步增长的趋势。2010～2013 年农村居民低保给付水平增幅为 27.9%，略高于城镇居民低保给付水平增幅的 27.4%。从辽宁省城乡居民最低生活保障的情况可以看出，当前辽宁省城乡居民养老保险的基础养老金定为每人每月 85 元的给付水平是无法保障老年人的生活质量的，反映出辽宁省财政投入总量偏少，造成了城乡居民养老保险金的替代率较低的问题。

2. 制度激励作用不明显

辽宁省城乡居民养老保险在制度实施之初，并没有建立科学有效的缴费激励机制，所以在制度实施过程中遇到很多问题。缴费的激励作用不明显，主要体现在以下两方面：一方面是缺乏“多缴多得”的激励机制；另一方面是欠缺对“长缴多得”的激励机制。前文中已经介绍过辽宁省城乡居民养老保险共12个缴费档次，共设立了两种政府财政补贴标准，第一种是缴费档次在100元至500元的，政府最低补助标准是每人每年补贴30元，第二种是缴费档次在500元以上的，政府最低补贴标准是每人每年补贴70元。政府补贴激励层级较少，不能有效激励参保人进行“多缴”、“长缴”，所以直接导致了更多参保人选择了最低的缴费档次，这在很大程度上影响了城乡居民养老保险基金的筹集以及未来城乡居民所可能领取的养老金数额。

目前辽宁省还没有在省级层面上落实“长缴多得”的机制，无法给予年限长的参保人更多的财政补贴。假设参保人年龄分别为25岁、35岁、45岁、50岁、55岁、59岁时，每位参保人都选择了100元的最低档次进行参保，将年利率定为3%，辽宁省现行的基础养老金为85元。经测算，如果参保人的参保年限超过15年，则收回缴费成本的年限较长，当参保人越接近60岁时，收回个人缴费成本的时间越短。由此可以看出，城乡居民养老保险制度对于老年人的吸引力较大，但对于年轻人的吸引力较低。

表10-6　分年龄段缴费待遇领取比较

参保年龄（岁）	缴费档次（元）	缴费年限（年）	60周岁个人账户余额（元）	每月领取待遇（元）	收回缴费成本年限（年）
25	100	35	4360.23	116.37	1.12
35	100	25	3567.41	110.66	0.88
45	100	15	2383.39	102.15	0.81
50	100	10	1295.93	95.76	0.78
55	100	5	780.37	90.61	0.46
59	100	1	137.25	86.98	0.10

资料来源：依据辽宁省城乡居民养老保险缴费标准计算得出。

年轻人由于收回缴费成本的年限太长，相对老年人来说参保热情较低，由此造成了参保人群的相对老龄化，缴费人群比例较低，这就造成了城乡居民养老保险基金的收支不平衡的现象，增加了财政的支付成本，从整体上削弱了城乡居民养老保险的安全性，影响了辽宁省城乡居民养老保险的可持续发展。

3. 基金统筹层次较低

目前辽宁省城乡居民养老保险尚未达到省级统筹，发达地区和贫困地区财政补贴差额较大。统筹层次越高越有利于省内各地区养老基金的互相调剂，更有助于保障参保人员跨地区转移以及养老金安全。当前辽宁省城乡居民养老保险的统筹层次主要以县级统筹为主，养老保险基金的统筹、监管都在县级层面上完成。在较低的统筹层次下，辽宁省制度在运行过程中存在两方面的缺陷：一方面，阻碍了养老保险基金的互相调剂，无法达到统筹的目的，不利于基金的监督管理；另一方面，对跨地区、县转移的参保居民造成束缚，使跨区域转移养老保险关系面临困境。在城乡居民养老保险的实施过程中，由于各地区经济发展程度差距较大，财政对于城乡保的投入力度也就各不相同，导致了各地区参保人享受的补贴标准和领取待遇的差异，当参保人进行跨地区转移时只能转移个人账户中自己的缴费部分，而政府的补助部分就会流失，这对于参保人来说无疑是巨大的损失，由此导致的城乡养老保险的较高的转移支付成本最终在一定程度上限制了城乡居民的自由流动。

第二节 辽宁省老年人口预测及财政收入趋势分析

一、辽宁老年人口预测

随着社会的发展和医疗技术的不断进步，老年人口数量的不断增加是任何国家或地区都无法避免的趋势。人口老龄化是指总人口中因年轻人口数量减少、老年人口数量增加而导致的老年人口比例相应增长的动态，国际上通常把 60 岁以上人口占总人口比例达到 10% 或 65 岁以上人口占总人口比例达到 7% 作为国家或地区进入老龄化社会的标准。辽宁省是我国重要的老工业基地，在出生率和死亡率的共同作用下，与全国整体水平相比提前四年，于 1996 年进入老龄化社会。人口老龄化已是研究辽宁省经济发展的一个重要的基本前提，在研究城乡居民养老保险制度时，这更是一个不可回避的问题，因此有必要对辽宁省老年人口状况进行预测。

表 10－7　2012～2030 年辽宁省老年人口相关状况预测　单位：万人，%

年份	辽宁省 60 岁及以上老年人口数	辽宁省农村 60 岁及以上老年人口数	辽宁省农村总人口数	辽宁省农村人口老龄化程度
2012	741.1	288.9	1605.8	17.99
2013	785.6	300.6	1581.0	19.01
2014	832.3	312.2	1556.9	20.05
2015	879.3	323.2	1533.2	21.08
2016	922.2	334.9	1512.4	22.14
2017	963.5	345.4	1491.3	23.16
2018	1004.3	355.1	1470.1	24.15
2019	1045.8	364.6	1448.8	25.17
2020	1088.9	374.5	1427.5	26.23
2021	1124.0	383.3	1406.0	27.26
2022	1164.2	393.8	1385.7	28.42
2023	1208.7	405.8	1366.7	29.69
2024	1256.6	419.1	1348.9	31.07
2025	1307.6	434.0	1332.4	32.57
2026	1346.0	446.2	1314.4	33.95
2027	1384.1	459.1	1296.9	35.40
2028	1420.6	471.6	1279.7	36.85
2029	1454.6	482.7	1262.3	38.24
2030	1483.7	491.1	1244.1	39.47

资料来源：辽宁大学人口所预测数据。

由表 10－7 可知，2012～2030 年，在人口老龄化趋势的影响下，辽宁省全省和辽宁省农村地区的老年人口均呈现增长的趋势。其中，辽宁省 60 岁及以上老年人口数由 2012 年的 741.1 万人增加到 2030 年的 1483.7 万人，共增加了 742.6 万人，平均每年增加 41.3 万人；辽宁省农村 60 岁及以上老年人口数由 2012 年的 288.9 万人增加到 2030 年的 491.1 万人，共增加了 202.2 万人，平均每年增加

11.2万人。而在这一时期，辽宁省农村总人口呈现减少的趋势，由2012年的1605.8万人减少到2030年的1244.1万人，共减少了361.7万人，平均每年减少20.1万人，这主要是由于大量农村劳动人口迁入城镇所致。辽宁省农村人口老龄化程度由2012年的17.99%增长到2030年的39.47%，平均每年增长1.19%，由此可见，未来辽宁省农村人口依然有老龄化程度不断加深的趋势。

二、城乡居民养老保险制度下的养老需求测算

本书所要测算的养老需求是指可以帮助城乡居民过上有尊严的生活的基本生活支出。根据以往学者对于养老需求的理解和测算，我们设定辽宁省城乡居民的养老需求除了满足基本的食品需求之外还应该包括：①最低水平的衣着和居住条件，使贫困者衣能蔽体、居有定所；②最低水平的医疗保健服务，老年人的身体机能不断下降，想拥有一个持续、健康的晚年生活最基本的医疗保健服务是必不可少的；③最低水平的教育娱乐服务，老年人是否具有丰富的娱乐生活可以说是老年人生活质量的重要体现。

对城乡居民的养老需求进行测算，需要首先对城乡符合领取条件的老年人口数进行预测，其次利用养老金给付公式对城镇居民的养老需求和农村居民的养老需求进行测算。本节测算辽宁省城乡居民的养老需求时采用了扩展线性支出(ELES)模型。

1. 辽宁省城镇居民养老需求测算

《辽宁统计年鉴》根据城镇居民人均可支配收入将城镇居民划分为七个组别，分别为最低10%、低10%、较低20%、中间20%、较高20%、高10%、最高10%。利用SPSS软件分别对七组数据中的人均收入和八项消费支出进行回归分析，得出相应的a_i和b_i。详细结果如表10－8所示。各年回归方程的可决系数R^2均在90%以上，且总体模型在5%显著性水平下通过检验，各变量的回归系数也通过了检验。

依据表10－8中的测算结果结合前文设定的城乡居民养老需求的测算标准可以得到2004～2013年城镇居民基础养老金的理论值，如表10－9所示。城乡居民人均可支配收入不断提高，同时养老金需求也不断攀升，每个月的理论值从2004年的278.67元到2013年的609.43元，增长了一倍多。2015年3月1日辽宁省人社厅发布《关于调整全省城乡居民基本养老保险基础养老金最低标准的

表 10-8　辽宁省城镇人均消费支出指标参数估计

年份		食品	衣着	居住	家庭设备用品及服务	医疗保健	交通和通信	教育文化娱乐服务	其他商品与服务
2013	a_i	2646.782	245.26	836.667	113.027	580.123	-657.948	320.039	-48.526
	b_i	0.116	0.073	0.043	0.04	0.03	0.127	0.076	0.062
	R^2	0.981	0.997	0.986	0.923	0.994	0.956	0.984	0.971
2012	a_i	2398.328	42.116	523.119	-102.185	419.149	-556.102	287.158	-75.454
	b_i	0.165	0.086	0.039	0.051	0.037	0.116	0.067	0.033
	R^2	0.978	0.996	0.987	0.998	0.961	0.966	0.992	0.956
2011	a_i	2260.123	55.071	504.325	-74.673	169.942	-125.661	53.370	-87.005
	b_i	0.177	0.088	0.044	0.049	0.051	0.077	0.077	0.033
	R^2	0.980	0.997	0.990	0.998	0.991	0.990	0.991	0.985
2010	a_i	2053.581	130.413	484.384	-17.706	53.888	-338.983	-51.985	-23.086
	b_i	0.171	0.083	0.059	0.045	0.057	0.105	0.089	0.031
	R^2	0.989	0.991	0.994	0.998	0.995	0.926	0.990	0.991
2009	a_i	1800.431	173.651	423.112	-66.991	133.628	-421.225	265.707	-45.804
	b_i	0.175	0.073	0.054	0.043	0.054	0.126	0.063	0.043
	R^2	0.979	0.980	0.978	0.992	0.992	0.982	0.986	0.994
2008	a_i	1567.747	109.142	381.474	-89.809	166.721	-38.404	122.470	-25.857
	b_i	0.186	0.074	0.061	0.042	0.052	0.121	0.069	0.039
	R^2	0.983	0.986	0.986	0.995	0.988	0.976	0.995	0.998
2007	a_i	1596.193	205.940	455.033	-45.864	100.315	-8.164	186.651	42.470
	b_i	0.149	0.063	0.047	0.043	0.063	0.086	0.068	0.029
	R^2	0.936	0.966	0.982	0.993	0.986	0.948	0.981	0.978
2006	a_i	1343.535	63.506	267.366	-22.503	159.766	-41.286	168.475	-3.276
	b_i	0.161	0.074	0.063	0.037	0.061	0.081	0.064	0.034
	R^2	0.960	0.995	0.985	0.997	0.981	0.996	0.978	0.988
2005	a_i	1230.831	14.653	161.996	-72.842	95.553	2.832	105.040	60.844
	b_i	0.167	0.078	0.070	0.042	0.071	0.081	0.080	0.031
	R^2	0.947	0.992	0.975	0.992	0.990	0.999	0.986	0.930
2004	a_i	1164.126	14.222	243.420	-76.421	18.819	-21.271	114.285	9.852
	b_i	0.173	0.079	0.052	0.045	0.066	0.083	0.091	0.033
	R^2	0.935	0.982	0.837	0.992	0.993	0.998	0.991	0.995

资料来源：根据《辽宁统计年鉴》（2005～2014）相关数据计算得出。

通知》，通知指出，从 2014 年 7 月 1 日起，全省城乡居民基本养老保险基础养老金最低标准提高至 85 元，高于国家规定的最低标准 55 元。但是对比测算出的城市居民养老需求理论值来说两者相差甚远，现在的补助水平对于城乡居民来说可谓杯水车薪，甚至连最基本的温饱需求都保障不了，更何谈过上有尊严的晚年生活。因此，要想从实质上提高老年人的生活质量，政府必须从制度完善程度、资金投入力度、制度执行效度等多方面做出积极改变，从而彻底改变城乡居民的养老困境。

表 10－9　辽宁省城镇居民养老金理论值（2004～2013 年）　单位：元

年份	人均可支配收入	食品	衣着	教育文化娱乐服务	居住	医疗保健	年理论值	月理论值
2004	8007.6	1835.55	320.82	467.46	445.23	274.97	3344.03	278.67
2005	9107.6	1933.51	342.85	441.65	456.33	394.3	3568.84	297.40
2006	10369.6	2076.78	400.53	459.95	554.29	437.58	3929.12	327.43
2007	12300.4	2431.05	558.93	567.66	718.38	453.31	4729.32	394.11
2008	14392.7	2713.78	565.09	547.61	757.32	487.12	5070.92	422.58
2009	15761.4	2873.44	621.25	651.99	754.21	464.73	5365.61	447.13
2010	17712.6	3141.57	658.50	514.28	859.77	416.55	5590.68	465.89
2011	20466.8	3467.36	655.28	578.55	804.43	517.79	6023.40	501.95
2012	23222.7	3591.58	664.05	771.69	805.16	686.73	6519.22	543.27
2013	25578.2	3768.00	824.99	923.60	978.15	818.37	7313.11	609.43

资料来源：根据《辽宁统计年鉴》（2005～2014）相关数据计算得出。

根据表 10－9 可以发现，辽宁省城镇居民 2004～2013 年人均可支配收入的平均增长率为 12.3%。随着我国经济体制改革的不断深化，我国经济发展呈现稳步增长的态势，经济发展水平不会发生太大波动，因此本节将人均可支配收入的年均增长率大致假定为 10%，则可以得出城镇居民养老金年理论值替代率平均数为 34.4%，同理得出各项支出的替代率平均值并能够预测出未来一段时间内的理论值，如表 10－10 所示。

表 10－10　辽宁省城镇居民养老金理论预测值（2013～2030 年）　单位：元

年份	人均可支配收入	年理论值	月理论值	年份	人均可支配收入	年理论值	月理论值
2013	25578.20	7313.11	609.43	2022	60312.06	20747.35	1728.95
2014	28136.02	9678.79	806.57	2023	66343.26	22822.08	1901.84
2015	30949.62	10646.67	887.22	2024	72977.59	25104.29	2092.02
2016	34044.58	11711.34	975.94	2025	80275.35	27614.72	2301.23
2017	37449.04	12882.47	1073.54	2026	88302.88	30376.19	2531.35
2018	41193.95	14170.72	1180.89	2027	97133.17	33413.81	2784.48
2019	45313.34	15587.79	1298.98	2028	106846.49	36755.19	3062.93
2020	49844.68	17146.57	1428.88	2029	117531.14	40430.71	3369.23
2021	54829.14	18861.23	1571.77	2030	129284.25	44473.78	3706.15

资料来源：经测算得出。

表 10－10 预测了 2013～2030 年的理论值，从 2013 年的 7313.11 元到 2030 年的 44473.78 元，增长了五倍之多，说明城镇居民能够比较充分地享受到经济发展的成果。

2. 辽宁省新农保养老金需求测算

新农保的养老需求测算原理与城居保基本相同，唯一的区别就是《辽宁统计年鉴》中将辽宁省各个地区的农村数据进行分组计算。利用 SPSS 软件进行相关分析得到辽宁省农村居民各项消费指标的参数估计值 a_i 和 b_i，具体结果如表10－11 所示。

表 10－11　辽宁省农村人均消费支出指标参数估计

年份		食品	衣着	居住	家庭设备用品及服务	医疗保健	交通和通信	教育文化娱乐服务	其他商品与服务
2012	a_i	1352.808	162.921	436.968	137.122	339.030	123.794	105.770	45.129
	b_i	0.121	0.029	0.081	0.026	0.022	0.066	0.042	0.013
	R^2	0.996	0.996	0.991	0.998	0.976	0.980	0.996	0.998

续表

年份		食品	衣着	居住	家庭设备用品及服务	医疗保健	交通和通信	教育文化娱乐服务	其他商品与服务
2011	a_i	1249.493	140.479	326.589	121.916	279.009	126.467	96.558	38.459
	b_i	0.122	0.028	0.090	0.027	0.022	0.059	0.042	0.012
	R^2	0.997	0.997	0.992	0.996	0.991	0.991	0.996	0.998
2010	a_i	1015.010	91.360	150.167	80.959	128.053	23.330	57.788	19.351
	b_i	0.131	0.029	0.114	0.026	0.033	0.073	0.051	0.012
	R^2	0.996	0.999	0.992	0.997	0.999	0.988	0.999	0.998
2009	a_i	908.072	83.234	155.015	71.189	116.092	41.244	59.363	16.201
	b_i	0.139	0.029	0.124	0.026	0.033	0.069	0.054	0.013
	R^2	0.997	0.998	0.985	0.993	0.997	0.990	0.997	0.996
2008	a_i	889.678	72.949	79.145	47.290	94.572	37.469	53.831	18.786
	b_i	0.147	0.029	0.124	0.026	0.031	0.067	0.054	0.012
	R^2	0.996	0.998	0.983	1.000	0.999	0.992	0.997	1.000
2007	a_i	756.539	66.738	93.303	34.740	85.776	37.300	46.095	12.729
	b_i	0.150	0.030	0.114	0.027	0.030	0.069	0.062	0.015
	R^2	0.996	0.999	0.994	0.998	1.000	0.998	0.997	0.999
2006	a_i	637.188	52.451	70.751	28.307	67.573	33.438	70.322	13.706
	b_i	0.159	0.032	0.109	0.027	0.034	0.070	0.064	0.013
	R^2	0.998	0.999	0.991	0.999	0.994	0.997	0.997	0.999
2005	a_i	662.349	53.347	86.940	27.749	67.513	27.546	86.585	11.604
	b_i	0.150	0.029	0.085	0.025	0.030	0.065	0.063	0.013
	R^2	0.995	0.999	0.992	0.997	0.995	0.997	0.999	0.999
2004	a_i	568.164	35.028	6.551	6.425	38.065	-13.104	57.859	4.750
	b_i	0.154	0.028	0.105	0.027	0.031	0.068	0.063	0.014
	R^2	0.993	0.999	0.981	0.985	0.999	0.992	0.999	0.997
2003	a_i	472.078	33.582	11.015	9.904	34.185	-16.991	62.277	3.168
	b_i	0.154	0.028	0.110	0.027	0.030	0.066	0.064	0.015
	R^2	0.994	1.000	0.988	0.993	0.996	0.993	0.996	0.998

资料来源：根据《辽宁统计年鉴》（2004～2013）相关数据计算得出。

依据表 10－11 中的测算结果，结合前文设定的城乡居民养老需求的测算标准，可以得到 2003～2012 年农村居民基础养老金的理论值，如表 10－12 所示。2003 年的养老需求的年理论值为 1077.88 元，2012 年根据各项支出显示辽宁省农村居民养老需求的年理论值已经增长为 3726.74 元，增长了两倍多。农村居民的人均可支配收入不断提高，各项最基本的养老支出也基本呈现逐年增长的趋势，最基本的食品支出仍然在年理论值中占有最大比重，但是随着时间的推移农村居民的恩格尔系数呈现逐年下降的趋势，这也反映出辽宁省农村居民的生活水平和消费结构都相应地得到了改善。

表 10－12　辽宁省农村居民养老金理论值（2003～2012 年）　　单位：元

年份	人均可支配收入	食品	衣着	教育文化娱乐服务	居住	医疗保健	年理论值	月理论值
2003	2934.2	657.49	67.29	139.33	143.45	70.30	1077.88	89.82
2004	3307.1	780.67	73.66	144.79	151.44	80.84	1231.40	102.62
2005	3690.2	946.69	108.32	206.01	248.07	124.38	1633.47	136.12
2006	4090.4	951.87	115.78	196.99	286.48	134.86	1685.98	140.50
2007	4773.4	1094.48	134.33	185.78	350.136	153.36	1918.08	159.84
2008	5576.5	1262.57	146.51	190.81	393.70	173.21	2166.81	180.57
2009	5958.0	1301.07	165.23	212.04	505.60	209.39	2393.33	199.44
2010	6908.0	1401.35	176.89	208.20	486.37	225.38	2498.19	208.18
2011	8297.5	1734.83	251.87	263.64	684.63	366.53	3301.50	275.13
2012	9383.7	1898.02	293.60	295.02	801.95	438.16	3726.74	310.56

资料来源：根据《辽宁统计年鉴》（2004～2014）相关数据计算得出。

2003～2012 年农村居民人均收入的年均增长率为 12.3%。本章将农村居民人均可支配收入的年均增长率假定为 10%。通过计算可以得出农村居民养老金需求年理论值替代率的平均数为 39.4%，同理得出各项支出的替代率平均值。由此可以预测出未来一段时间内的理论值，如表 10－13 所示。

表 10-13　辽宁省农村居民养老金理论预测值（2013~2030 年）　单位：元

年份	人均可支配收入	年理论值	月理论值	年份	人均可支配收入	年理论值	月理论值
2013	10322.07	4025.61	335.47	2022	24338.90	9492.17	791.01
2014	11354.28	4428.17	369.01	2023	26772.79	10441.39	870.12
2015	12489.70	4870.98	405.92	2024	29450.07	11485.53	957.13
2016	13738.68	5358.08	446.51	2025	32395.08	12634.08	1052.84
2017	15112.54	5893.89	491.16	2026	35634.59	13897.49	1158.12
2018	16623.80	6483.28	540.27	2027	39198.04	15287.24	1273.94
2019	18286.18	7131.61	594.30	2028	43117.85	16815.96	1401.33
2020	20114.79	7844.77	653.73	2029	47429.63	18497.56	1541.46
2021	22126.27	8629.25	719.10	2030	52172.60	20347.31	1695.61

资料来源：根据表 10-12 相关数据计算得出。

2013~2030 年辽宁省农村居民养老金理论预测值由 4025.61 元到 20347.31 元，增长了四倍，基本上与城镇居民的人均可支配收入实现了同步增长，但是增长幅度相对城镇居民而言还略显不足。

3. 统一城乡居民养老保险制度下的养老总需求测算

城镇居民养老保险于 2011 年 7 月 1 日启动试点，辽宁省作为试点省根据国家规定，同步开展城乡居民养老保险试点工作，并于 2014 年正式将新型农村社会养老保险和城镇居民社会养老保险两项制度合并实施。所以此处对城乡居民养老总需求进行测算，首先要以上文中对城居保养老需求测算结果和新农保养老需求的测算结果为基础，结合对未来辽宁省城乡老年人口的预测数据综合计算出城乡居民养老总需求。计算思路为：城乡居民养老总需求 = 城居保理论值 × 城镇老人占城乡老人比重 + 新农保理论值 × 农村老人占城乡老人比重。

为计算出辽宁省城乡居民养老保险总需求，必须首先对辽宁省的老年人口进行有效预测。以《辽宁省 2014 年老年人口信息和老龄事业发展状况报告》以及第六次全国人口普查中辽宁省老年人口数据为基础，本节运用 People 软件对未来辽宁省人口情况进行预测，具体结果如表 10-14 所示。

表 10－14　辽宁省城乡老人数量及其比例（2014～2030 年）　单位：人，%

年份	农村老年人口数	城镇老年人口数	城乡老年人口总数	农村比	城镇比
2014	3646481	4253824	7900305	46.15	53.85
2015	3774693	4548307	8323001	45.35	54.65
2016	3911660	4803307	8714968	44.88	55.12
2017	4034856	5055377	9090233	44.39	55.61
2018	4147643	5309402	9457045	43.86	56.14
2019	4258397	5571474	9829870	43.32	56.68
2020	4374487	5842818	10217305	42.81	57.19
2021	4477395	6058525	10535920	42.50	57.50
2022	4599881	6301082	10900963	42.20	57.80
2023	4739514	6567168	11306682	41.92	58.08
2024	4895905	6850217	11746122	41.68	58.32
2025	5069726	7145202	12214928	41.50	58.50
2026	5212253	7359681	12571934	41.46	58.54
2027	5362206	7565342	12927548	41.48	58.52
2028	5509042	7762177	13271218	41.51	58.49
2029	5638197	7949230	13587427	41.50	58.50
2030	5736504	8118505	13855009	41.40	58.60

资料来源：根据第六次全国人口普查数据及 People 软件测算得出。

从表 10－14 可以看出，辽宁省老龄化程度将在未来 20 年内迅速提高，如此高的人口老龄化水平将是辽宁省未来一段时间必须解决的重大课题。解决好城乡老年人口的社会保障问题，切实提高老年人口的生活质量以及健康水平，是辽宁省政府有关部门面临的巨大挑战。同时，表 10－14 中的数据反映出农村老年人口比重不断下降，而城镇老年人口比重却逐步增长，从侧面反映了辽宁省城市化水平的快速发展。城镇老年人的养老需求明显高于农村，所以随着城市化进程的快速发展，辽宁省城乡养老总需求必将随之提高，届时政府对于养老保障方面的支出也会有很大程度的增长以确保城乡居民养老保障制度的可持续运行。

根据城乡居民养老需求的测算思路，结合表 10－14 的 2014～2030 年预测数据，便可以得出辽宁省城乡居民养老总需求，结果详见表 10－15。

表 10 – 15　辽宁省城乡居民养老金理论值（2014 ~ 2030 年）　单位：元

年份	新农保理论值	城居保理论值	年理论值	月理论值
2014	4428.17	9678.79	7255.63	604.64
2015	4870.98	10646.67	8027.39	668.95
2016	5358.08	11711.34	8860.00	738.33
2017	5893.89	12882.47	9780.24	815.02
2018	6483.28	14170.72	10799.01	899.92
2019	7131.61	15587.79	11924.57	993.71
2020	7844.77	17146.57	13164.47	1097.04
2021	8629.25	18861.23	14512.64	1209.39
2022	9492.17	20747.35	15997.66	1333.14
2023	10441.39	22822.08	17632.09	1469.34
2024	11485.53	25104.29	19427.99	1619.00
2025	12634.08	27614.72	21397.75	1783.15
2026	13897.49	30376.19	23544.12	1962.01
2027	15287.24	33413.81	25894.91	2157.91
2028	16815.96	36755.19	28478.42	2373.20
2029	18497.56	40430.71	31328.45	2610.70
2030	20347.31	44473.78	34485.42	2873.79

资料来源：根据表 10 – 12、表 10 – 13、表 10 – 14 计算得出。

表 10 – 15 描述了 2014 ~ 2030 年城乡养老总需求理论值的变化情况，2014 ~ 2030 年城乡居民养老需求的年均增长率为 9.6%，与本节设定的城乡居民人均收入增长率 10% 大致相同，说明城乡居民的养老需求同人均收入之间属于同步增长，符合辽宁省未来一段时间内的经济和社会发展规律。

以上计算得出了辽宁省城乡居民养老总需求的理论值，但是依据城乡居民基本养老保险制度的规定，60 周岁以上的城乡老年人并不是全部包括在参保范围之内的。这里我们假设符合条件的老人全部参保，则符合领取条件的人口等于

60 周岁以上的参保老年人口数减去企业离退休人口数。表 10 – 16 根据 2004 ~ 2013 年的《辽宁统计年鉴》中离退休人口数占 60 周岁及以上人口数的比例，设定死亡率、生育率等数据，通过 People 软件推算出未来一段时间内的离退休人口数，如表 10 – 16 所示。

表 10 – 16　辽宁省 60 岁及以上符合城乡居民养老保险领取条件人口数

单位：人

年份	60 岁及以上人口数	离退休人口数	符合领取条件人口数
2013	7898649	5001254	2894395
2014	8323001	5029305	2871000
2015	8714968	5298417	3024584
2016	9090233	5547942	3167026
2017	9457045	5786872	3303361
2018	9829870	6020328	3436717
2019	10217305	6257688	3572182
2020	10535920	6504293	3713012
2021	10900963	6707165	3828755
2022	11306682	6939556	3961407
2023	11746122	7197874	4108808
2024	12214928	7477558	4268564
2025	12571934	7776015	4438913
2026	12927548	8003336	4568598
2027	13271218	8229644	4697904
2028	13587427	8448471	4822747
2029	13855009	8649771	4937656
2030	14051271	8820101	5034908

资料来源：根据《辽宁统计年鉴》（2014）及设定的参数计算得出。

利用养老需求公式及城乡老年居民人口数，计算得出辽宁省 60 岁及以上符合城乡居民基本养老金领取条件老年人口的养老总需求值，如表 10 – 17 所示。

表 10－17 辽宁省 60 岁及以上符合城乡居民养老保险领取条件人口的养老金理论值总额

单位：亿元

年份	年理论值	月理论值	年份	年理论值	月理论值
2014	208.31	17.36	2023	724.47	60.37
2015	242.80	20.23	2024	829.30	69.11
2016	280.60	23.38	2025	949.83	79.15
2017	323.08	26.92	2026	1075.64	89.64
2018	371.13	30.93	2027	1216.52	101.38
2019	425.97	35.50	2028	1373.44	114.45
2020	488.80	40.73	2029	1546.89	128.91
2021	555.65	46.30	2030	1736.31	144.69
2022	633.73	52.81			

资料来源：根据表 10－15、表 10－16 计算得出。

表 10－17 显示，辽宁省城乡居民养老金理论值从 2014 年的 208.31 亿元到 2030 年的 1736.31 亿元，总额增长幅度较大。为满足辽宁省城乡居民未来的养老需求，政府财政的支出压力必将加大。

三、城乡居民养老保险制度下的养老金供给测算

辽宁省对于城乡居民养老保险的财政供给由基础养老金的财政补贴和对参保人的缴费补贴两部分组成：第一部分是基础养老金的财政补贴。辽宁省现行制度规定城乡居民养老金的给付待遇为每人每月 85 元，其中有 50% 的支出由中央财政进行补贴，即由辽宁省财政每人每月补贴 42.5 元。第二部分是省政府对于参保人的缴费补贴。辽宁省现行制度规定 100 元至 500 元，财政每人每年补助 30 元。500 元以上档次，财政每人每年补贴 70 元。全部由辽宁省财政自行负担。

辽宁省目前共建立 100 元到 1000 元 10 个档次、1500 元、2000 元共 12 个档次。这种缴费档次的设立充分实现了城乡居民养老保障水平的多层次性，但是在制度实施过程中却出现了很多问题，较多的参保人选择了较低缴费档次，而 1500 元、2000 元的高缴费档次却鲜有人问津。各个缴费档次的参保比例严重失衡，显然现行的城乡居民养老保险制度在实际操作方面遇到了问题。在新型农村养老保险制度实施之初也遇到过同样的问题，柳清瑞（2012）对全国 20 个省、市的

农户就新农保政策进行了调查问卷，对新农保的各个缴费档次的参保率进行了实证分析，得出了低端缴费档次人数在60%左右，中端缴费档次的缴费人数在30%左右，高端缴费档次的缴费人数在10%左右的结论。因为城乡居民养老保险跟新农保缴费档次设置的相似性，再加上目前缴费档次划分过细、城乡居民对于城乡居民养老保险认知还不够详细、对政府的信任感不够等问题，所以本节将辽宁省城乡居民养老保险的12个缴费档次分为三个层次，即低端缴费档次（100元至500元），缴费人数占总参保人数的60%；中端缴费档次（600元至1000元），缴费人数占总参保人数的30%；高端缴费档次（1500元、2000元），缴费人数占总参保人数的10%。根据上文中的测算结果可知2013~2030年不同缴费档次城乡居民养老保险领取待遇的人数，如表10－18所示。

表10－18　2013~2030年重新划分的三个层次中符合领取待遇条件的人数

单位：人

年份	低端档次	中端档次	高端档次	年份	低端档次	中端档次	高端档次
2013	1736637	868319	289440	2022	2376844	1188422	396141
2014	1722600	861300	287100	2023	2465285	1232642	410881
2015	1814750	907375	302458	2024	2561139	1280569	426856
2016	1900216	950108	316703	2025	2663348	1331673	443891
2017	1982017	991008	330336	2026	2741159	1370579	456860
2018	2062030	1031015	343672	2027	2818742	1409371	469790
2019	2143309	1071655	357218	2028	2893648	1446824	482275
2020	2227807	1113904	371301	2029	2962594	1481297	493766
2021	2297253	1148627	382876	2030	3020945	1510473	503491

资料来源：根据表10－16计算得出。

根据2013~2030年三个层次领取待遇的人数，可以对辽宁省三个层次基础养老金的财政支出进行测算。2015年底辽宁省城乡居民养老保险基金的给付标准为每人每月85元，近10年来物价指数的年均增长率为2.98%，按照“根据国家的统一规定，结合经济发展和物价变动的情况，适时调整辽宁省城乡居民养老保险金的基础养老金的最低标准”的规定，本书假定2016年及以后依据这一物价增长率对养老保险的基础养老金进行动态调整，具体结果如表10－19所示。

表 10-19　辽宁省财政对于城乡居民养老保险的基础养老金的供给

单位：万元

年份	低端档次	中端档次	高端档次	年份	低端档次	中端档次	高端档次
2013	88568.49	44284.24	14761.41	2022	148881.63	74440.81	24813.60
2014	87852.60	43926.30	14642.10	2023	159023.16	79511.57	26503.86
2015	92552.27	46276.14	15425.38	2024	170129.34	85064.67	28354.89
2016	99798.94	16633.16	16151.83	2025	182191.01	91095.50	30365.17
2017	107197.15	17866.19	16847.14	2026	193101.72	96550.86	32183.62
2018	114848.11	19141.35	17527.26	2027	204484.42	102242.2	34080.76
2019	122932.45	20488.74	18218.13	2028	216173.99	108086.99	36028.99
2020	131586.77	21931.13	18936.36	2029	227920.13	113960.06	37986.69
2021	139732.15	23288.69	19526.65	2030	239335.04	119667.52	39889.17

资料来源：根据表 10-18 计算得出。

以下对城乡居民养老保险财政供给的第二部分进行测算，即辽宁省财政对于个人缴费的补助。根据辽宁省现行城乡居民养老保险制度规定，“低端缴费档次，财政每人每年补贴 30 元；中、高端缴费档次，每人每年补贴 70 元”，进行具体计算，结果如表 10-20 所示。

表 10-20　辽宁财政对于城乡居民养老保险参保人缴费补助的财政供给

单位：万元

年份	低端档次	中端档次	高端档次	年份	低端档次	中端档次	高端档次
2013	5209.91	6078.23	2026.07	2022	7130.53	8318.95	2772.98
2014	5167.80	6029.10	2009.70	2023	7395.85	8628.50	2876.17
2015	5444.25	6351.63	2117.21	2024	7683.41	8963.98	2987.99
2016	5700.65	6650.75	2216.92	2025	7990.04	9321.72	3107.24
2017	5946.05	6937.06	2312.35	2026	8223.48	9594.06	3198.02
2018	6186.09	7217.11	2405.70	2027	8456.23	9865.60	3288.53
2019	6429.93	7501.58	2500.53	2028	8680.95	1012.78	3375.92
2020	6683.42	7797.33	2599.11	2029	8887.78	1036.91	3456.36
2021	6891.75	8040.39	2680.13	2030	9062.83	1057.33	3524.44

资料来源：根据表 10-18 计算得出。

在此之前已经计算出城乡居民养老保险的财政支出的两大部分，下面需要测算城乡居民养老保险制度下的辽宁省财政供给状况，具体结果如表 10－21 所示。

表 10－21　辽宁省城乡居民养老保险的财政总供给测算　　单位：亿元

年份	基础养老金的供给	缴费补助供给	总供给	年份	基础养老金的供给	缴费补助供给	总供给
2013	14.76	1.33	16.09	2022	24.81	1.82	26.64
2014	14.64	1.32	15.96	2023	26.50	1.89	28.39
2015	15.43	1.39	16.82	2024	28.35	1.96	30.32
2016	16.63	1.46	18.09	2025	30.37	2.04	32.41
2017	17.87	1.52	19.39	2026	32.18	2.10	34.29
2018	19.14	1.58	20.72	2027	34.08	2.16	36.24
2019	20.49	1.64	22.13	2028	36.03	2.22	38.25
2020	21.93	1.71	23.64	2029	37.99	2.27	40.26
2021	23.29	1.76	25.05	2030	39.89	2.32	42.21

资料来源：根据表 10－19、表 10－20 计算得出。

四、城乡居民养老供需缺口测算

上文已对城乡居民养老保险制度下的养老金需求和供给进行了测算，可以根据测算结果对供需缺口进行预估，具体结果如表 10－23 所示。

表 10－22　辽宁省财政负担城乡居民养老保险的养老金需求总额　　单位：亿元

年份	年理论值	年份	年理论值
2013	—	2022	316.87
2014	104.16	2023	362.24
2015	121.40	2024	414.65
2016	140.30	2025	474.92
2017	161.54	2026	537.82
2018	185.57	2027	608.26
2019	212.99	2028	686.72
2020	244.40	2029	773.45
2021	277.83	2030	868.16

资料来源：根据表 10－15、表 10－16 计算得出。

表 10-23　辽宁省城乡居民养老保险供需缺口测算　　单位：亿元

年份	需求	供给	供需缺口	年份	需求	供给	供需缺口
2013	—	16.09	—	2022	316.87	26.64	290.23
2014	104.16	15.96	88.20	2023	362.24	28.39	333.85
2015	121.40	16.82	104.58	2024	414.65	30.32	384.33
2016	140.30	18.09	122.21	2025	474.92	32.41	442.51
2017	161.54	19.39	142.15	2026	537.82	34.29	503.53
2018	185.57	20.72	164.85	2027	608.26	36.24	572.02
2019	212.99	22.13	190.86	2028	686.72	38.25	648.47
2020	244.40	23.64	220.76	2029	773.45	40.26	733.19
2021	277.83	25.05	252.78	2030	868.16	42.21	825.95

资料来源：根据表 10-17、表 10-21 计算得出。

从表 10-23 中可以看出，城乡居民养老保险的供需缺口逐渐增大，这对辽宁省财政是否能够足额承担养老金支付责任是一个比较大的挑战，需要对辽宁省财政的承担能力做进一步的分析。

第三节　辽宁省财政收支状况的预测与分析

辽宁省财政收支状况直接关系到城乡居民养老保险制度的投入资金是否充足，进而影响城乡居民养老保险制度的可持续运行。只有投入足够的财政资金，城乡居民养老保险才能够真正地惠及城乡居民。因此需要对辽宁省的财政收支状况进行全面研究，分析其是否可以随着经济社会的发展来保障城乡居民养老保险制度的可持续发展。

一、辽宁省财政收入水平预测

1. 财政收入相关因素的回归模型构建

与财政收入相关的因素很多，如工业经济的增长、GDP、国家宏观调控政策等，从研究文献来看，预测财政收入主要考量的是财政与 GDP 之间的正相关关系。GDP 作为影响财政收入的重要因素之一，对辽宁省的财政收入起着举足轻重的作用。利用李京文（2000）对于我国经济长期发展情况的预测，可以得到 2000～2050 年的 GDP 平均增长率的预测值。李京文认为，“假设不爆发世界大战，我国国内能够保持基本的社会安定状态，则采取定性与定量分析相结合的方法展开测算，同时根据投入产出、系统动力学、统计计量三者结合的测算模型，可以预测我国 2000～2050 年 GDP 增长率分别是 6.4%、5.4%、4.9%、4.3%”。参考李京云对我国 GDP 的预测结果，2013～2030 年的 GDP 增长率为 5.9%，根据这一经济速度预测，GDP 有缓慢下降的趋势，从长期看，辽宁省的 GDP 增长率约为 6.5%。此外，2003～2013 年辽宁省财政收入占 GDP 比重的平均值为 10%，将此作为预测财政比重参数值。

建立辽宁省财政收入回归模型 Y = A + B × GDP，根据 2004～2014 年《辽宁统计年鉴》中的 GDP 数据和政府财政收入数据，通过 SPSS 软件对辽宁省的财政收入和 GDP 进行回归分析，可以得到以下回归方程，具体输出结果如下。

$$Y = -458.958 + 0.139 \times GDP$$

$$(-9.436) \qquad (46.97) \qquad R^2 = 99.6\%$$

表 10－24 回归分析输出结果

Variable	Coefficient	T－Statistic	Std. Error	Sig.
C	－458.958	－9.436	48.64	0.00
GDP	0.139	49.965	0.003	0.00
Adjusted R－squared	0.995	—	—	—
R－squared	0.996	—	—	—
F－statistic	2205.674	—	—	—

资料来源：根据《辽宁统计年鉴》（2004～2014）计算得出。

对回归方程进行检验可知，在 0.000 的显著性水平以下，$R^2 = 0.996$，财政收入与 GDP 的拟合优度良好，相关关系显著。

2. 基于变量回归模型的辽宁省财政收入预测

利用上文构建的回归模型以及 GDP 的增长率、财政比重参数，在 2013 年辽宁省 GDP 总量 27213.22 亿元的基础上，可以预测 2014～2030 年的辽宁省财政收入值，具体结果如表 10－25 所示。

表 10－25　2014～2030 年辽宁省财政收入状况预测　　单位：亿元

年份	生产总值 GDP	财政收入 Y
2014	28982.20	3569.57
2015	30866.04	3831.42
2016	32872.33	4110.30
2017	35009.03	4407.30
2018	37284.62	4723.60
2019	39708.12	5060.47
2020	42289.15	5419.23
2021	45037.94	5801.32
2022	47965.41	6208.23
2023	51083.16	6641.60
2024	54403.57	7103.14
2025	57939.80	7594.67
2026	61705.89	8118.16
2027	65716.77	8675.67
2028	69988.36	9269.42
2029	74537.60	9901.77
2030	79382.55	10575.22

资料来源：通过 SPSS 软件计算整理得出。

由表 10－25 中辽宁省 2014～2030 年的财政收入状况的预测值可知，辽宁省的财政收入由 2014 年的 3569.57 亿元到 2030 年的 10575.22 亿元，增长了 196%，财政总量的不断增长必然会为城乡居民养老保险带来更强大的财政支持。

二、基于适度财政支出速度的财政资金收支差额预测分析

适度的财政支出速度能够保障政府在稳定的经济增长情况下，各项财政支出的平稳增长，尤其是对社会保障的各个方面，如城乡居民养老保险的可持续发展发挥主要影响。因此有必要对辽宁省的适度财政支出水平进行研究。

1. 对适度财政支出速度的判断与估算

随着近年来我国财政结构的不断调整，经济建设支出的比重正在逐年下降，

政府财政转而重点支持“三农”和民生领域，近年来更是致力于建立保障和改善民生的长效机制。辽宁省财政支出重点也正在转向社会保障、就业、医疗、教育等方面。

马拴友（2000）曾对中国财政的最优规模进行了实证研究，通过一系列分析得出经济增长与财政支出之间的协整关系，认为政府的最优财政规模占 GDP 的 26.17%。而 2013 年辽宁省的财政支出占 GDP 的比重为 19.1%，显然辽宁省的财政支出规模还较低，所以辽宁省财政支出规模还有进一步提高的潜力。但是在我国经济增长速度放缓的大环境下，辽宁省的财政收入的增长率也逐渐放缓，适度财政支出的增长率应与之相适应，根据上文所算出的 2014～2030 年的财政收入数据可知，其年均增长率约为 7%，这里假定适度的财政支出速度为 7%，直到财政支出占 GDP 的比重到达 26.17% 的最优支出规模。根据以上假设，以 2013 年财政支出 5197.42 亿元为基数，预测 2014～2030 年的财政支出，具体结果如表 10－26 所示。

表 10－26　2014～2030 年辽宁省财政支出状况预测　　单位：亿元

年份	财政支出	年份	财政支出
2013	5197.42	2022	9555.24
2014	5561.24	2023	10224.11
2015	5950.53	2024	10939.80
2016	6367.07	2025	11705.59
2017	6812.76	2026	12524.98
2018	7289.65	2027	13401.72
2019	7799.93	2028	14339.85
2020	8345.92	2029	15343.63
2021	8930.14	2030	16417.695

资料来源：以 2013 年财政支出为基础预测得出。

由表 10－26 可知，辽宁省的财政支出规模稳步增长，由 2013 年的 5197.42 亿元增长至 2030 年的 16417.695 亿元，增长了 215.9%。2030 年的财政支出规模占 GDP 的比重为 20.68%，离最优财政支出规模还有一定距离，这是为了保证现实中的财政支出在达到最优规模之前保持一定的调整空间。

2. 财政资金收支差额预测分析

上文已对辽宁省财政收入和支出情况做出了预测，在此基础上进行辽宁省财政资金收支差额的预测，具体结果如表 10 - 27 所示。

表 10 - 27 辽宁省财政资金收支差额预测 单位：亿元

年份	财政收入	财政支出	资金收支差额
2014	3569. 57	5561. 24	1991. 67
2015	3831. 42	5950. 53	2119. 11
2016	4110. 30	6367. 07	2256. 77
2017	4407. 30	6812. 76	2405. 46
2018	4723. 60	7289. 65	2566. 05
2019	5060. 47	7799. 93	2739. 46
2020	5419. 23	8345. 92	2926. 69
2021	5801. 32	8930. 14	3128. 82
2022	6208. 23	9555. 24	3347. 01
2023	6641. 60	10224. 11	3582. 51
2024	7103. 14	10939. 80	3836. 66
2025	7594. 67	11705. 59	4110. 92
2026	8118. 16	12524. 98	4406. 82
2027	8675. 67	13401. 72	4726. 05
2028	9269. 42	14339. 85	5070. 43
2029	9901. 77	15343. 63	5441. 86
2030	10575. 22	16417. 695	5842. 48

资料来源：根据表 10 - 25、表 10 - 26 计算得出。

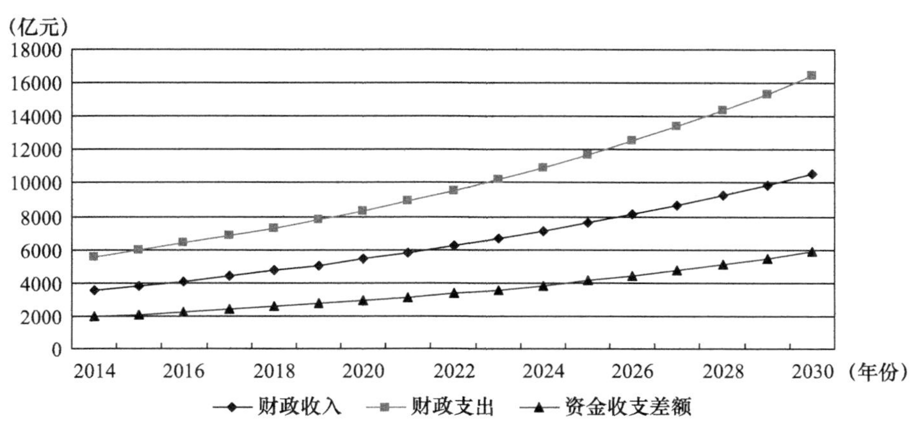

图 10 - 2 2014 ~ 2030 年辽宁省财政收支情况趋势

由图 10－2 可知，辽宁省 2014～2030 年的财政收入、财政支出与财政收支缺口都呈现增长趋势，但是财政赤字的增长更加缓慢。存在财政赤字也并不一定对经济和社会发展带来负面影响，特别是适度的财政赤字，如果支出结构合理则可以起到充分使用社会资源、刺激投资与消费、加大民生改善力度等作用，在某种程度上会保障辽宁省经济和民生相对快速的发展。

第四节　辽宁省财政对城乡居民养老金供需的负担水平分析

在上文已经测算出辽宁省城乡居民养老保险制度财政供需缺口，以及辽宁省的财政收支缺口的基础上，本节通过四个方面对辽宁省城乡居民养老保险养老金供需负担水平进行实证分析，目的是探索辽宁省财政能否负担城乡居民多层次养老需求。

一、城乡居民养老金供需占辽宁省财政收入的比重

从养老金的供给与需求占财政收入的比重角度出发，对辽宁省城乡居民养老保险的财政负担水平进行测算，具体结果如表 10－28 所示。

表 10－28　2014～2030 年辽宁省城乡居民养老金供需占辽宁省财政收入的比重

单位：亿元，%

年份	财政收入	养老需求	需求占比	养老金供给	供给占比
2014	3569.57	104.16	2.92	15.96	0.45
2015	3831.42	121.40	3.17	16.82	0.44
2016	4110.30	140.30	3.41	18.09	0.44
2017	4407.30	161.54	3.67	19.39	0.44
2018	4723.60	185.57	3.93	20.72	0.44
2019	5060.47	212.99	4.20	22.13	0.44
2020	5419.23	244.40	4.51	23.64	0.44

续表

年份	财政收入	养老需求	需求占比	养老金供给	供给占比
2021	5801.32	277.83	4.79	25.05	0.43
2022	6208.23	316.87	5.10	26.64	0.43
2023	6641.60	362.24	5.45	28.39	0.43
2024	7103.14	414.65	5.84	30.32	0.43
2025	7594.67	474.92	6.25	32.41	0.44
2026	8118.16	537.82	6.62	34.29	0.42
2027	8675.67	608.26	7.01	36.24	0.42
2028	9269.42	686.72	7.40	38.25	0.41
2029	9901.77	773.45	7.81	40.26	0.41
2030	10575.22	868.16	8.21	42.21	0.40

资料来源：根据表 10－23、表 10－27 计算得出。

由表 10－28 可知，城乡居民养老金供给占财政收入的比重远低于养老金需求占财政收入的比重，并且按目前的需求和供给水平发展，两者的差距必将逐步拉大，如图 10－3 所示。养老金需求占比与供给占比的差额由 2014 年的 2.47% 扩大到 2030 年的 7.81%，不利于辽宁省城乡居民养老保险的可持续发展，所以在未来一段时间内辽宁省财政必须加大对城乡居民养老保险的财政投入，使城乡

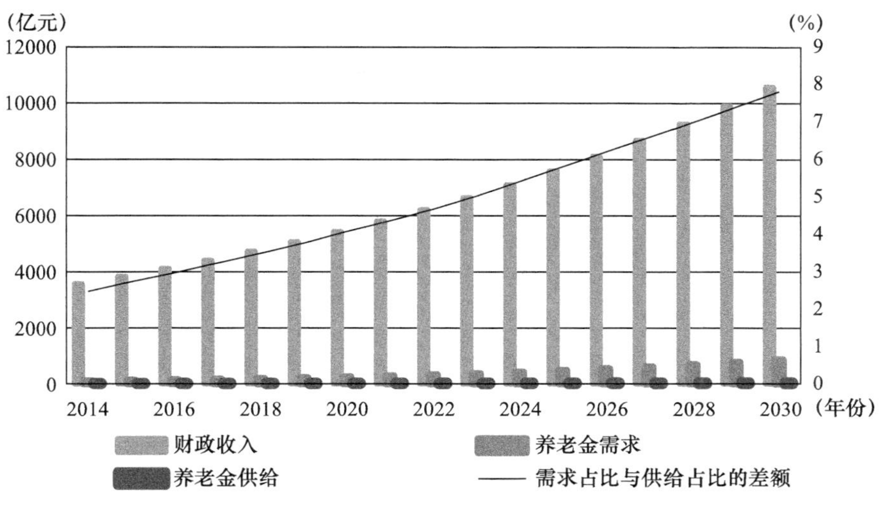

图 10－3　辽宁省财政收入及城乡居民养老金供需占比差额

居民共享经济发展的成果，以更好地保障城乡居民的养老需求。与此同时可以看出养老需求占财政收入的比重，也就是辽宁省财政对于城乡居民养老保险的负担水平处于缓慢增长的状态，根据前文对于辽宁省老年人口的预测，辽宁省老年人口将会在2030年左右达到人口高峰，然后便会逐步降低，因此辽宁省的财政负担将会从2013年的2.92%逐步攀升到2030年的8.21%，之后随之降低。根据前文对辽宁省经济发展水平的预测，在国家的扶持政策下辽宁省完全可以负担城乡居民养老保险，并使之健康可持续发展。

二、城乡居民养老金供需占辽宁省财政收支差额的比重

通过分析辽宁省城乡居民养老金供需占财政收支差额比重，可以判断辽宁省财政是否有满足城乡居民养老需求的调整空间。具体测算结果如表10－29所示。

表10－29　城乡居民养老保险供需占辽宁省财政收支差额的比重

单位：亿元，%

年份	财政收支差额	养老金需求	需求占比	养老金供给	供给占比
2014	1991.67	104.16	5.23	15.96	0.80
2015	2119.11	121.40	5.73	16.82	0.79
2016	2256.77	140.30	6.17	18.09	0.80
2017	2405.46	161.54	6.72	19.39	0.81
2018	2566.05	185.57	7.23	20.72	0.81
2019	2739.46	212.99	7.77	22.13	0.81
2020	2926.69	244.40	8.35	23.64	0.81
2021	3128.82	277.83	8.88	25.05	0.80
2022	3347.01	316.87	9.47	26.64	0.80
2023	3582.51	362.24	10.11	28.39	0.79
2024	3836.66	414.65	10.80	30.32	0.79
2025	4110.92	474.92	11.55	32.41	0.79
2026	4406.82	537.82	12.20	34.29	0.78
2027	4726.05	608.26	12.87	36.24	0.77
2028	5070.43	686.72	13.54	38.25	0.75
2029	5441.86	773.45	14.21	40.26	0.74
2030	5842.48	868.16	14.86	42.21	0.72

资料来源：根据表10－23、表10－27计算得出。

表 10－29 显示了城乡居民养老金需求占比与供给占比的差额，从 2014 年的 4.43% 扩大到 2030 年的 14.14%，所占比重不断增加，要求辽宁省在未来必须提高对城乡居民养老保险的财政补贴力度。图 10－4 中的曲线代表的是养老金需求占比减去供给占比的差额，至 2030 年养老需求占辽宁省财政收支差额的比重为 14.86%，仍在辽宁省财政的可调节范围内，虽然有些吃力但还是可以负担的。

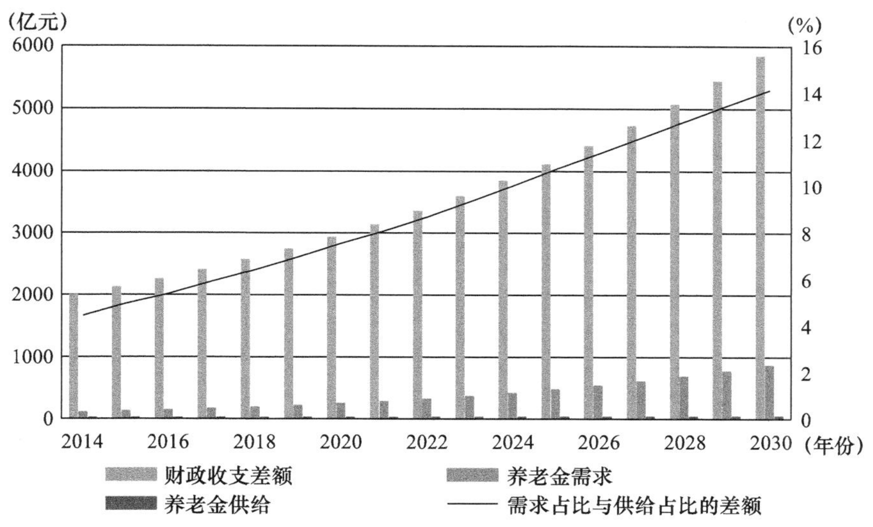

图 10－4 辽宁省财政收支差额及城乡居民养老金供需占比差额

三、城乡居民养老金供需缺口占辽宁省财政收入及收支差额的比重

以辽宁省城乡居民养老金供需缺口为分析基础，在国家对于东部地区的补贴 50% 的前提下，探讨辽宁省财政能否满足城乡居民养老需求，即提高城乡居民的基础养老金替代率，以逐步提高老年人的生活水平。

由表 10－30 可知，2014 年辽宁省对于养老金供需差额的负担率为 2.47%，2030 年逐步上升为 7.81%；养老金供需缺口占财政收支差额的比重也从 2014 年的 4.43% 上升为 2030 年的 14.14%。从辽宁省总体经济发展趋势来看，辽宁省财政还是有足够的空间来调整财政支出结构、加大财政补贴力度以弥补城乡居民养老金供需赤字的。

表 10－30　城乡居民养老金供需缺口占辽宁省财政收入及收支差额的比重

单位：亿元,%

年份	养老金供需缺口	财政收入	收支差额	缺口占收入的比重	缺口占收支差额的比重
2014	88.2	3569.57	1991.67	2.47	4.43
2015	104.58	3831.42	2119.11	2.73	4.94
2016	122.21	4110.30	2256.77	2.97	5.42
2017	142.15	4407.30	2405.46	3.27	5.91
2018	164.85	4723.60	2566.05	3.49	6.42
2019	190.86	5060.47	2739.46	3.77	6.97
2020	220.76	5419.23	2926.69	4.07	7.54
2021	252.78	5801.32	3128.82	4.36	8.08
2022	290.23	6208.23	3347.01	4.67	8.67
2023	333.85	6641.60	3582.51	5.02	9.32
2024	384.33	7103.14	3836.66	5.41	10.01
2025	442.51	7594.67	4110.92	5.83	10.76
2026	503.53	8118.16	4406.82	6.21	11.43
2027	572.02	8675.67	4726.05	6.59	12.36
2028	648.47	9269.42	5070.43	6.99	12.79
2029	733.19	9901.77	5441.86	7.40	13.47
2030	825.95	10575.22	5842.48	7.81	14.14

资料来源：根据表 10－23、表 10－27 计算得出。

四、基于国际经验的辽宁省财政养老金负担水平比较分析

上文利用财政收入和财政支出来对辽宁省财政负担能力进行研究，并未对辽宁省的 GDP 的负担能力进行分析，而国际上通常使用 GDP 作为财政负担能力的衡量标准，所以下文基于国际经验对辽宁省 GDP 的财政负担能力展开分析。养老保险金支出是社会保障支出的最重要部分，国际经验表明，通常占社会保障支

出的50%左右。表10－31对部分OECD国家20世纪90年代到21世纪初的社会保障支出占GDP比重进行估算，得出部分OECD国家1990～2001年养老金负担水平。

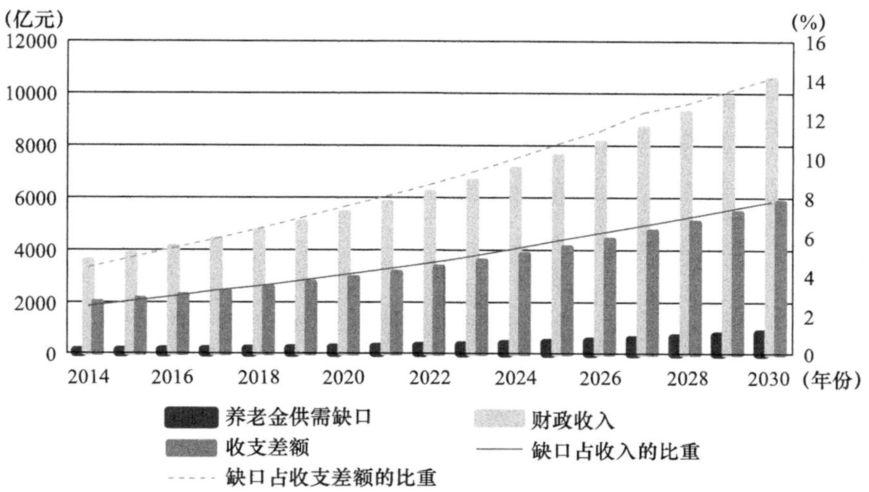

图10－5　城乡居民养老金供需缺口占辽宁省财政收入及收支差额的比重分析

表10－31　部分OECD国家1990～2001年养老金负担水平　　单位:%

国家＼年份	1990	1995	1998	2001
德国	11.4	13.75	13.7	13.7
法国	13.3	14.6	14.5	14.25
加拿大	9.30	9.80	9.20	8.90
美国	6.70	7.75	7.25	7.40
韩国	1.55	1.80	2.95	3.05
日本	5.6	6.75	7.25	8.45
墨西哥	1.90	4.05	4.40	5.90
瑞典	15.4	16.50	15.2	14.45
英国	9.75	11.50	10.75	10.90
土耳其	3.80	3.75	5.55	—

资料来源：财政部社会保障司课题组．社会保障支出水平的国际比较［J］．财政研究，2007（10）：37.

中国2013年养老金占GDP的比重为3.1%，辽宁省2013年同一指标为4.6%，辽宁省的养老金支出水平高于全国。表10－31虽然是十几年前的数据，但与我国以及辽宁省相比，仍可发现我国和辽宁省的养老金支付水平与2001年大部分OECD国家存在着很大差距，而且随着这些国家经济与民生状况的不断发展，如果用2013年的数据进行对比，差距可能会更大。与国际水平相比，辽宁省目前的养老金负担水平还处于比较低的阶段，还有很大的上升空间。当然，近年来辽宁省经济发展和分配体制都在逐渐调整和完善，地方财政资金也在不断充实，未来应用于养老保险制度的负担能力也会随之增强。

本章小结

第一，本章对辽宁省城乡居民养老金供需水平进行了测算。辽宁城乡居民养老金需求由2014年的104.16元增长到2030年的868.16元，增长了7.3倍；养老金供给由2014年的15.96元增长到42.21元，增长了1.6倍；城乡居民养老金供需缺口由2014年的88.2元，增长到825.95元，增长了8.3倍。从以上数据可以看出，城乡居民养老金的需求和供给都呈现出增长的趋势，但是供给的增长速度明显低于需求的增长速度，造成城乡居民的供需缺口逐步增大的问题，因此为了更好地满足辽宁省城乡老年人口的养老需求，辽宁省财政应适度加大财政投资力度。

第二，本章对辽宁省财政收支进行了预测。辽宁省财政收入从2014年的3569.57亿元增长到2030年的10575.22亿元，增长196%。财政支出由2014年的5561.24亿元增长到2030年的16417.695亿元，增长195%。财政收支差额由2014年的1991.67亿元增长到2030年的5842.48亿元。从以上数据可以看出，辽宁省2014～2030年的财政收入、财政支出与财政收支缺口都呈现增长趋势，但是财政赤字的增长比较缓慢。适度的财政赤字在一定程度上有利于充分使用公共资源，起到进一步保障老年人生活的作用。

第三，辽宁省2013年的养老保险金占GDP的比重为4.6%，中国同一指标2013年的比重为3.1%，这一水平与2001年部分OECD国家存在很大差距。辽宁省目前的养老金负担水平还处于比较低的阶段，还有很大的上升空间。

第十一章 完善农村养老保险制度的对策

第一节 增强政府统筹城乡发展与促进社会公平的执政理念

一般而言，思路决定出路，理念推动实践。有了正确的理念才会有正确的行动，要实现行动的有效性和合理性就必须保证理念的正确性。农村养老保险制度实施成功与否，首要的决定因素是各级政府尤其是主要决策者的认识、态度和决心。

一、充分认识建立和完善农村养老保险制度的重大意义

科学发展观是中共十六大提出的治国理政的重大战略指导思想，其核心是坚持以人为本，注重统筹兼顾，实现全面协调可持续发展，促进社会公平正义。深入贯彻落实科学发展观，就是要在坚持发展是第一要务的同时，更加注重保障和改善民生，做到发展依靠人民、发展为了人民、发展成果惠及全体人民。当前中国正处于全面建设小康社会的关键阶段，在经济领域要以加快经济发展方式转变为主线，提高发展的全面性、协调性、可持续性；在社会领域要完善保障和改善民生的制度安排，推进基本公共服务均等化，加大收入分配调节力度，坚定不移地走共同富裕的道路。民生问题大如天，涉及人民生活的各个方面，不仅关乎社

会稳定和经济发展水平，而且关乎党的执政基础和政府的执政能力。农业、农村、农民始终是影响中国经济社会发展的重大问题。农业靠天吃饭的脆弱局面、农村发展滞后的弱小状态、农民福利不高的弱势地位，构成了中国城乡之间二元的经济结构和社会结构。按照现代化建设“三步走”战略部署和中共十七大提出的在2020年全面实现建设小康社会的奋斗目标，中国必须把加快农村发展、加强农业基础地位、加速农民民生建设摆在优先位置。农村养老保险是重大的农民民生方面的制度安排，具有保障农村老年人口基本生活、消除农村老年贫困、缩小城乡收入差距的直接效用，也具有拉动农村消费、促进农村经济增长、实现城乡协调发展、维护社会稳定、促进公平正义的间接效用，意义重大，作用明显。因此，对于各级政府而言，必须要牢固树立以人为本的民生理念、公平正义的价值目标和城乡统筹的发展思路，切实克服长期以来存在的“重城轻乡”、“先城后乡”的思维惯性和指导思想，要在思想认识上高度重视城乡发展不协调、城乡居民权益不平衡的问题，在工作布局上要坚定不移地把农村养老保险制度建设和持续发展纳入重要议事日程抓紧抓好。城乡居民养老保险制度运行实践已经充分表明，农村养老保险是农村居民的普遍意愿和基本需求，对于这样的“民意”和“民需”，如果各级政府不正视、不顺应、不推进，不把它们作为想问题、做决策、干工作的出发点和落脚点，势必要影响到全面建设小康社会目标的实现和党委、政府在广大农村居民中的公信力。

二、明确各级政府支持农村养老保险建设的责任

无论是从经济“剪刀差”补偿的角度还是在农村促进社会公平正义的角度，农村养老保险都应当是政府的重要选择。现代国家政府在社会保障制度建设中都扮演着重要角色，中国各级政府也不能例外。然而面对城乡发展差距依然较大、农村居民社会保障缺失的基本国情，中国各级政府在农村养老保险制度建设和持续发展中承担的责任比城市还要大，而且这种责任要贯穿于农村社会保障体系建设的全过程。由本书相关分析可以看出，农村养老保险的性质独特，兼有强调权利和义务协调的社会保险属性和旨在惠及全部农村老年人口的普惠式津贴属性。这两个属性就决定了农村养老保险制度建设不可以也不可能完全复制或照搬城镇养老保障制度的理念和做法，因为其中少了雇主的法人责任。这就要求政府来“补缺”，承担起农村养老保险投入的大部分责任。就各级政府参与农村养老保

险制度建设和持续发展而言，主要是承担这样几个方面的责任：第一，提供立法保障，为农村养老保险制度建设提供法律依据和准绳；第二，提供合理的制度安排，从国家整体利益出发，对国家收入和财产进行再分配，在保障农村居民老年基本生活需求的基础上平衡城乡之间的社会保障待遇，平衡农村居民不断增长的保障需求与公共财政保障能力（或者负担水平）之间的矛盾；第三，负责组织管理，确保农村养老保险制度的有效构建和平稳运行；第四，提供财力支持，这是各级政府最为关键的责任，必须从财力中安排资金以保证农村养老保险制度的可持续运行；第五，负责监管，强化对农村养老保险监督机制的建设，提高对农村养老保险的管理效能。

三、确保各级政府农村养老保险建设责任落实到位

要在政府各级决策者当中确立正确的政绩观，并建立起科学的政绩考核机制。追求政绩既是政府各级决策者的主观愿望，也是其外部服务对象的客观要求，关键之处在于把追求政绩的“点”打在什么地方。所谓正确的政绩观，就是能够坚持一切从实际出发，以人民群众满意不满意作为检验标准，杜绝面子工程、表面文章。要使政府各级决策者牢固树立“农村养老保险是重大民生”、“民生是最大政绩”的理念，唯有如此，在发展农村养老保险的过程中政府各级决策者才会愿意投入精力、舍得投入财力。但是光有正确的政绩观还不够，必须要有以正确的政绩观为指引的科学的政绩考核机制来引导和做保证。科学的政绩考核机制在一定意义上是“指挥棒”，因此一定要把农村养老保险制度建设和持续发展作为对各级政府工作考核和绩效管理的重要内容，尤其是要在农村养老保险财政投入、农村养老保险地区制度覆盖面、农村居民参保率三个方面严格进行考核。

要切实发挥中央政府示范、带头、指导的重要作用。根据制度经济学的理论，由政府命令与法律引入和实行引起的强制性制度变迁，比自下而上的诱致性制度变迁速度快、成本低，更利于弥补制度的不足。中央政府是国家宏观管理的主要机构，负责国家政策的发布和大事要事的管理，中央政府的执政理念、目标定位会直接影响到地方政府的执政理念、工作安排，中央的选人用人导向势必会引导地方干部的实际行动。因此在农村养老保险建设上，中央政府要态度鲜明、率先垂范、一以贯之、一抓到底，以此来引导各级地方政府的执政思路和具体举

措，形成推动农村养老保险制度建设和持续发展的共同合力。

要开展好对各级干部尤其是基层工作人员农村养老保险制度方面的宣传教育和政策培训。要采取多种形式抓好各级干部的宣传、教育和培训工作，要讲清农村养老保险制度建设对农村居民、对城乡统筹发展、对全面建成小康社会的重大意义，讲清党中央、国务院的决策意图和工作安排部署，讲清各级政府在农村养老保险制度中的责任，解决好对农村养老保险制度理解简单化、片面化的问题，进一步提高认识、统一思想。尤其是要针对农村养老保险制度运行过程中出现的诸如“农村养老保险制度建设步伐不宜太快”、“实施农村养老保险财政负担不起”等模糊认识，结合制度运行所取得的成效和农村居民的实际评价，有针对性地开展好形势任务教育，进一步破除制约农村养老保险制度建设和持续发展的思想障碍和工作阻力。

第二节 加快农村养老保险工作步伐，积极推进制度创新

农村养老保险现行模式具有重大的理论价值和实践意义，必须要充分肯定，其基本理念和发展方向应当而且必须坚持。当务之急是要认真总结农村养老保险制度的经验教训，进一步加快制度创新的步伐。

一、按照实现农村养老保险全覆盖目标部署和推进工作

国务院提出到2020年要实现农村养老保险制度对农村适龄居民的全覆盖，从目前看，制度全覆盖的任务已经提前实现。下一阶段的任务就是从制度全覆盖实现人口全覆盖，这还需要一个比较漫长的过程，尽管如此，尽快缩短人口全覆盖进程仍然具有可能性。第一，在中央政府强有力的领导下，各地对推进农村养老保险制度非常重视，积极性和主动性很高；第二，随着农村养老保险领取待遇人数的不断上升，农村养老保险制度的累积效应将逐步显现出来，广大农村居民对农村养老保险制度越来越了解、越来越接受、越来越认同，参保意愿明显增强；第三，农村养老保险对各级财政形成的支付压力处在合理的承受范围之内，

可以通过财政增收部分或者调整财政支出结构加以消化，财政可负担是重要推动力。本书对于农村养老保险制度模式财政负担水平的测算分析已经说明，提前实现农村人口全覆盖的目标，各级财政是可负担的。

为此，要重新调整国家关于试点推进的总体规划和年度计划，进一步加快农村养老保险工作的步伐。在覆盖面扩大的过程中，国家要实行鼓励地方创新的政策，把地方的积极性发掘出来。目前中央财政对东部地区农村养老保险基础养老金只补助50%的政策必须要调整，其“鞭打快牛”的副作用非常明显，客观上抑制了东部地区部分省份积极性的发挥。其实东部地区的一些省份的经济与财政状况并不令人乐观，由地方财力承担另外50%的基础养老金，对地方财政也造成了一定压力。如果由具有巨大资金盈余的中央财政完全承担的话，只不过是多补点、补足点的区别而已。就中央政府推进农村养老保险制度建设的本意和中央财政负担能力来讲，实行鼓励性政策是非常必要的。同时，在扩大人口覆盖面的路径选择上，应该把贫困地区人口作为农村养老保险制度的重点对象和优先目标。尽管贫困地区地方财政困难而不利于农村养老保险制度建设，但是那里的农村居民收入低而更需要保障，最能体现农村养老保险制度的优越性和吸引力。

二、大力推进农村养老保险制度的省级统筹工作

提高统筹层次是任何一项社会保险制度的内在要求。统筹层次提高既有利于社会保险一般规律“大数法则”发挥作用，也有利于参保人员跨地区流动，更有利于制度模式、监管体制统一而防止“碎片化”问题产生。就农村养老保险制度来说，提高统筹层次还具有克服农村基层监督管理能力薄弱问题的积极作用。因此，在农村养老保险制度运行的关键时刻，应当把农村养老保险制度的省级统筹问题摆到重要位置。农村养老保险实施省级统筹具有很大的可行性：第一，在各级财政责任中，中央财政和省级财政承担了很大部分，而且未来发展趋势是中央财政和省级财政将成为农村养老保险制度主要供款方。这些都为省级统筹奠定了财政体制基础。第二，农村养老保险没有统筹基金的历史积累问题，市级财政、县级财政补贴大多被记入参保人的个人账户，没有城镇职工养老保险那种“人转走了、钱留下了”的利益纠结。第三，农村养老保险运行初期，基础养老金起步水平在省级范围内各地基本一致、制度模式基本相同，而且待遇水平呈现低差别化，这些也有益于省级统筹实现。

现实当中最有可能的发展方向是基础养老金全国统筹（这个统筹是支付意义上的，主要是指资金来源）、地方激励养老金（或对应为现行模式中基础养老金的提高和增加部分）和个人缴费的政府补贴全省统筹。在上述模式下，就带来了市、县政府及其财政在农村养老保险制度建设和持续发展中的责任体现和责任落实的实际问题。解决的办法就是建立市、县政府向省财政上缴农村养老保险工作保证金的制度安排。保证金的最高额度不超过目前农村养老保险制度运行过程中市、县财政的实际负担，由省级政府根据各地农村养老保险的参保率、缴费率情况（这是地方基层政府及其部门的主要责任）进行考核，然后根据考核结果适当予以返还，总的原则是好的多返、差的少返，形成地方基层政府参与农村养老保险制度建设和持续发展的激励约束机制。这样做的目的，就是要形成农村养老保险资金的省级管理，也就是中央财政补助资金和地方基层政府上缴的保证金均由省级来管理，实现资金的统一核算、统一管理、统一运营。

三、合理设置农村养老保险缴费档次

作为一项旨在省级统筹以上的社会保险制度，必须要高度重视制度的全国统一问题。目前农村养老保险制度运行过程中，各地根据国务院《关于开展新型农村社会养老保险试点工作指导意见》的授权自设了一些缴费档次，缴费档次的差别化对农村养老保险未来提高统筹层次和做好跨统筹范围的转移接续工作都有一定的不利影响。因此，要研究适时启动缴费档次合理设置和调整工作。其工作要点应当包括：第一，改变固定额缴费的办法，采取以农村居民人均纯收入作为缴费基数的方式，这样有利于各类群体（纯农民、失地农民、农民工、农村务工居民等）在城乡不同养老保险制度之间转换时进行社会保险权益的折算。第二，继续适应不同的缴费能力，实行分档的缴费比例。具体的缴费比例及其依据，本书已经做了详细阐述。第三，建立“调基数”和“动两头”的缴费档次调整机制。所谓“调基数”是一种自然调整机制，每年缴费基数都要随其紧盯的农村居民人均纯收入的变动而自动变动。所谓“动两头”是一种人工调整机制，根据农村居民人均纯收入增长情况和农村居民缴费意愿的变化情况，调整最低缴费档或者次最低缴费档，在原来最高缴费档次上增设新的最高缴费档，这样不破坏整体缴费制度。第四，两种调整机制组合在一起，可以照顾到缴费能力的差异，做到既统一又灵活。即正常缴费能力的参保人可以在确定缴费档次后保持不变，只随缴费基数增加而增加缴费；对于缴费能力强的参保人，可以在缴费基数增加的同时选择缴费档次“升档”；对于缴费能力不强的参保人，可以在缴费基数增加的同时选择缴费档次“降档”。第五，对于不同经济发展水平的地区，无非是采取在规定的若干缴费档次中设定缴费起步档的办法来实现，经济发展水平好的地区缴费起步档次可以选得高一些。

四、适时开展地方激励养老金制度的试点工作

引入地方激励养老金的三账户模式是对制度模式的改进和优化，参保激励养老金在理论上能够起到调控养老金待遇水平、激励参保缴费、利于实现省级统筹、易于社保关系转移接续、发挥经济激励功能、明晰各级财政责任等多方面的重要作用。同时，将制度中的地方财政提高和增加基础养老金的功能转换为参保激励养老金，有利于发挥中央财政支持农村养老保险的主体作用，有利于建立基础养老金的动态调整机制。但是，关于地方激励养老金的理论分析成果还需要实践去检验，特别是其中的经济发展分享系数、缴费水平影响系数、缴费期限影响系数还需要在实际运行中进行优化。因此对这样的制度创新，有必要开展试点工作。从我国的实际情况看，地方激励养老金的试点工作最好选择在东部地区实施。对于参与试点的东部地区，要给予其基础养老金最低标准部分由中央财政全额承担的政策扶持，这也是向农村养老保险优化模式过渡的第一步。

第三节　基于城乡共享视角实现农村养老保险养老金平衡

农村养老保险制度建设需要坚持合理性和可持续性并重的方针。合理性是要解决好待遇给付水平的适度问题，这是农村养老保险制度的立身之本，要体现激励和保护的作用。可持续性是要解决好农村养老保险保障资金的筹集问题，这是农村养老保险制度的成功之基，要保证各个供款方的负担能够处于可以承受的范围内。

一、确定养老金适度水平和财政负担水平的动态平衡点

满足农村居民生存需要乃至体面生活，进而提供适度水平的养老金，是追求社会成员共享经济社会发展成果价值目标的必然结果，完全符合“生存公平”和“劳动公平”相统一的社会保障的基本原理。但是光有保障需求是不行的，必须要同步研究保障能力供给问题，也就是保障资金的来源问题。就农村养老保险制度而言，保障资金主要来源于各级政府的财政资金，因此财政能否负担是重要的制约因素。从供求平衡的角度看，存在以需求定供给的方式，也存在以供给定需求的方式。这也就是常说的“以钱说事”和“以事说钱”的问题。在确定农村养老保险待遇给付水平时，还是要坚持“以事说钱”的原则，因为农村居民的保障需求是客观存在的，绝对不能因为资金不足（更多的时候是不愿意多花钱）而无视农村居民的保障需求。当然，农村居民的保障需求的适度水平是一个合理区间，适度水平的下限是必须无条件达到的，资金不足则要去研究筹集资金的问题；而对于适度水平的上限则可以适当遵循“以钱说事”原则，即根据财政合理负担情况逐步加以达到。通过本书有关分析已经可知，农村居民对于养老金的适度需求不仅是一个区间，而且这个区间是随着时间推移而向更高水平移动的，也就是它的上限、下限都是变动的和逐步上升的。这就决定了各级财政的负担总额增加是必然的，必须要实现在确保适度水平区间下限标准的前提下，把财政负担水平控制在可承受的范围内。由此可见，定量研究确定农村养老保险制度的保障水平、缴费水平及各级政府财政的负担责任之间的动态平衡模型，意义很大，非常必要。

二、设计 2020 年农村养老保险适度水平方案

通过本书对农村居民养老金适度水平上限和下限的分析测算可知，基础养老金水平要瞄准农村居民养老金适度水平下限来确定。从农村居民养老金适度水平下限和目前农村养老保险基础养老金起步水平的比较结果来看，还是有一定的提升必要。目前农村养老保险基础养老金的起步水平是制度设计时人为压低的，短期看，既然是试点，从低水平起步有必要；长期看，未达到农村居民养老金适度水平下限则极其不公平。但是，把农村养老保险基础养老金起步水平提高到农村居民养老金适度水平下限，需要一个渐进的过程，“一步到位”不仅有困难而且

有风险。比较可行的方案是，先低水平起步实现宽覆盖，实现宽覆盖以后再抓起步水平达到适度水平（即“达标”），“达标”以后适当时机再启动适度水平的动态调整机制（即“调标”）。联系整个农村养老保险工作的时间跨度和工作目标，应该是实施好本书前面提出的“三步走”策略，即第一步是“十二五”期间以扩大制度覆盖面为主要任务，在起步水平上实现农村地区和农村居民的广覆盖，制度覆盖率要达到百分之百，制度参保率要达到90%以上；第二步是“十三五”期间以起步水平达到适度水平的“达标”为主要任务，采取五年过渡和连续增加的方式，逐年提高基础养老金水平，最终达到2020年农村居民养老金适度水平下限的要求；第三步是2020年以后基础养老金的动态调整机制建立、启动和实施工作。所以，在推进农村养老保险制度的过程中，一定要立足当前、着眼长远，要有计划、分阶段地加以推进。

三、从纵向、横向两个维度研究待遇水平动态调整机制

纵向上主要是从紧盯农村恩格尔系数、物价指数变动的维度出发，把农村养老保险的待遇水平确定在适度水平区间的下限标准之上，即剔除农村恩格尔系数、物价指数变动因素后农村养老保险待遇水平要有“净提高”，至少是保持其真实购买力不变。横向上主要是从缩小城乡二元社会保障“福利差”的维度出发，农村养老保险待遇水平的增长速度要实现略快于城镇职工养老保险待遇水平的增长速度的目标。没有这样的制度性安排，城乡之间养老保障的相对差距不仅不会缩小，而且会越来越大。纵向、横向两个维度分析的启示就是，农村养老保险待遇水平动态调整机制成功的标志是选择好目标待遇水平，这个待遇水平不能局限于适度水平区间的下限标准，要高于适度水平区间的下限标准，并逐步地以正加速度向适度水平区间的上限标准接近。所以，建立农村养老保险待遇水平的动态调整机制，绝对不能简单地用传统的“指数化”方式来处理，要设定城乡二元社会保障“福利差”缩小乃至消除的时间表，并把它加入动态调整机制之中。

第四节　增加农村养老保险财政投入，完善资金保证机制

人们对政府责任的认识是一个逐渐变化的过程。最初政府被定位为“守夜人”的角色，为经济社会发展提供制度框架，并在发生市场失灵问题时发挥“看得见的手”的作用。在其后的自由主义思潮过后，人们对政府责任的认识和管理理念都发生了新的变化，决定了政府介入社会保障事业的广度与深度。政府财政投入是农村养老保险制度的特色，也是重要的支撑条件。本书已经做了分析，基本判断就是：一是当前现行模式下农村养老保险财政投入是比较弱的。按照中央财政对农村养老保险每人每月 55 元基础养老金的补贴水平，以 2010 年中国农村 60 岁以上老人数量（1.183 亿）计算，中央财政用于当年的农村基础养老金支出为 780.73 亿元，只占 2009 年中央财政收入的 1.9%；中国城镇职工养老保险制度的目标替代率是 58.5%，本书也将农村养老保险替代率设计为与城镇接近的 60%，而且这个标准也是国际经验。这样 2010 年农村居民的人均基础养老金需求是 123.58 元，需要地方财政补贴 70.41 元，这些都高于目前政策对养老金给付补贴的规定水平。二是未来农村养老保险制度建设需要财政进一步加大投入。从动态角度来看，目前农村人口的老龄化程度在加剧，因此政府必须要加大对农村养老保险的财政投入。三是随着物价水平和农村恩格尔系数的改变，逐步提高基础养老金给付标准，同时要求地方政府对养老需求缺口进行补贴，保证农村居民的生活水平。所以要关注农村养老保险财政投入问题，尤其是农村养老保险财政资金的保证机制建立完善问题，以确保农村养老保险制度可以持续健康稳定运行。

一、切实发挥中央财政、省级财政的支付主体作用

在世界各国的社会保障制度中，政府财政始终起着决定性的作用。由于农村养老保险制度具有公共物品的属性，不仅能够为农村居民带来直接的利益、降低老年贫困率，同时也能够稳定农村社会并提高农村居民的文化和身体素质。所

以，为农村养老保险制度建设提供资金是政府公共财政职能的本质要求。同时，社会保障的多样性使社会保障产品在各个政府部门以及在各个社会保障项目上都具有不同的效用和特征，这就决定了必须要确定好中央财政与地方财政在社会保障制度中的职责界限，以实现各种需求的养老保险制度的有效供给。

要明确各级政府在农村养老保险制度建设和持续发展中的财政支出责任，在农村养老保险支出项目上中央财政与地方财政要有所区别、有所分工、有所侧重。比较理想的模式是，由中央财政承担基础养老金的主要给付责任，实现“保基本”目标和“生存公平”的功能；而地方财政的投入主要是提高农村养老保险养老金总的待遇水平和鼓励农村居民个人账户建立的财政补贴，实现“提质量”目标和“劳动公平”的功能。至于农村养老保险制度运行中不能忽略的瞄准经济社会发展变化的动态调整机制的资金来源，按照中央财政和地方财政各自分担支出项目的不同而自然承担，涉及哪个项目就由哪级财政投入。

要高度重视各级财政保障能力的实际水平，保证各级政府在农村养老保险制度中的责任划分与其实际承担能力相适应。随着农村养老保险制度覆盖范围越来越大，农村养老保险待遇水平将逐步向农村居民养老金适度水平区间靠近，各级财政对农村养老保险的财政投入必然要随之不断增长。在这样的情况下，各级财政的实际支撑能力是有差别的，不仅财政收入绝对差距要发生变化，而且其他社会保障支出乃至所有刚性支出也会导致财政收入绝对差距发生变化。因此，要研究农村养老保险制度长期运行条件下中央财政和地方财政的实际支撑能力。这就要求统筹考虑其他的社会保障事权乃至必须承担的刚性支出的责任划分问题，不能像现行模式确定中央补助政策时仅仅按照划分东部、中部、西部的办法来进行。因为这个划分只是笼统意义上的财政支撑能力标准和判断，如果扣除地方财政应当承担的城镇社会保障等其他社会保障项目乃至所有刚性支出项目负担后，可支配的财政能力情况并不能与东部、中部、西部的划分结果相一致。比如辽宁省在农村养老保险试点中被确定为东部地区，而该省城镇职工养老保险负担列全国第一（退休职工总数占全国 8%，每年基金缺口近 100 亿元），其财政实际承担能力明显被高估，其结果是许多财政责任被转移到市、县，该省农村养老保险制度长期运行条件下财务的可持续性将是一个突出问题。

中央财政应该起到农村养老保险制度发展的主导力量作用，有必要也有能力进一步增加投入总量。这样的设想不仅基于中央财政在现行财税体制下财政收入能力强的客观事实，而且源于农村养老保险制度普惠式的价值目标。如果城镇职工养老保险制度、医疗保险制度的财政投入责任是以地方财政投入为主、中央财政补助为辅的格局，那么就不应该把农村养老保险“保基本”的责任再归结到地方财政头上。从本书关于现行模式和优化模式中央财政负担水平的测算分析结果来看，未来40年中央财政的负担都是比较轻的。

在农村养老保险地方财政责任划分中，要逐步把省级财政的责任加强起来，同时要明确各市、县在农村养老保险制度中的财政责任范围，避免在财政责任上出现盲区以及发生推诿扯皮现象，进而保障农村养老保险制度模式的不断改进和完善，保证农村养老保险制度长期运行的可持续。

二、加快公共财政转型与多渠道筹集财政资金

财政是政府履行职能的物质基础、体制保障、政策工具。当今世界财政的发展趋势是向公共财政转型，公共财政的基本职能是提供公共产品和公共服务，进一步保障和改善民生。在具体公共财政使用方向上，要“从先到后”突出三个重点：一是满足基本生存，维持最基本的民生支出范围和水平，弥补历史和现实的欠账；二是改善生活状态，让人民群众共同享受经济社会发展成果；三是促进人民群众实现自我发展，主要是发展机会和水平提升。农村养老保险制度无疑是属于公共财政民生支出次序中最前列的范畴，理应成为各级财政优先保证的重点。目前许多政府的财政转型步伐不快，还是建设型财政，把大量的财政资金用在了应该由社会资金发挥作用的领域。这种情况下出现类似财政资金短缺、民生支出不足的问题就不奇怪了。因此，必须要大力推进财政的转型工作，向民生倾斜，向农村倾斜，向社会资金不愿投入的领域倾斜。在坚持财政资金作为农村养老保险运行保障主渠道的同时，还应该从补偿因历史上国家实施经济赶超战略导致的城乡二元经济发展“剪刀差”和社会保障“福利差”的角度，把一定比例的土地出让金净收益、一定比例的国有资本经营预算上缴部分作为农村养老保险资金的储备资金，用于补充农村养老保险基金，用于提高农村居民的养老待遇水平。

三、建立预算制度和支付备用金制度

农村养老保险制度由于没有政府财政补贴以外的统筹基金收入，其当年的支

出全部要由各级政府财政资金来解决，因此财政资金保证机制至关重要。在各种财政资金保证机制中，最重要的是财政预算制度。单独编制社会保障预算，以将社会保障预算同其他预算区分开来，是世界各国社会保障制度发展的一条重要经验。目前虽然我国的各项社会保障项目的资金支出都已经纳入了国家财政预算，但是社会保障支出却分散在不同的科目中，并没有采取专项的资金预算管理。例如，养老保险资金和失业保险资金仅仅是财政预算中的列支列收，而社会福利和社会救济等方面的资金预算支出也常常和经常性支出混合在一起。同时，由于统筹的层次较低，中央及省难以对总体资金情况加以调控，社会保障资金的掌控权实际握在地方政府手中，而地方政府由于缺乏对社会保障资金的有力监管，造成社会保障资金收支总量不清。而且当收支出现结余时，地方政府或是擅自提高支付标准或是将结余资金挪为他用；当收支出现缺口时，地方政府往往向中央政府提出要求给予补助的申请。所以在农村养老保险制度中，社会保障部门应该科学制定年度支出计划，在此基础上向同级财政部门提出预算数；财政部门根据预算金额明确资金来源，做好农村养老保险资金的按进度拨付工作。只有将农村养老保险资金纳入政府财政预算当中，才能确立财政扶持农村养老保险的地位并保证制度平稳运行。应该看到，农村养老保险资金列入了财政预算，并不等于资金就能够有保证，特别是真正做到及时到位、确保支付。原因就是实际工作中还要看财税部门组织收入情况和预算执行情况。为此，要强化对预算执行的监督，保证农村养老保险资金专款专用，尤其是要在国库资金紧张的时候优先保证农村养老保险资金的需求。在这种立意下，为防止财政预算出现软约束或者政府组织收入进度不理想而影响农村养老保险给付的情况，必须着手建立农村养老保险财政资金的支付备用金制度，即提前准备一笔资金存在农村养老保险财政专户中，当农村养老保险财政资金不能保证参保农村居民待遇按时足额支付的时候，可以使用备用金加以缓冲，以防止出现欠发、晚发、少发等制度性风险。一旦备用金使用后，要及时加以补足，恢复到规定的备付水平上来。支付备用金的稳定来源应该是前面提到的一定比例的土地出让金净收益、一定比例的国有资本经营预算规定上缴部分。支付备用金的备付水平要经过科学测算后确定，如果备付水平低，则起不到以备不时之需作用；如果备付水平高，资金闲置引发的效率低、保值增值压力大的问题便会突出。可以考虑按照足额支付 3 ~6 个月农村养老保险待遇的标准确定备付水平。

第五节　形成制度支撑、推广和创新的配套政策体系

养老保险立法是社会保障体系走向完善的重要内容，也是规范各方面利益攸关者权利义务的主要依据。发达国家已经通过100多年的建设，构建了成熟的社会保障法律体系，可以为相关的社会保险项目提供法律依据。目前虽然《宪法》规定了“中华人民共和国公民在年老、基本或完全丧失劳动能力的情况下，有从国家和社会获得物质帮助的权利”，但是现实中由于社会保障立法还不很健全，许多有关社会保险细化条目的法律尚未形成，无论政府还是公民在社会保障法制设计和内容上并没有完全达成共识。由于没有法律的支撑，实践中就会使社会保障工作陷入困境，例如提高社会保障基金统筹层次问题、社会保障基金非法挪用和挤占问题等。因此，只有建立起完善的社会保障法律制度，国家财政对于社会保障事业的投入才有法可依，在出现违法违规现象时才有可能按照规定处理，同时财政对于社会保障事业的投入也会更加透明，也有利于社会公民的监督。

为提高农村养老保险制度的效力和稳定性，国家应随着制度运行范围的逐渐扩大来加速完善农村养老保险制度，并通过制定专门的法律法规使合意的农村养老保险制度定型化、法制化。现行的《社会保险法》虽然在法律上明确了建立农村养老保险制度的方向，但是有关规定的原则性过强，而操作性较弱，因此有必要加快制定《新型农村社会养老保险条例》，以此来提高农村养老保险制度的法律地位和执行的强制力度，同时也将财政的责任加以固定化，以法律的形式建立起中央和地方各级财政在农村养老保险制度中的合理负担机制、长效支出增长机制，保证各级财政支持的持续性、稳定性、合理性。

此外，还要责成农村养老保险制度建设和持续发展。肩负重要责任、法律上被赋予了立法权的人力资源和社会保障部、财政部、省级人民政府等，要抓紧制定其他与农村养老保险建设密切相关的政府规章，比如农村养老保险财政资金预算制度、农村养老保险基金管理规定、农村养老保险基金投资运营规定等。同时要围绕农村养老保险制度实施、推广和创新的各项任务，及时出台相关的政策规定，比如农村养老保险待遇计发办法、农村养老保险各级财政投入责任保证机

制、建立农村养老保险支付备用金制度、农村养老保险经办管理流程等，进一步提高农村养老保险的制度运行和管理服务水平，进而保证农村养老保险制度的平稳性和可持续。

第六节　建立农村养老保险基金监督和预警机制

健全的管理体制能够提高制度的运行效率，同时也能够保证制度的稳定发展。农村养老保险制度的管理体制包括行政管理体制和基金财务管理体制两个方面。关于农村养老保险制度的行政管理体制，主要是中央和地方各级行政管理部门的设置及权力责任的分配。目前国务院成立了农村养老保险工作领导小组，研究和制定有关政策，人力资源和社会保障部作为行政主管部门。从省级政府到县级政府都相应地设置农村养老保险主管部门和经办机构，其中负责制定农村养老保险制度发展计划和政策法规的是省级农村养老保险行政主管部门，其同时还对县级农村养老保险经办机构的工作做出具体规定，并指导和监督各级经办机构养老保险费的收取和养老金支付等业务。关于农村养老保险的基金管理体制方面，主要是基金管理运营机构的设置和权责划分。目前县级农村养老保险职能部门是多种权力集于一身：农村养老保险基金的收支、基金的投资运营、基金的监管。要抓紧改变这种基金管理层次较低的局面，尽快集中到省级层面，实行省级管理。这样做的优点在于：一是省级机构的资金管理能力强，不容易出现问题；二是资金只有集中在一起，才能形成规模，有利于进行投资运营。至于省级管理后县里支付农村养老保险养老金的问题，完全可以借鉴城镇职工基本养老保险制度中个人账户资金归集、运营、支付的管理模式，实践已经证明那是一种安全、有效、统一的好模式。

从经办管理服务角度来看，农村养老保险建设要解决好四个问题：一是要抓紧农村养老保险信息系统的建设工作。参保农村居民居住分散，县、乡空间距离较大的实际，农村养老保险参保缴费的便利性和财务管理的精细化，都要求加快信息化建设步伐，而且这个信息化系统必须要和城镇职工养老保险等信息系统一并考虑，相互衔接。从各地农村养老保险制度运行情况看，农村养老保险信息化建设步伐普遍明显地落后于制度运行进程，应当尽快加以改变。二是要把发展专门农保机构和合理使用社会化机构有机结合起来。发展农村养老保险制度要不要参照城镇社会保险制度实施时建立经办服务机构的做法值得考虑。主要原因是：从农村养老保险缴费、领取待遇的特点看，这些经办服务更适合于利用农信社等农村金融机构网点的代办职能来实现。应当在这方面加强农保机构与代办机构的合作，并从经费等方面给予支持或者回报。三是要强化农村养老保险资金的监督。从理论上讲，对农村养老保险资金支出的监管是一个完整的系统，其中要包括行政监督、司法监督、社会监督以及专门监督，各部门都要根据法律赋予的特定职责来行使不同的监督权力，并且严格按照各部门的职责分工分别运行而不能互相替代，这样有利于各部门在监管领域的紧密配合，避免因监管不到位导致的损失。加强行政监督就是通过国家行政机关（主要是人力资源和社会保障部门、财政部门、审计部门等）对农村养老保险资金收支进行全方位监督。加强司法监督就是弥补行政监督的不足，对于超越其监督范围的问题却难以采取有效的约束行为实施强有力监督。加强社会监督就是实施大众性、非强制性、非官方监督，是对可能存在的政府不作为或官僚主义导致的农村养老保险制度运行效率低下等情况的监督。四是要建立科学的农村养老保险制度预警系统，主要包括：设置合理的农村养老保险预警指标，建立迅捷的信息收集与传导机制，开展农村人口老龄化、农村养老金支出的中长期趋势预测，定期发布农村养老保险运行状况的信息等。虽然说以上这些指标还是非常粗略的，但是可以基于以上设立原则进一步细化预警指标。当有关农村养老保险支出超过了预设需求时，该系统应该能够迅速发出预警信号，以便相关部门及时采取调整措施。

本章小结

建立和完善农村养老保险制度对贯彻落实科学发展观、实现全面建设小康社会目标具有重大意义。各级政府尤其是主要决策者必须牢固树立以人为本的民生理念、公平正义的价值目标和统筹城乡的发展思路，把农村养老保险制度建设摆在各项工作的优先位置来部署和推进。必须进一步明确各级政府支持农村养老保险制度建设中的责任，从立法保障、制度安排、财力支持、组织管理、运行监督等方面履行职责。必须采取有力措施确保各级政府在农村养老保险制度建设中的责任落实，包括思想认识到位、安排部署到位、财政责任到位、工作成效到位。

要认真总结农村养老保险试点的经验教训，进一步扩大试点范围，加快制度创新步伐。大力推进农村养老保险的省级统筹工作，研究启动农村养老保险缴费档次合理设置和调整、参保激励养老金试点工作。

要着眼共享经济社会发展成果和缩小城乡二元社会保障“福利差”，努力实现农村养老保险养老金适度水平和财政负担水平的动态平衡。当务之急是制定2020年基础养老金水平达到适度的工作方案，并且有计划、分阶段地加以推进。要从纵向、横向两个维度来研究农村养老保险制度定型以后待遇水平的动态调整机制的建立问题。

政府财政投入是农村养老保险制度的特色和支撑条件。要明晰各级政府对农村养老保险制度建设的财政责任，切实发挥中央财政、省级财政的主体地位作用，高度重视各级财政保障能力的实际水平。要加快向公共财政转型的步伐，向民生倾斜，向农村倾斜。要多渠道筹集农村养老保险财政资金，完善农村养老保险财政资金的保证机制，抓紧建立农村养老保险财政资金预算制度和支付备用金制度。

要切实加大农村养老保险制度建设立法工作力度，尽快形成支持农村养老保险制度实施、推广和创新的配套政策体系。要健全农村养老保险行政管理体制和基金管理体制，加快农村养老保险信息系统开发和使用，按照专门机构和社会化机构相结合的思路提高农村养老保险经办管理服务水平，形成农村养老保险基金的监督和预警机制。

参考文献

［1］ Anderw A. SaMwick. New Evidence on Pensions, Social Security , and the Timing of Retire Ment ［J］ . Journal of Public Economics, 1998, 70 (2) .

［2］ Aroal H. J. The Social Insurance Paradox ［J］ . Canadian Journal of Economics, 1996, 32 (3) .

［3］ Barro R. Are Government Bonds Net Wealth? ［J］ . Journal of Political Economy, 1974, 82 (6) .

［4］ Borjas and Trejos. Immigrant Participation in Welfare System ［J］. Industrial and Labor Relations Review, 1991, 44 (2) .

［5］ David M. Cutler, Richard Johnson. The Birth and Growth of the Social Insurance State : Expanding Old Age and Medical Insurance Across Countries ［J］ . Public Choice, 2004, 120 (7) .

［6］ Jan Ekberg. Immigration and the Public Sector : Income Effects for the Native Population in Sweden ［J］ . Journal of Population Economics, 1999, 12 (3) .

［7］ Razin, Assaf, Efraim Sadka Resisting Migration: Wage Rigidity and Income Distribution ［J］ . Ameican Economic Review, 1992, 85 (2) .

［8］ Robert Holzmannn, Truman Packard and Jose Cuesta. Extending Coverage in Multipillar Pension Systems: Constraints and Hypotheses, Preliminary Evidence and Future Research Agenda ［J］ . The World Bank, 2001.

［9］ Robert M. Ball. Social Security: Today and Tomorrow ［M］ . New York:

Columbia University Press, 1978.

[10] Roger Axelsson , Olle Westerlund. A Panel Study of Migration, Self - selection and Household Real Income [J] . Journal of Population Economics, 1998, 11 (1) .

[11] Russell W. Cooper, Tomas W. Ross. Pension: Theories of Underfunding [J] . Labor Economic, 2001, 8 (6) .

[12] Samulson P. A. An Exact Consumption Loan Model of Interest with or without the Social Contrivance of Money [J] . Journal of Political Economy, 1958, 66 (6) .

[13] Samulson. The Pure Theroy of Public Expanditure [J] . Review of Economic and Statistics, 1954, XXXVI (4) .

[14] Vincerzo Galasso, Paola Profeta. The Political Economy of Social Security [J] . North - Holland, 2000, 102 (3) .

[15] Wildasin David E. Income Redistribution and Migration, Canadian Journal of Economics, 1994, 27 (3) .

[16] World Bank. Averting the Old Age Crisis [R] . Oxford University Press, 1994.

[17] Yvonne Sin. Pension Liabilities and Reform Options for Old Age Insurance [J] . The World Bank, Washington DC, USA, Paper, 2010.

[18] [美] 科林·吉列恩. 全球养老保险——改革与发展 [M] . 北京: 中国劳动社会保障出版社, 2002.

[19] [美] 劳伦斯·汤普森. 老而弥智——养老保险经济学 [M] . 北京: 中国劳动社会保障出版社, 2003.

[20] 艾斯平·安德森. 福利资本主义的三个世界 [M] . 北京: 法律出版社, 2003.

[21] 安增龙. 中国农村社会养老保险制度研究 [M] . 北京: 中国农业出版社, 2006.

[22] 白钦先. 农村社会保障金融体系的国际比较与借鉴: 金融功能视角 [J] . 广东金融学院学报, 2007 (6) .

[23] 边恕. 对我国养老金名义个人账户制及其财务可持续性的分析 [J] .

经济与管理研究，2005（5）.

［24］边恕．养老保险缴费水平与财政负担能力——以辽宁养老保险改革试点为例［J］．市场与人口分析，2005（3）.

［25］边恕．中国公共养老金隐性债务研究［M］．北京：经济科学出版社，2008.

［26］包学雄，黄红梅．德国俾斯麦时期养老保险的历史效果与缺陷研究［J］．中国乡镇企业会计，2010（12）.

［27］曹信邦．城乡养老社会保险制度一体化障碍性因素分析［J］．理论探讨，2006（5）.

［28］陈立行，柳中权．向福利社会跨越——中国老年福祉研究的新视角［M］．北京：社会科学文献出版社，2007.

［29］陈平路．美国公共养老保险体系的发展趋势［J］．统计与决策，2006（22）.

［30］陈永婕．农村社会养老保险基金多渠道筹集探讨［J］．广西财政高等专科学校学报，2003（3）.

［31］陈之楚．中国社会养老保障制度研究［M］．北京：中国金融出版社，2010.

［32］陈志国．发展中国家农村养老保障构架与我国农村养老保险模式选择［J］．改革，2005（1）.

［33］成海军．中国养老方式的现状与前瞻［J］．广东社会科学，2000（3）.

［34］成思危．中国社会保障体系的改革与完善［M］．北京：民主与建设出版社，2000.

［35］褚福灵．建立覆盖城乡居民养老保障体系的新思考［J］．北京劳动保障，2008（12）.

［36］邓大松，李琳．关于中国耕地农民社会养老保险制度构建的几点理论认识［J］．湖北社会科学，2008（9）.

［37］邓大松，刘昌平．新农村社会保障体系研究［M］．北京：人民出版社，2007.

［38］邓薇．中国转型期农村社会保障问题研究［M］．长沙：湖南人民出

版社，2006.

［39］丁世军，陈传波．经济转型时期的中国农村老年人保障［M］．北京：中国财政经济出版社，2005.

［40］窦尔翔．新型农村社会养老保险制度的金融创新［J］．东北财经大学学报，2007（4）．

［41］冯章龙．中国农村养老保险制度的现状、问题及对策［J］．经济界，2006（4）．

［42］福建省农村社保模式及其方案研究课题组．农村社会养老保险制度创新［M］．北京：经济管理出版社，2004.

［43］公维才．中国农民养老保障论［M］．北京：社会科学文献出版社，2007.

［44］宫晓霞．发达国家农村社会养老保险制度及其启示［J］．中央财经大学学报，2006（6）．

［45］韩大伟，厉放，吴家亨．建立21世纪的养老金体系［M］．北京：经济科学出版社，2007.

［46］郝书臣，董西明．新时期农村社会保障制度研究［M］．北京：经济科学出版社，2008.

［47］何平．部分城市率先统筹城乡社保时机成熟［N］．北京：中国经济导报，2007－05－24.

［48］何平．中国养老保险基金测算报告［J］．社会保障制度，2001（3）．

［49］胡勇梦．农村社会保障体系研究［M］．北京：中国农业出版社，2009.

［50］胡政斌．探析我国农村社会保障制度[J]. 重庆师范大学学报,2004(5).

［51］华迎放．农村社会养老保障制度框架构建研究［J］．人口与经济，2005（4）．

［52］黄丽．农地制度创新、制度联动与农村社会养老保险制度的建立——基于广东中山模式的考察与启示［J］．经济问题探索，2009（1）．

［53］黄泰岩．“民工荒”对二元经济理论的修正[J]. 经济学动态,2006(6).

［54］姜向群．老年社会保障——历史与变革［M］．北京：中国人民大学出版社，2005.

［55］姜泽军．加快推进社会保险信息化建设的几点思考［J］．山东省农业管理干部学院学报，2004（1）．

［56］景天魁．底线公平与社会保障的柔性调节[J]．中国人口科学，2004(6)．

［57］考燕鸣．中国农民社会养老保险公共财政支出水平研究［D］．辽宁大学博士学位论文，2011.

［58］乐章．现行制度安排下农民的社会养老保险参与意向［J］．中国人口科学，2004（5）．

［59］黎民，杨慧．我国欠发达地区农村的养老模式选择［J］．中州学刊，2005（3）．

［60］李乐平．对我国建立新型农村养老保险制度的思考［J］．安徽农业科学，2006（20）．

［61］李玲，许定波．家庭养老与社会养老保障［M］．北京：经济科学出版社，1999.

［62］李强等．关于新型农村社会养老保险筹资机制的构建［J］．金融经济，2007（3）．

［63］李迎生．市场转型期的农村社会保障制度建设：进展与偏差［J］．华东理工大学学报，2005（2）．

［64］廖煜娟，潘怀明．建立多支柱多层次的农村养老保障模式［J］．理论探索，2006（6）．

［65］林义．农村社会保障的国际比较及启示研究［M］．北京：中国劳动社会保障出版社，2006.

［66］刘昌平，殷宝明，谢婷．中国新型农村社会养老保险制度研究［M］．北京：中国社会科学出版社，2008.

［67］刘贵平．养老保险的理论与模式——人口与经济制约因素分析［J］．人口研究，1996（4）．

［68］刘俊霞．收入分配与我国养老保险制度改革［M］．北京：中国财政经济出版社，2004.

［69］刘晓梅．中国农村社会养老保险理论与实务研究［M］．北京：科学出版社，2010.

［70］刘子兰．中国农村养老社会保险制度反思与重构［J］．管理世界，

2003（8）.

［71］柳清瑞. 养老金替代率的自动调整机制研究［J］. 中国人口科学，2005（3）.

［72］柳清瑞. 中国建立覆盖城乡社会保障体系的基本框架与推进策略［J］. 天津社会科学，2008（6）.

［73］卢海元. 和谐社会的基石：中国特色新型养老保障制度研究［M］. 北京：群众出版社，2009.

［74］卢海元. 建立全覆盖的新型农村社会养老保险制度［J］. 农村工作通讯，2008（2）.

［75］卢海元. 新型农村社会养老保险制度创新和突破的基本取向［J］. 中国劳动，2004（6）.

［76］卢海元. 中国农村社会养老保险制度建立条件分析［J］. 经济学家，2003（5）.

［77］麻凤利. 子女在财政上对老年父母的帮助——中国的子女养老情况［J］. 老龄问题研究，1997（2）.

［78］孟醒. 统筹城乡社会保障——理论·机制·实践［M］. 北京：经济科学出版社，2005.

［79］米红，项洁雯. “有限财政”下的农保制度及仿真研究［J］. 中国社会保障，2008（10）.

［80］米红，颜艺璇，王鹏. 基于非群体非均衡推进的新型农村社会养老保险模式创新研究——以山东临沂农村养老保险为例［J］. 统计与信息论坛，2008（4）.

［81］米红，杨翠迎. 农村社会养老保障制度基础理论框架研究［M］. 北京：光明日报出版社，2008.

［82］米红. 农村社会养老保险的模式识别方法技术与政策仿真［M］. 北京：华龄出版社，2006.

［83］马凯旋，侯风云. 美国养老保险制度演进及其启示［J］. 山东大学学报（哲学与社会科学版），2014（3）.

［84］穆怀中. 国民财富与社会保障收入再分配［M］. 北京：中国劳动保障出版社，2003.

［85］穆怀中．养老保险体制改革中的关键经济因素分析［J］．中国人口科学，2004（4）．

［86］穆怀中．养老金调整指数研究［M］．北京：中国劳动社会保障出版社，2008.

［87］穆怀中．中国社会保障适度水平研究［M］．沈阳：辽宁大学出版社，1998.

［88］穆怀中．中国养老保险制度改革关键问题研究［M］．北京：中国劳动社会保障出版社，2006.

［89］穆怀中．社会保障国际比较［M］．北京：中国劳动社会保障出版社，2002.

［90］尼古拉斯·巴尔．福利国家经济学［M］．北京：中国劳动社会保障出版社，2003.

［91］申策．中国农村老年人最低社会养老金制度的必要性、可行性和可能的社会效益［J］．中国农村经济，2006（8）．

［92］沈洁．日本社会保障制度的发展［M］．北京：中国劳动社会保障出版社，2004.

［93］宋健．中国农村人口的收入与养老［M］．北京：中国人民大学出版社，2006.

［94］苏保忠．中国农村养老问题研究［M］．北京：清华大学出版社，2009.

［95］孙光德，董克用．社会保障概论［M］．北京：中国人民大学出版社，2001.

［96］孙文基．建立和完善农村社会保障制度［M］．北京：社会科学文献出版社，2006.

［97］谭克俭．农村养老保障机制研究［J］．人口与经济，2002（2）．

［98］谭克俭．中国农村养老保障体系构建研究［J］．晋阳学刊，2006（2）．

［99］谭克俭等．农村养老保障体系构建研究［M］．北京：中国社会出版社，2009.

［100］唐钧．新农保的软肋［J］．中国社会保障，2009（1）．

［101］田雨．农民群体特征对建立新型农村社会养老保险制度的影响——以黑龙江省为例［J］．学术交流，2009（4）．

［102］庹国柱，王国军．中国农业保险与农村社会保障制度研究［M］．北京：首都经济贸易大学出版社，2002.

［103］汪行福．分配正义与社会保障［M］．上海：上海财经大学出版社，2003.

［104］汪柱旺．农村养老保险：供给主体与制度创新［J］．当代财经，2006（10）．

［105］王冰．社会深层的人口效应与人口老龄化的社会影响［M］．武汉：武汉大学出版社，2000.

［106］王国辉．覆盖城乡居民社会保障体系建设对城镇化的影响研究——基于中国17省农户社会保障调查和韩国经验的分析［M］．北京：中国劳动社会保障出版社，2008.

［107］王国辉．基于农户净收益最大化的宏观乡城迁移模型［J］．中国人口科学，2006（2）．

［108］王国辉．民工荒、技工短缺与农民工社会保障制度建立的临界点［J］．人口与经济，2005（4）．

［109］王国军．现行农村社会养老保险制度的缺陷与改革思路［J］．上海社会科学学术季刊，2000（1）．

［110］王国奇．国外农村社会保障法律制度的借鉴及启示［J］．经济与社会发展，2008（5）．

［111］王洪春，汪雷．中国农村社会保障新的机遇与挑战［M］．北京：中国科学技术出版社，2006.

［112］王平权．农村社会养老保障模式选择及运作思路［J］．人口研究，2002（6）．

［113］王晓军．中国养老金制度及其精算评价［M］．北京：经济科学出版社，2000.

［114］王延中，张时飞．统筹城乡社会保障制度发展的建议［J］．中国经贸导刊，2008（1）．

［115］武萍．从风险传导机制看社会保障制度风险防范机制的构建［J］．

经济体制改革，2008（4）.

［116］武萍．从内生警源和外生警源看我国社会保障危机预警［J］．中国软科学，2006（5）.

［117］肖金萍．公共养老金制度研究［M］．北京：中国经济出版社，2007.

［118］肖金萍．农村社会养老保险制度变迁路径依赖及创新［J］．人口与经济，2004（3）.

［119］徐通．试论政府在农村养老保险制度中的责任［J］．黑河学刊，2008（2）.

［120］杨翠迎．中国农村社会保障制度研究［M］．北京：中国农业出版社，2003.

［121］杨德清，董克用．普惠制养老金——中国农村养老保障的一种尝试［J］．中国行政管理，2008（3）.

［122］杨复兴．中国农村养老保障模式创新研究——基于制度文化的分析［M］．昆明：云南人民出版社，2007.

［123］杨立雄．建立农民工社会保障制度的可行性研究［J］．社会，2003（9）.

［124］杨娜．国外农村社会养老保险制度对我国的启示［J］．哈尔滨市委党校学报，2007（6）.

［125］杨燕绥，赵建国等．建立农村养老保障战略意义［J］．战略与管理，2004（2）.

［126］姚从容，余沪荣．论人口乡城迁移对我国农村养老保障体系的影响［J］．市场与人口分析，2005（2）.

［127］俞雅乖．美国农村人口对社会保障的依赖程度分析［J］．农村科技与经济，2007（1）.

［128］袁春瑛，薛兴利，范毅．现阶段我国农村养老保障的理性选择——家庭养老、土地保障和社会养老相结合［J］．农业现代化研究，2002（6）.

［129］约翰·罗尔斯．正义论［M］．北京：中国社会科学出版社，1988.

［130］张传翔，陈玉光，刘文俭，刘效敬．西方发达国家农村养老保障的实践及其启示［J］．青岛科技大学学报（社会科学版），2006（6）.

［131］张桂文．二元经济结构转换的收入分配效应［J］．经济学动态，2008（9）．

［132］张桂文．中国“三农”问题的战略思考与对策研究［J］．管理世界，2003（10）．

［133］张晖，何文炯．中国农村养老模式转变的成本分析［J］．数量经济技术经济研究，2007（12）．

［134］张静．建设有中国特色的农村社会养老保险制度［J］．调研世界，2003（4）．

［135］张俊良．关于农村社会养老保险制度创新的探讨［J］．经济体制改革，2002（6）．

［136］张曼．农村社会保障［M］．北京：中国社会出版社，2007.

［137］张琪．社会保障概论［M］．北京：中国劳动社会保障出版社，2006.

［138］张仕平．中国农村家庭养老研究［J］．人口学刊，1999（5）．

［139］张太英，刘小姚．中国农村社会保障制度建设［M］．北京：中国财政经济出版社，2000.

［140］郑秉文．建立社会保障“长效机制”的12点思考——国际比较的角度［J］．管理世界，2005（10）．

［141］郑秉文．社会保障制度改革20年鸟瞰与评论［J］．中国人口科学，2007（5）．

［142］郑秉文．中国基本养老保险制度发展战略研究课题——混合型统账结合养老保险制度改革［R］．中国社会保障论坛组委会，2008.

［143］郑功成．中国农村社会养老保障政策研究——将农村居民社会保障与计划生育有机结合的政策选择［J］．人口与计划生育，2008（3）．

［144］郑功成．中国社会保障发展战略——理念、目标与行动方案［M］．北京：人民出版社，2008.

［145］朱玲．中国社会保障体系的公平性与可持续性研究［J］．中国人口科学，2010（5）．

［146］邹德新，曹旭杰．农村养老保险制度的发展与完善［J］．农业经济，2006（11）．